LA RESPONSABILITÉ PÉNALE DES AGENTS PUBLICS AU CAMEROUN

Logiques Juridiques

Fondée par Gérard Marcou

Dirigée par Jean-Claude Némery et Thomas Perroud

Le droit n'est pas seulement un savoir, il est d'abord un ensemble de rapports et pratiques que l'on rencontre dans presque toutes les formes de sociétés. C'est pourquoi il a toujours donné lieu à la fois à une littérature de juristes professionnels, produisant le savoir juridique, et à une littérature sur le droit, produite par des philosophes, des sociologues ou des économistes notamment.

Parce que le domaine du droit s'étend sans cesse et rend de plus en plus souvent nécessaire le recours au savoir juridique spécialisé, même dans des matières où il n'avait jadis qu'une importance secondaire, les ouvrages juridiques à caractère professionnel ou pédagogique dominent l'édition, et ils tendent à réduire la recherche en droit à sa seule dimension positive. À l'inverse de cette tendance, la collection « Logiques juridiques » des éditions L'Harmattan est ouverte à toutes les approches du droit. Tout en publiant aussi des ouvrages à vocation professionnelle ou pédagogique, elle se fixe avant tout pour but de contribuer à la publication et à la diffusion des recherches en droit, ainsi qu'au dialogue scientifique sur le droit. Comme son nom l'indique, elle se veut plurielle.

Dernières parutions

Chryssi PAPANIKOLAOU, *Le principe de l'Etat social, Étude sur les limites de l'activité législative en droit comparé français et hellénique*, 2021.

Yves Gabriel Djeya Kamdom, *La responsabilité des ordonnateurs des crédits publics dans le système financier contemporain. Étude des droits camerounais et français,* 2021.

Laurie Marguet, *Le droit de la procréation en France et en Allemagne. Etude sur la normalisation de la vie*, 2021.

Rhita Bousta, *La notion de médiation administrative*, 2021.

Xavier Labbée, *La confusion juridique des personnes et des choses. Un péril mortel pour l'humanité ?*, 2021.

Catherine Teitgen-Colly, Gilles Manceron, Pierre Mansat (dir.), *Les disparus de la guerre d'Algérie. Suivi de La bataille des archives 2018-2021*, 2021.

Mon-espoir MFINI, *Le régime général des obligations. Notions générales,* 2021.

Romélien COLAVITTI et Sophie CORIOLAND (dir.), *Question prioritaire de constitutionnalité (QPC) et Etat de droit*, 2021.

Solène GOBIN, *Garantie et contre-garantie au service du contrat initial. Contribution à la compréhension des logiques élémentaires en droits civil, bancaire et financier,* 2021.

Geoffrey VIBRAC, *Le corps et la preuve pénale,* 2021.

Michel Ntsama

LA RESPONSABILITÉ PÉNALE DES AGENTS PUBLICS AU CAMEROUN

Préface d'Éric Desmons

L'Harmattan

***

5-7, rue de l'École-Polytechnique – 75005 Paris
www.editions-harmattan.fr
ISBN : 978-2-343-24173-9
EAN : 9782343241739

À mes parents Joseph et Bernadette Salomé

« J'ai fait de ma vie une école et de l'école toute ma vie »

Sommaire

Préface

L'ouvrage de monsieur Michel NTSAMA sur la responsabilité pénale des agents publics au Cameroun est tiré d'une thèse soutenue à l'université Sorbonne Paris Nord en 2016. Il s'inscrit dans le champ d'une réflexion contemporaine sur la légitimité de l'action publique, administrative et politique, où la question de la responsabilité, notamment pénale, possède désormais une grande part.

Cette question d'une responsabilité de droit commun adaptée aux fonctionnaires ou assimilés, ou aux élus, agite en effet la doctrine et les législateurs nationaux depuis quelques années déjà. Le besoin de réactiver une forme de responsabilité personnelle – que les responsabilités civile ou disciplinaire n'assuraient plus de manière satisfaisante, ou que la pratique avait tout bonnement éludée – est apparu à la fin du XXe siècle. Chaque pays a eu ses motifs propres de réformer son régime de responsabilité pénale applicable aux agents publics ou aux élus : la corruption, à des degrés divers, est un motif qui a souvent été invoqué. M. NTSAMA rappelle ainsi combien l'État camerounais souffre particulièrement du manque de probité des acteurs publics, notamment des fonctionnaires (les chiffres qu'il avance en introduction sont éloquents). On comprend que dans un cas comme celui-ci, le droit pénal est l'outil tout désigné pour assainir l'appareil administratif de l'État et réprimer des pratiques de prédation financière qui prospèrent sur fond de clientélisme (là est d'ailleurs certainement l'origine du mal...). Si le Code pénal camerounais, comme nous l'expose M. NTSAMA, a évolué dans le sens d'un traitement plus sévère de la corruption, peut-être manque-t-il encore à la justice les moyens nécessaires pour lui faire produire tous les effets souhaités (les modes de règlement traditionnel des conflits, dont fait état M. NTSAMA, peuvent aussi être compris comme un constat d'échec relatif de l'effectivité des dispositions pénales).

La tâche est de toute façon compliquée, où que ce soit, car s'il est nécessaire que les agents publics soient soumis à une responsabilité personnelle réelle - mais prenant en compte le fait qu'ils sont intégrés à une hiérarchie et donc soumis à un devoir d'obéissance - (c'est une condition de la légitimité de leur action, et partant, de celle de l'État), il convient de trouver un bon équilibre afin d'éviter qu'un régime de responsabilité trop pesant n'en vienne à paralyser la bonne volonté des exécutants... Surtout, et c'est là encore une remarque qui vaut universellement, la question de la probité des agents publics ou des élus ne saurait se concevoir sans un certain nombre d'exigences déontologiques qui relèvent en dernière analyse non du droit, mais des mœurs : au fond, le sens de l'intérêt général est le meilleur remède à une généralisation des pratiques délictuelles. Il suppose une éducation morale et politique, mais aussi une reconnaissance, qui passe, dans la fonction publique, par un statut et des traitements avantageux. Le droit pénal corrige les maux, mais à lui seul il ne saurait en éradiquer les causes.

Éric DESMONS,

Professeur agrégé de droit public

Université Sorbonne Paris Nord

LISTE DES PRINCIPALES ABRÉVIATIONS

ANIF	Agence nationale d'investigations financières
BIRD	Banque internationale pour la reconstruction et le développement
CADHP	Convention africaine des droits de l'homme et des peuples
CNJA	Cour Commune de Justice et d'Arbitrage
CDC	Cameroon development corporation
CEMAC	Communauté économique et monétaire d'Afrique centrale
CNDHL	Commission Nationale des Droits de l'Homme et des Libertés
CNUCC	Convention des Nations unies contre la corruption
COBAC	Commission bancaire d'Afrique centrale
CONAC	Commission nationale anticorruption
CPC	Code pénal camerounais
CPPC	Code de procédure pénale camerounais
CSM	Conseil supérieur de la magistrature
DDHC	Déclaration des Droits de l'Homme et du Citoyen
FEICOM	Fonds spécial d'équipement et d'intervention intercommunale
FMI	Fonds Monétaire International

ID	Association Internationale de Développement
INS	Institut national de statistiques
ITIE	Initiative pour la Transparence dans les Industries Extractives
OHADA	Organisation pour l'harmonisation en Afrique du Droit des Affaires
ONG	Organisation non gouvernementale
ONU	Organisation des Nations unies
OPJ	Officier de police judiciaire
PCA	Président du conseil d'administration
PIB	Produit intérieur brut
TCS	Tribunal criminel spécial
TGI	Tribunal de grande instance
TPI	Tribunal de première instance
UNC	Union nationale du Cameroun
UPC	Union des populations du Cameroun

Introduction générale

Depuis plusieurs années[1], la question de la responsabilité des agents publics soulève des débats, s'agissant notamment de leur mise en cause devant le juge pénal[2]. Ce mouvement de pénalisation de l'action publique[3] traduit une mutation profonde du régime classique de la responsabilité de l'action administrative caractérisée par l'indemnisation des victimes par l'administration devant le juge administratif[4]. Comment notre société a-t-elle pu parvenir à un tel changement. La liberté de presse[5], le dynamisme de la société civile, la démocratie[6]... sans être étrangers à ce phénomène ne le justifient pas pleinement.

La volonté accrue de mise en cause par les victimes des responsables du dommage, dans une recherche effrénée de culpabilité individuelle et non plus seulement d'indemnisation par une entité administrative abstraite, le justifie tout autant[7]. À l'évidence, si quantitativement le mouvement de pénalisation ne touche qu'une partie négligeable

---

[1] Voir la grande campagne judiciaire lancée par le Premier ministre (E) INONI en 2004 sous le nom d'opération « épervier ».

[2] Groupe d'étude présidé par (J) MASSOT, *La responsabilité pénale des décideurs publics*, Rapport au garde des Sceaux, collection des rapports officiels, La Documentation française, Paris, 2000, p. 3.

[3] (S.-P.) MFOMO : *Lutte contre la corruption au Cameroun (1990-2006) : contribution à l'étude de l'élaboration et de la mise en œuvre d'une politique publique* ; Thèse de doctorat en Sciences Politiques, Université de Yaoundé II, 2005-2006

[4] (J) MONTAIN DOMENACH, *L'action administrative face à la responsabilité pénale des décideurs publics, revue politiques et management public*, Volume 19, n° 1, mars 2001.

[5] La loi n° 90/052 du 19 décembre 1990, amendée le 4 janvier 1996, organise la communication sociale au Cameroun.

[6] (N) MOUELLÉ KOMBI, *La démocratie dans la réalité camerounaise, Libertés, légitimité et modernité politique sous Paul Biya*, Dianoïa, septembre 2013, 370 pages.

[7] (J) MONTAIN DOMENACH, op.cit, p. 44.

d'*apparatchiks* lâchés par la *nomenklatura*[8], si qualitativement les peines prononcées sont extrêmement lourdes[9], on observe que cette situation nouvelle n'a pas eu d'impact significatif sur le niveau vertigineux des détournements de deniers publics[10] et sur la commission d'autres infractions susceptibles d'être reprochées aux agents publics[11]. Pire, l'on pourrait affirmer que la mise en scène du procès pénal des agents publics, relayée par des médias aux lignes éditoriales teintées par le sceau Hadès, a eu un impact significatif sur l'exercice de l'action administrative[12]. En effet, l'irruption du juge pénal dans la sphère administrative conduit certains agents publics à limiter leur action de peur de voir leur responsabilité engagée.

Selon D. BECHTEL, une certaine « hantise du pénal »[13] transparaît dans les témoignages des agents publics, considérés comme des « sujets supposés savoir » et donc maîtriser l'information y compris technique[14].

---

[8] (J.C.) NCHIMI MEBU « la problématique répression de la corruption en droit camerounais », *in RASJ*, Vol. 4, N°1, 2007, pp. 79-93 ; AKÉRÉ MUNA, « L'action de Transparency International dans la lutte contre la corruption au Cameroun », *in Enjeux, N°14*, janvier - mars 2003, pp 13-15

[9] Incarcéré depuis 2010, Yves Michel Fotso, ancien patron de la compagnie aérienne Camair, a été condamné en avril 2016 à la prison à perpétuité pour le détournement de près de 50 millions d'euros ; Jean-Marie Atangana Mebara a été condamné le 23 juin 2016 à 25 ans de prison par le Tribunal criminel spécial (TCS) pour détournement, courant juin 2003, de 4,4 millions d'euros ; Éphraïm Inoni, ancien Premier ministre arrêté dans le cadre de l'opération Épervier le 16 avril 2012 et condamné en octobre 2013 à 20 ans de prison par le Tribunal criminel spécial de Yaoundé ; Marafa Hamidou Yaya, ancien secrétaire général à la présidence, Arrêté le 16 avril 2012, Marafa Hamidou Yaya avait été condamné par le Tribunal criminel spécial (TCS) à 25 ans de prison ferme le 22 septembre de la même année, pour coaction de détournement de 31 millions de dollars

[10] Les détournements des fonds publics ont généré 489,6 milliards FCFA de flux financiers illicites entre 2016-2018, selon l'Agence nationale de l'investigation financière (Anif) ; rapport 2021.

[11] C.A. Maroua, Arrêt n°0072/COR/03 du 2 septembre 1993. Affaire Sous-préfet de Mokolo c/ YAYA HOUSSEKI et IBRAHIM Aminou. Inédit ; T.P.I. Ndokoti, jugement n°221/cor du 08 février 1981. Affaire ESSOMÉ Adèle c/ NGAH Martin et KOLLA Nelly. Inédit.

[12] Sondage IPSOS, Le Courrier des maires, novembre 1998, d'où il ressort que la moitié des maires de France ne souhaitent pas se représenter en 2001, s'estimant en particulier victimes d'un véritable acharnement judiciaire. (À titre de droit comparé).

[13] L'adoption de la « loi Fauchon » a d'ailleurs limité ce mouvement de pénalisation de la vie publique : v. loi n° 2000-647 du 10 juillet 2000 tendant à préciser la définition des délits non intentionnels, JORF, 11 juillet 2000, p. 10484.

[14] (D) BECHTEL, *La Renaissance culturelle juive. Europe centrale et orientale 1897-1930*; Paris, Belin, 2002, 319 p.

Pour M. ONDOA : « les agents publics méritent protection en tant que rouages essentiels de l'administration ; leur esprit d'initiative, condition de l'efficacité des activités de la puissance publique, doit être sauvegardé ; Une responsabilité facilement engagée ruinerait tout espoir d'entreprise de la part de ces agents »[15].

Rappelons quand même que le phénomène dit de « pénalisation » de l'action publique n'est pas totalement nouveau[16].D'une part, il ne l'est que par l'ampleur et le retentissement des nombreuses mises en examen et condamnations intervenues ces dernières années[17]. D'autre part, il ne touche évidemment pas les seuls gouvernants[18].Il frappe de plein fouet l'ensemble de nos institutions publiques[19] et l'ensemble des agents de l'administration[20].

Les causes de ce phénomène sont pour une bonne part d'ordre juridique[21]. Elles tiennent à l'extension et l'objectivisation des domaines de compétences[22], à l'impact relatif de l'adhésion du Cameroun à l'espace CEMAC et UA qui exposent, plus que par le passé, les agents publics indélicats. Il faut joindre à ce contexte juridique extrêmement dense et complexe, des causes plus diffuses, de nature sociologique, qui,

---

[15] (M) ONDOA, Le droit de la responsabilité publique dans les États en développement, op. cit., p. 733..

[16] Cf. CFJ/CA 22 mars 1972 Mbéde Norbert ; Tribunal de grande instance du Mfoundi, jugement civil no 97, 4 janv. 1984, Mme Étong c/ Commune de plein exercice de Yaoundé ; jugement civil no 703, 22 août 1990, Nie Foko Pascal c/ Commune urbaine de Yaoundé. ; L'ordonnance n° 62/of/28 du 31 mars 1962 réprimant les infractions commises au préjudice de la fortune publique ;

[17] La dernière et la plus retentissante est l'affaire LEBOU EMMANUEL ; en service au ministère des Finances il est soupçonné d'être au cœur d'un réseau de salaires fictifs qui a créé plus de 2601 faux comptes où étaient virés chaque mois de manière frauduleuse près de 1 milliards 800 millions de FCFA, pendant au moins 10 ans.

[18] (J.P.S) NKENGUE, « L'OPJ : enquête de police et la torture » *in « les tendances de la nouvelle procédure pénale camerounaise »* 2007, volume 1, PUA, p.225.

[19] (C) NDI, *La responsabilité des agents de police pour violation des droits de l'Homme dans le cadre du maintien de l'ordre public au Cameroun*, mémoire DEA, campus numérique, Yaoundé, 2007, p.69

[20] (A.H) SANDIO KAMGA, *La responsabilité des agents de l'administration au Cameroun*, l'Harmattan 2021, Une responsabilité plurielle

[21] Confère pour approfondissement sur la question ; (D) RIBES « Le comité Balladur, technicien expert du parlementarisme », *Revue française de droit constitutionnel*, 2008/5 (HS n°2) ; (G) HISPALIS, Pourquoi tant de loi (s) ?, *Pouvoirs 2005/3 (n° 114)*, pages 101 à 115.

[22] (J) OWONA, *La décentralisation camerounaise*, l'Harmattan, 2011.
L'extension des compétences locales : la décentralisation a eu comme contrepartie le renforcement des contrôles.

tout en n'étant pas propres aux institutions étatiques, expliquent à suffisance l'irruption du droit pénal dans la sphère administrative[23].On fait allusion ici aux deux préoccupations que sont la « moralisation » de la vie publique et le processus de « responsabilisation » des agents publics[24].

La première cause est à l'origine de bien des réformes intervenues depuis l'accession du Cameroun à l'indépendance, dans le but d'assainir un certain nombre de procédures publiques[25].Elle se traduit aujourd'hui, dans le cadre du CPC, par une répression accrue des infractions susceptibles d'être commises par les agents publics[26].

Soulignons, à titre de rappel historique, que le dispositif répressif occidental a été imposé au Cameroun avec la colonisation[27]. En effet, après la Conférence de Berlin[28], le Cameroun devint un protectorat allemand[29]. Le colonisateur allemand institua deux systèmes juridiques, l'un pour les Européens et l'autre pour les indigènes. La Loi coloniale du 10 septembre 1900 rendit applicable au Cameroun les lois allemandes en matière de justice en ce qui concerne les Européens. C'est ainsi qu'en matière pénale, le Code pénal de l'empire allemand de 1871 était rendu applicable. Au cours de l'année 1900, le Code pénal allemand avait été rendu applicable aux Camerounais, mais avec la particularité selon laquelle les infractions graves punies par ce code de 10 ans

---

[23] (R) DE CASTELNAU, « Loi du 10 juillet 2000 et pénalisation de la gestion publique, Trompe l'œil ou réelle avancée ? », *Revue administrative*, octobre 2000, n° 10, p. 15.

[24] (B) PAUL, *Pour le libéralisme communautaire*, Éditeur : Favre Sa, 1988, 158 pages.

[25] (M) ONDOA, Textes et documents du Cameroun (1815-2012), Les Éditions le Kilimandjaro, 2013, Vol 1 à 7 ; (R) SOCKENG, *Les institutions judiciaires au Cameroun*, 2e éd., Douala 1998, p. 105.

[26] L'article 132 alinéa 2 du Code pénal dispose que : « Les peines prévues aux articles 189 (copie de documents administratifs), 206 (documents et permis), 207 (certificats officials), 291 (1) (arrestation illégale), 292 (travail force), 299 (violation de domicile), 300 (violation de correspondance), 310 (secret professionnel), 315 (contrefaçon de certificat) du présent Code, sont doublées lorsque le coupable est un fonctionnaire.

[27] (P) KEUBOU, *Le droit pénal camerounais et la criminalité internationale*, Thèse, l'université de Poitiers, 18 octobre 2012, p.16.

[28] La conférence de Berlin, qui s'est tenue de novembre 1884 à février 1885, fut organisée par le chancelier Bismarck afin d'établir les règles qui devaient présider à la colonisation de l'Afrique.

[29] (R) NGANDO SANDJE, « Le traité germano-douala du 12 juillet 1884 : étude contemporaine sur la formation des contrats dans l'ordre juridique intemporel », *Revue québécoise de droit international,* vol. 29, no 1,1 ,2016 ère part. (« Études »), étude no 6, p. 131-159.

d'emprisonnement devaient être passibles de la peine de mort lorsqu'un Camerounais s'en était rendu coupable[30].À la suite de sa défaite lors de la Première Guerre mondiale, les Allemands ont été dépossédés de leurs colonies. Le territoire Camerounais, initialement sous condominium franco-britannique[31], a été placé sous mandat de la Société des Nations, puis sous la tutelle des Nations unies, et confié, pour son administration, à la France et à la Grande-Bretagne[32]. Sur ce territoire reparti entre les deux puissances coloniales, cohabitaient deux systèmes juridiques différents[33].

Dans la partie anglophone du pays, la toute première organisation judiciaire fut celle de 1924 comprenant trois juridictions : les *native courts*[34], les *provincial courts*[35], et la Cour suprême[36]. La dernière organisation judiciaire avant l'accession à l'indépendance fut celle de 1954. Elle était rendue nécessaire à la suite de la modification de la constitution de la colonie nigériane. Cette constitution appelée *Nigerian Littleton Constitution* donna à la partie occidentale du Cameroun rattachée au Nigéria le statut d'un territoire fédéré. L'organisation judiciaire mise en place comprenait les *Customary Courts*, *les magistrates Courts*, deux *High Courts* et le *Federal Supreme Court*[37]. Les dernières lois applicables avant l'accession à la souveraineté étaient, en matière de droit pénal de fond, la *Criminal Law* contenue dans l'édition de 1958 des lois britanniques applicables au Nigeria ; et en matière procédurale le « *Criminal Procedure Ordinance* », chapitre 43 de l'édition de 1958 des lois britanniques en vigueur au Nigéria.

---

[30] Il s'agissait des infractions telles que le viol, le sabotage ou la tentative de sabotage des chemins de fer, et le refus d'exécuter les ordres donnés par un officier allemand.

[31] Le 19 février 1916, le pays se trouve placé sous un statut intermédiaire de condominium franco-britannique

[32] (D) OYONO, *Colonie ou mandat ?* La politique française au Cameroun de 1919 à 1946, Paris, 1992, p. 13. (E) MVENG, *Histoire du Cameroun*, Paris, 1985, p. 362.

[33] ANYANGWE (C.), *The cameroonian judicial system*, CEPER, Yaoundé, 1987, p. 8.

[34] Instituées au Nigéria par le Native Courts Ordinance n° 5 de 1918

[35] Instituées au Nigéria par le Provincial Courts Ordinance de n° 7 de 1914.

[36] Instituée au Nigéria par le Supreme Court Ordinance n° 6 de 1914. Il y avait une seule Cour suprême siégeant au Nigéria, compétente pour statuer sur les pourvois formulés à l'encontre des arrêts des Provincial Courts, mêmes camerounaises.

[37] Il y avait un High Court au Nigéria et l'autre au Cameroun. Cette dernière dont le siège était à Buea avait été créée par le Southern Cameroon High Court Law de 1955. Les arrêts de ces deux juridictions pouvaient être attaqués devant la Cour suprême fédérale dont le siège était à Lagos au Nigéria

Dans la partie francophone du pays, en matière de droit pénal substantiel, le Code pénal français de 1810 dans sa version du 6 mai 1877, rendu applicable au Cameroun par les décrets du 19 mars 1903 et du 22 mai 1924, était désormais applicable aussi bien aux Français et assimilés qu'aux indigènes. Il en est de même en matière de droit pénal de forme. Le Code d'instruction criminelle de 1808, plusieurs fois modifié[38], rendu applicable au Cameroun par l'ordonnance du 14 février 1838, était désormais applicable à tout le monde.

L'accession du Cameroun à la souveraineté n'a pas immédiatement modifié l'état des choses. En effet, pour éviter un vide juridique ou des zones de non droit, les lois métropolitaines sont restées en vigueur dans chaque domaine jusqu'à l'intervention du législateur national. C'est ainsi qu'en matière de droit pénal de fond, quelques années après l'accession à l'indépendance, par les lois n° 65/LF/24 du 12 novembre 1965[39]et n° 67/LF/1 du 12 juin 1967[40], le Cameroun réunifié se dota d'un code pénal applicable sur toute l'étendue du territoire fédéral.

La seconde cause est de nature sociale. En effet, le modèle de responsabilité collective fondé principalement sur l'indemnisation paraît de moins en moins satisfaisant à une majorité de victimes qui souhaite voir engager plus nettement la responsabilité de ceux qui, ayant participé à l'action, sont à l'origine du dommage. S'il a jadis été admis, avec l'arrêt Thépaz du 14 janvier 1935[41], que le régime d'indemnisation ne fait pas obstacle à l'existence d'une faute pénale, le recours au juge pénal était lié principalement à la commission d'infractions intentionnelles. De nos jours, ce système de responsabilité est soumis à la critique d'une société qui, au-delà des dysfonctionnements institutionnels, veut identifier des responsables ; et seule l'intervention du juge répressif peut donner satisfaction à une telle revendication[42]. Relevons d'emblée que les premiers élans de ce mouvement

---

[38] Notamment par la loi du 20 mai 1863, le décret n° 47/2300 du 27 novembre 1947 et la loi n°58/203 du 26 décembre 1958 portant adaptation et simplification de la procédure pénale pour certaines infractions.

[39] Cette loi institue le Livre I du Code pénal intitulé : « De l'application de la loi pénale ». Ce livre prévoit les règles de fond applicables en droit pénal et constitue en quelque sorte la théorie générale du droit pénal camerounais

[40] C'est l'objet du Livre II intitulé : « Des crimes, délits et contraventions ». Ce dernier livre relève du droit pénal spécial parce qu'il décrit les infractions et leur affecte les peines correspondantes.

[41] T.C. 14 janvier 1935, Thépaz, S. 1935, 3. 17.

[42] (J) MONTAIN DOMENACH, op.cit p. 47.

protestataire ont commencé à se faire ressentir au début des années 80. En effet, l'Union des Populations du Cameroun (UPC), non légale, déclarait déjà que : « la corruption doit cesser dans l'administration. Tous les "grands types" qui détournent des millions pour s'enrichir sur le dos du peuple doivent être frappés par des peines d'emprisonnement sévères ». Lors du congrès de Bafoussam en 1980, le président de l'Union nationale camerounaise (UNC) va inviter « les agents de l'administration à plus de rigueur dans la gestion de l'économie »[43].

Il faut souligner que c'est la gestion clientéliste et patrimoniale des affaires publiques qui est à l'origine de cette dérive. En effet, en 1969, le pouvoir va supprimer la Cour fédérale des comptes, créée en 1962 pour s'assurer d'une gestion sans contrôle[44]. Pourtant, la Cour fédérale des comptes marquait la séparation entre ordonnateurs et comptables[45]. Malgré cette entorse, il existait toujours un système hybride de contrôle. Mais, ce système de contrôle va voler en éclats à partir de 1984. En effet, après une tentative de coup d'État manqué, le chef de l'État nouvellement installé va multiplier les systèmes de compromis et ce davantage pour reconstruire une alliance autour de lui et faire passer la lutte contre cette gangrène aux oubliettes de ses préoccupations du pouvoir[46].

Aujourd'hui l'impunité est remarquable : depuis le milieu des années 2000, rares sont ceux qui ont été sanctionnés parce qu'ils se sont montrés indélicats dans la gestion des affaires publiques[47]. Les rares punitions pour malversations financières et autres infractions qui ont été infligées cachent pour la plupart des motivations politiques[48]. L'opération « Épervier » par exemple a eu une influence relative sur le

---

[43] Idem.

[44] Loi n° 69/LF/17 du 14 juin 1969 portant suppression de la cour des comptes.

[45] En la supprimant, le pouvoir s'est assuré de transférer ses compétences d'apurement des comptes et de sanctions des comptables publics à l'Inspection générale de l'État (Igéra), qui dépendait de la présidence et qui était sous la direction d'un ministre délégué : le contrôle des comptes est ainsi passé de la justice à l'exécutif, faussant par là même le système d'une bonne gestion des biens publics.

[46] (F) PIGEAUD, op. cit., pp.141-142.

[47] Rapport sur l'État de la lutte contre la corruption au Cameroun, novembre 2012.

[48] Présidentielle au Cameroun : dauphins en eau trouble, jeune Afrique, édition 18 décembre 2017 par (G) DOUGUELI ; (L) SINDJOUN, «Le président de la république du Cameroun à l'épreuve de l'alternance néo patrimoniale et de la transition démocratique » in Mommar-Coumba Diop et Mamoudou Diouf. éd. Les figures du pouvoir politique en Afrique, des pouvoirs hérités aux pouvoirs élus, 1999. pp.63-10

niveau vertigineux des détournements et des pratiques délictueuses[49]. De nombreux agents publics, soupçonnés d'avoir commis des actes répréhensibles restent intouchables. À titre d'illustration, des révélations sur un gigantesque scandale financier et des détournements de fonds publics de près de 1000 milliards FCFA dans le cadre de la Coupe d'Afrique des nations 2019 n'ont même pas donné lieu à l'ouverture d'une information judiciaire. Pire, en 2021, un rapport d'étape de la chambre des comptes relevant des irrégularités sur l'utilisation des 180 milliards de FCFA destinés à la lutte contre le Covid 19 a accouché une « petite souris »[50]. On se demande vraiment s'il existe une volonté de punir dans ce pays.

L'article 66 de la constitution du 18 janvier 1996, sur l'obligation pour tout gestionnaire de crédit de déclarer ses biens, n'a jamais été mis en pratique[51]. Les instances de contrôle, telles que la commission nationale anticorruption (CONAC) et l'agence nationale d'investigation financière (ANIF), mis en place sous la pression des institutions sœurs de *Bretton Wood*[52], sont caporalisées par l'exécutif. Les instances de sanctions telles que les juridictions ordinaires et extraordinaires sont muselées.

L'ampleur du phénomène est donnée par les chiffres de *Transparency International* : « 79% des personnes interrogées ont déclaré avoir dû payer un pot-de-vin pour accéder à un service public, normalement gratuit »[53]. Notons à titre de comparaison que c'est le pourcentage le plus élevé dans cette étude : le Cameroun devance ainsi

---

[49] Rapport sur l'État de la lutte contre la corruption au Cameroun, novembre 2012.

[50] Le premier rapport d'étape de la chambre des comptes de la Cour suprême (CDC), juridiction compétente pour contrôler et statuer sur les comptes publics et ceux des entreprises publiques et parapubliques, sur la gestion des fonds du Covid-19, mars 2021.

[51] L'Art 66 dispose que : « *Le Président de la République, le 1er Ministre, les membres du gouvernement et assimilés, le président et les membres du bureau de l'Assemblée Nationale, le président et les membres du bureau du Sénat, les Députés, les Sénateurs, tout détenteur d'un mandat électif..., tout gestionnaire de crédits et des biens publics, doivent faire une déclaration de leurs biens et avoirs au début et à la fin de leur mandat ou de leur fonction...* ».

[52] La Banque mondiale (BM), formée de la Banque internationale pour la reconstruction et le développement (BIRD) et de l'Association internationale de développement (IDA) ; le Fonds monétaire international (FMI).

[53] L'ONG Transparency International classait le Cameroun comme 40e pays le plus corrompu à l'échelle mondiale et deuxième sur le plan africain. «*Une manière de dire que la corruption reste la marque de fabrique du système camerounais*», indique le quotidien Émergence du 29 décembre 2015 ; (F) PIGEAUD, op. cit., pp.141-142

le Cambodge (72%), l'Albanie (71%) et le Kosovo (67%). Il surpasse son voisin nigérian (40%).

Pour J.-F. MÉDARD, Ces actes délictueux ont non seulement envahi toute l'administration mais aussi toute la société. Au point où celui qui refuse de céder à ces pratiques répréhensibles est conspué, considéré comme stupide et combattu. Le problème, poursuit-il, a atteint un tel niveau que « les intéressés viennent demander justice aux autorités lorsque le contrat de corruption n'est pas respecté »[54].Le scandale, dans ce cas, n'est pas la corruption mais l'abus de confiance. Qui plus est, les autorités en question ont pour consigne de leur hiérarchie de faire payer le coupable. Il s'agit là d'un cas-limite où, face à un exemple de dérégulation, ce sont les autorités publiques qui interviennent pour réguler les actes illégaux par leur intervention[55].

Face à cette situation extrêmement déplorable, l'administration cherche à s'adapter et à définir une réponse satisfaisante aux préoccupations d'une société épris de paix et de justice. Déjà en 2004, le Président de la République affirmait : « nous sanctionnerons sans pitié la fraude et la corruption qui sont, pour une bonne part, à l'origine de nos difficultés » [56] . Un an après, il ajouta, qu'il y a « une totale incompatibilité entre les efforts déployés par l'administration pour faire reculer la pauvreté et l'enrichissement scandaleux de quelques-uns »[57].

Dans sa vision du développement à l'horizon 2035, pour ce qui concerne la poursuite de la réforme du système judiciaire, le gouvernement avait rappelé que « dans le contexte actuel où l'aspiration des populations pour une justice indépendante et accessible à tous semble encore difficilement conciliable avec l'organisation administrative actuelle, les actions et mesures viseront principalement à crédibiliser la justice à travers le renforcement de l'indépendance du pouvoir judiciaire et la facilitation de l'accès et l'amélioration de la qualité du service de la justice. À cet effet, l'accent sera mis sur les mécanismes susceptibles de renforcer l'indépendance des magistrats, la poursuite de la construction des tribunaux, le recrutement et le

---

[54] (J.-F.) MÉDARD, Les paradoxes de la corruption institutionnalisée, *Revue internationale de politique comparée*, 2006, De Boeck Supérieur. pp. 697–710. Vol. 13

[55] Idem

[56] (C A) NJIMENI NJIOTANG, *Le discours de Paul BIYA à l'ère du multipartisme au Cameroun: mises en scène argumentatives et relation au pouvoir* ; Volume 2, thèse de doctorat en « linguistique », avril 2018, Université Bordeaux Montaigne

[57] Idem.

renforcement des capacités des personnels, l'informatisation des procédures, l'équipement des services et la promotion de l'éthique et de la déontologie professionnelles »[58]. Malheureusement, comme une poudre de perlimpinpin[59], la plupart des politiques de réforme est restée inefficace au plan pratique[60].

De ce qui précède, s'il est vrai que le système de répression des agents publics traverse d'énormes difficultés dont certaines prennent racine dans l'obsolescence du dispositif légal légué par la France et l'Angleterre[61] ; il est tout aussi vrai que l'ampleur de l'impunité dans l'administration publique rend impérieuse une réforme judiciaire audacieuse. Seulement, comme le souligne le Professeur E. DESMONS, « la question de la probité des agents publics ne saurait se concevoir sans un certain nombre d'exigences déontologiques qui relèvent non du droit, mais des mœurs »[62]. Il conviendra d'aller au-delà de la réforme du dispositif répressif en y intégrant d'autres modes de résolutions des litiges : le droit pénal corrige certes les maux, mais à lui seul il ne saurait en éradiquer les causes[63].

L'antériorité des réflexions sur la responsabilité pénale des agents publics n'a pas épuisé les problèmes. Si ailleurs, les recherches récentes sur la question sont impressionnantes par leur quantité et leur qualité[64], au Cameroun, malgré un environnement qui sied, cette question n'a pas fait l'objet de nombreuses publications. Les rares études existantes peuvent être regroupées en trois ensembles. Le premier, bien que traitant de la responsabilité pénale, porte soit sur une catégorie d'agents

---

[58] La stratégie nationale de développement du Cameroun est définie dans le Document stratégique pour la croissance et l'emploi (DSCE 2010-2020).

[59] La poudre de perlimpinpin est un remède prétendument miraculeux mais totalement inefficace.

[60] Dans l'histoire des nations, l'échec des politiques ou des réformes se justifie par le manque préalable de diagnostic

[61] (M) TANKEU, *L'administration de la justice au Cameroun : Vers un dépassement de la colonialité*, L'Harmattan Cameroun, décembre 2019, 242 pages

[62] Préface du présent ouvrage.

[63] Idem

[64] (E) DESMONS, *La responsabilité pénale des agents publics, Que sais-je*? PUF, 1998. (S) PETIT, *La responsabilité pénale des agents des trois fonctions publiques*, Berger-Levrault, 2001. (F) BOTTINI, *La protection des décideurs publics face au droit pénal*, LGDJ, 2008. (J.-C.) MAYMAT, *L'élu et le risque pénal*, Berger-Levrault, 1998. (A) LEVY, (S) BLOCH, (J.-D.) BLOCH, *La responsabilité pénale des collectivités territoriales, de leurs élus, de leurs agents*, Litec, 1995. Précisons ici que notre étude se démarque de toutes les études réalisées en France parce qu'elle concerne uniquement les agents publics et le droit pénal camerounais.

publics[65], soit sur un type d'infraction[66]. Le second porte sur la responsabilité plurielle des agents de l'administration[67].Le troisième groupe porte sur les lacunes de la justice camerounaise[68] et sur les droits de l'homme et le droit pénal au Cameroun[69]. Pour la doctrine, les lenteurs de plus en plus décriées par les justiciables constituent l'un des plus importants blocages d'une bonne justice[70].A. MINKOA SHE va d'ailleurs plus loin en affirmant que les droits de l'homme et le droit pénal constituent le fondement de la politique criminelle[71]. Notre réflexion se démarque parce qu'elle a la prétention de traiter toutes les infractions pénales susceptibles d'être reprochées à tous les agents publics.

Au final, même si la responsabilité pénale des agents publics a fait l'objet d'études éparses au Cameroun, il n'est pas inintéressant de revenir sur cette question ; d'abord, parce que c'est un débat constant, du moins toujours renouvelé, chaque fois que la justice ou tout au moins des privilèges de droit ou de fait sont octroyés à une partie de la population. Ensuite, et c'est cela qui donne une dimension inédite et actuelle à ce sujet, cette réflexion est menée dans un contexte marqué

---

[65](M) NGO MOMASSO, *Le contentieux des gestionnaires des deniers publics en droit public financier au Cameroun*, Thèse, 2019 ; (R.S.) ASSOUMOU, *La responsabilité pénale du médecin traitant dans le système pénal camerounais*, mémoire de DEA 2006, Université de Douala Cameroun. (F.J.) AÏVO, « la responsabilité pénale des gouvernants dans les régimes politiques africains d'influence les régimes politiques africains d'influence française », *in Revue juridique et politique des États francophones*, jan/mars 2010, p. 64.

[66] (F.X.) MBOUYOM, *La répression des atteintes à la fortune publique au Cameroun*, Sodecam, 1970, 282 pages. (M.S.J) MGBA NDJIE, *La lutte contre l'enrichissement illicite*, mémoire de D.E.A 2008, Université de Yaoundé II-Soa. (J.C.) NCHIMI MEBU, « la problématique répression de la corruption en droit camerounais », *RASJ*, 2007, p.81. (H) ÉYEBÉ AYISSI, *La protection de la fortune publique*, Le Kilimandjaro, 2014.

[67] (A.H) SANDIO KAMGA, *La responsabilité des agents de l'administration au Cameroun*, l'Harmattan 2021, Une responsabilité plurielle

[68] (E) FOTSO-NANA, *Droits de l'Homme et Justice : Le délai raisonnable de procédure pénale au Cameroun*, l'Harmattan, 2012, 174 pages.

[69] (E) FOTSO-NANA, *Droits de l'Homme et Justice : Le délai raisonnable de procédure pénale au Cameroun*, l'Harmattan, 2012, 174 pages.

[70] (F) ONANA ETOUNDI, « Le respect du droit par les juridictions camerounaises » : *in (D) MAUGENEST et (J.D.) BOUKONGOU* ; (dirs), Vers une société de droit en Afrique Centrale (1990-2000). Presse de l'UCAC. 2001, pp. 207-218.

[71] (A) MINKOA SHE, *les droits de l'homme et le droit pénal au Cameroun*,, 1999, 321 pages.

par une recrudescence remarquable dans violations de la loi par les agents publics[72].

Le problème précis auquel s'intéresse le présent ouvrage est celui de l'effectivité, voire l'efficacité, du système répressif applicable aux agents publics. Il sera question de présenter le dispositif normatif et institutionnel applicable aux agents publics auteurs d'infractions pénales, de détecter les insuffisances du système actuel et de proposer des pistes de solutions en vue d'optimiser la responsabilité pénale des agents publics au Cameroun.

Au risque de décevoir certains ou d'émouvoir d'autres, nous n'aborderons pas les questions à forts élans politiques et partisans. Notre ouvrage se veut être une synthèse, un mémento juridique au service du Cameroun dans sa globalité et sa diversité. En cela, il revêt un intérêt didactique et pratique.

Du point de vue didactique il touche une donnée majeure : celle de l'effectivité de la responsabilité pénale des agents publics au Cameroun. De nos jours, il ne suffit pas de proclamer des lois et de leur vouer des cultes verbaux sans conséquences concrètes, mais de s'assurer de leur effectivité. En règle générale, l'effectivité et la consécration des droits reposent sur l'intervention du juge. Leur mise en œuvre est le levier essentiel si l'on veut en faire une réalité.

Du point de vue pratique, l'agent public en procès est fragile, il est vulnérable, affaibli par les soupçons, voire les accusations qui pèsent sur lui. Cependant, il reste un citoyen comme les autres. À ce titre, il doit bénéficier des droits substantiels reconnus à tous les hommes[73]. Le système juridique camerounais reconnaît et aménage ce régime de protection. Avant d'étayer cette affirmation, il convient, *in limine litis*, de faire subrepticement un cadrage conceptuel en nous accordant précisément sur les notions d'agent public et de responsabilité pénale.

Selon le lexique des termes juridiques, qui met en relief une définition traditionnelle, « l'agent public est un terme générique permettant de désigner tout collaborateur d'un service public, le plus souvent administratif, associé pour une certaine durée à l'exécution directe de l'activité spécifique de celui-ci et relevant à ce titre du droit administratif »[74]. En droit administratif général, selon une jurisprudence

---

[72] Le respect des droits de l'Homme, la démocratie, la justice…

[73] (J) KOERING, « la phase préparatoire du procès pénal : Les grandes lignes de la jurisprudence européenne » *in procès pénal et droit de l'homme*, 1992, p.49.

[74] Lexique des termes juridiques, Dalloz, 2015-2016.

constante, le critère retenu pour qualifier une personne d'agent public est l'emploi par une personne publique.

La Cour suprême du Cameroun Oriental avait considéré dans l'arrêt n° 16 du 29 décembre 1964[75], qu'un certain MÉSSINA ÉBOULE engagé par décision administrative comme pompier du ministre des Transports, des Mines, des Postes et Télécommunications de la République fédérale du Cameroun n'était pas fonctionnaire comme les agents nommés dans un emploi permanent d'une administration publique et que le tribunal du travail était dès lors compétent pour statuer sur le différend individuel, de nature contractuelle, l'opposant à l'État comme employé.

Dans un arrêt ultérieur du 15 février 1966, H.W. MONDOH[76], elle avait mêmement fait application du droit commun du travail à un agent contractuel, tenant simplement compte du fait que, sans être fonctionnaire, cette personne s'est engagée à mettre son activité professionnelle moyennant rémunération sous la direction d'une autre personne qui est ici fortuitement publique[77]. Il s'ensuit que le critère retenu pour identifier un agent public est le critère organique. Dès lors, peuvent ainsi être considérés comme agent public : les fonctionnaires, les agents nommés ou les agents contractuels[78].

En droit pénal, la notion d'agent public semble nettement plus large. En effet, l'article 131 du CPC définit l'agent public comme : « tout magistrat, tout officier public ou ministériel, tout préposé ou commis de l'État ou toute autre personne morale de droit public, d'une société d'État ou d'économie mixte, d'un officier public ou ministériel, tout militaire des forces armées ou de gendarmerie, tout agent de la sûreté nationale ou de l'administration pénitentiaire et toute personne chargée même occasionnellement d'un service, d'une mission ou d'un mandat public, agissant dans l'exercice ou à l'occasion de l'exercice de ses fonctions ». Il se dégage de cette définition primordiale, une interrogation essentielle : le législateur a-t-il réduit la sphère de la notion en énumérant les personnes susceptibles d'avoir la qualité d'agent public ? De toute évidence, si toute énumération est limitation, la réponse à cette question est affirmative. Il aurait été judicieux, et c'est le

[75] Bulletin des Arrêts de la Cour suprême p. 949.

[76] Bulletin des Arrêts de la Cour suprême p. 1389.

[77] Voir également arrêt n°23 Cour suprême, chambre sociale : (L) BESSALA contre État du Cameroun, 1971.

[78] (J) OWONA : *Droit de la fonction publique Camerounaise*, l'Harmattan, 2011, p. 256.

sens que nous retiendrons dans cet ouvrage, de suivre l'exemple du législateur français en distinguant selon trois critères, non plus organiques mais fonctionnels, la notion d'agent public.

Pour le législateur français, est agent public toute personne qui est dépositaire de l'autorité publique[79] ; toute personne chargée d'une mission de service public[80] et toute personne investie d'un mandat public électif[81]. Que recouvrent ces notions.

Selon le rapport COLOMBET, les personnes dépositaires de l'autorité publique sont « les personnes qui détiennent un pouvoir de décision fondé sur la parcelle d'autorité publique qui leur a été confiée à raison des fonctions exercées, qu'elles soient de nature administrative, juridictionnelle ou militaire : sont ainsi visés les magistrats, les militaires, les fonctionnaires ou agents publics dits d'autorité, les officiers publics et ministériels, les maires, les préfets... »[82]. Pour R. CHAPUIS, la qualité de personne dépositaire de l'autorité publique est, des trois qualités visées par le Code pénal, la plus proche de la qualité d'agent public, entendue au sens du droit de la fonction publique[83].

Les personnes chargées d'une mission de service public sont des personnes qui, sans avoir reçu un pouvoir de décision ou de contrainte conférée par la puissance publique, exercent cependant une mission d'intérêt général. Il s'agit par exemple des administrateurs judiciaires et mandataires liquidateurs, des séquestres, des interprètes, des clercs d'huissiers, des personnes qui appartiennent à des établissements publics, à des administrations placées sous le contrôle de la puissance publique ou à des services publics concédés, des membres de commissions ou d'organismes chargés de donner leur avis à l'autorité publique ou de statuer sur des demandes.

Pour le rapport COLOMBET précité, la référence à la qualité de personne chargée d'une mission de service public doit s'appliquer à tous « ceux qui accomplissent, à titre temporaire ou permanent, volontairement ou sur réquisition des autorités, un service public

---

[79] Cass., ass. plén., 17 juill. 2009, no 09-82.690, Bull. crim. ass. plén. no 2.

[80] Crim. 2 avr. 1998, no 97-83.119, Bull. crim. no 127 ; D. 1999. 158, obs. Segonds ; RTD com. 1999. 215, obs. Bouloc

[81] Crim. 27 oct. 1997, no 96-83.698, affaire Carignon, Bull. crim. no 352 ; RSC 1998. 336, obs. Renucci ; Rev. sociétés 1997. 369, note Bouloc ; RTD com. 1998. 428, obs. Bouloc

[82] COLCOMBET, Rapport, t. 1, Exposé général - Examen des articles, Doc. AN 1991/1992, p. 150.

[83] (R) CHAPUIS, *Droit administratif général*, Montchrestien, 2001, p. 25, 15ème éd.

quelconque : il importe peu que les intéressés soient des personnes privées (collaborateurs bénévoles d'un service public) ou publiques (fonctionnaires ou contractuels qui n'exercent pas des fonctions d'autorité)»[84].

La personne investie d'un mandat électif public vise toute personne élue chargée d'agir au nom et pour le compte de ses électeurs, qu'elle soit ou non investie d'un pouvoir de contrainte. Sont donc concernés les parlementaires (députés et sénateurs), ainsi que tous les élus locaux (conseillers municipaux, régionaux et les exécutifs de ces collectivités territoriales). La doctrine s'accorde pour conférer à la qualité de personne investie d'un mandat électif public une très large portée[85]. Sont notamment concernés les titulaires d'un mandat national ou local, mais également, à titre d'illustration, les administrateurs élus des établissements publics[86]. Quid de la responsabilité pénale ?

Selon le lexique des termes juridiques, en matière répressive, la responsabilité permet de sanctionner, c'est-à-dire de punir l'auteur de la violation d'une norme légale, en lui infligeant une peine préalablement établie. Pour F. DESPORTES et F. LE GUNEHEC la responsabilité pénale est celle qui « engage le plus gravement les individus » puisqu'elle donne lieu, parfois, au prononcé de sanctions importantes comme les peines privatives de liberté[87]. Être responsable pénalement, c'est être tenu d'une obligation : celle de répondre personnellement de l'infraction commise en subissant la sanction que l'État a prévu pour la réprimer[88]. Notons néanmoins que la seule commission de l'infraction peut s'avérer insuffisante pour engager la responsabilité de son auteur.

L'agissement doit également lui être « imputable »[89]. Il va donc de soi que certains comportements délictueux n'entraînent pas la

---

[84] COLCOMBET, op.cit., p. 150.

[85] Crim., 27 oct. 1997, M. Véron, Dr. pénal, 1998, comm. n° 16 et 20 ; J.-H. Robert, Dr. pénal, 1998, comm. n° 21 ; M.-P. Lucas de Leyssac, JCP (E) 1998, p. 263, spéc. n° 9 ; M. Pralus, JCP (G).II.10017 ; J.-P. Bertrel, Droit et patrimoine, 1998, p. 76) est particulièrement intéressante, dans la mesure où elle soulève de nombreuses questions de droit (M. Véron et J.-H. Robert, Les multiples facettes de l'arrêt Carignon, Dr. pénal, 1998, p. 9 et 13s

[86] (R) DE BOUBÉE, (B) BOULOC, (J) FRANCILLON ET (Y) MAYAUD, *Code pénal commenté*, Dalloz, 1996, p. 697, note 4.

[87] (F) DESPORTES et (F) LE GUNEHEC, *Droit pénal général*,, 2011, p. 385, 17ème éd.

[88] (F) DEBOVE, (F) FALLETTI ET (E) DUPIC, *Précis de droit pénal et de procédure pénale*, PUF, 2013, p.143.

[89] L'imputabilité, dans sa dimension subjective, renvoie à un état de conscience et à une volonté libre du sujet lui-même.

responsabilité de leur auteur, car ils ne leur sont pas imputables ou ils sont justifiés. C'est le cas des causes d'irresponsabilités pénales. On distingue deux grandes causes d'irresponsabilité en droit pénal : les causes dites objectives et les causes dites subjectives. Les causes subjectives sont celles qui sont attachées directement à la personne poursuivie. Elles tiennent « aux dispositions psychologiques » de celle-ci[90]. Il s'agit plus précisément du trouble mental[91], de la contrainte[92]... Les causes objectives sont celles qui découlent de circonstances entourant la commission de l'infraction. Elles sont extérieures à l'agent. On les appelle également les faits justificatifs. Le Code pénal énumère certaines de ces causes ; l'ordre ou la permission de la loi [93], du commandement de l'autorité légitime[94], de la légitime défense[95] et enfin de l'état de nécessité [96]. Notons que ces éléments permettent de distinguer la responsabilité pénale de la responsabilité civile[97]. Il est évident que les deux types de responsabilités s'éloignent sur deux points qui retiennent particulièrement notre attention :

D'abord sur leur objectif ; si la responsabilité pénale permet de sanctionner l'auteur d'une infraction, la responsabilité civile quant à elle

---

90 (C) MASCALA, Faits justificatifs - Généralités - Ordre de la loi et commandement de l'autorité légitime, *LexisNexis, J.-Cl. Pénal*, 2012, fasc. 20.

91 Article 78 du CPC dispose que : « *La responsabilité pénale ne peut résulter du fait d'un individu atteint d'une maladie mentale telle que sa volonté a été abolie ou qu'il n'a pu avoir conscience du caractère répréhensible de son acte* ».

92 Article 81 alinéa 1 du CPC dispose que : « *La responsabilité pénale ne peut résulter du fait d'un individu soumis à une menace imminente et non autrement évitable de mort ou de blessures graves telles que prévues au présent Code* ».

93 Article 76 du CPC dispose que : « *Ne constitue aucune infraction le fait ordonné ou autorisé par la loi et accompli conformément à la loi* ».

94 Article 83 alinéa 1 du CPC dispose que : « *La responsabilité pénale ne peut résulter d'un acte accompli sur les ordres d'une autorité compétente à laquelle l'obéissance est légitimement due* ».

95 Article 84 alinéa 1 du CPC dispose que : « *La responsabilité pénale ne peut résulter d'un acte commandé par la nécessité immédiate de la défense de soi-même ou d'autrui ou d'un droit appartenant à soi-même ou à autrui contre une atteinte illégitime, à condition que la défense soit proportionnée à la gravité de l'atteinte* ».

96 Article 86 du CPC dispose que : « *Indépendamment de la défense légitime prévue à l'article 84, la responsabilité pénale ne peut résulter de l'atteinte faite à un bien dans le but de détourner de soi-même ou d'autrui ou d'un bien appartenant à soi-même ou d'un à autrui, un péril grave, imminent et non autrement évitable, à condition qu'il n'y ait pas disproportion entre le mal à écarter et la mesure prise pour le prévenir* ».

97 (J.-M.) CARBASSE, *Histoire du droit et de la justice criminelle*, PUF, 2006, pp. 13 et 26. 2ème éd. refondue.

vise à réparer le préjudice subi par la victime[98]. Ensuite sur l'auteur, la personne civilement responsable n'est pas forcément l'auteur du dommage[99]. Alors que la personne pénalement responsable est, d'après l'article 74 du CPC, « celle qui volontairement commet les faits caractérisant les éléments constitutifs d'une infraction avec l'intention que ces faits aient pour conséquence la réalisation de l'infraction »[100].

Néanmoins, les liens entre les deux types responsabilités restent très étroits puisque, le plus souvent, en commettant une infraction, l'auteur cause également un dommage à la victime. Les liens sont d'autant plus étroits que l'article 61 du CPPC dispose que : « l'action civile peut être exercée en même temps que l'action publique devant la même juridiction lorsque les deux résultent des mêmes faits ».

La responsabilité pénale est également différente de la responsabilité administrative. Depuis l'arrêt BLANCO du Tribunal des conflits du 8 février 1873, il est établi que : « la responsabilité, qui peut incomber à l'État pour les dommages causés aux particuliers par le fait des personnes qu'il emploie dans le service public, ne peut être régie par les principes qui sont établis dans le Code civil, pour les rapports de particulier à particulier ; que cette responsabilité n'est ni générale ni absolue ; qu'elle a ses règles spéciales qui varient suivant les besoins du service et la nécessité de concilier les droits de l'État avec les droits privés »[101]. En d'autres termes la responsabilité administrative est autonome.

Pour R. CHAPUIS, il est clair que même si la responsabilité administrative est autonome, « les mécanismes de mise en œuvre ne sont, toutefois, pas sans rappeler ceux existant en droit privé, puisqu'il s'agit de déterminer à quelles conditions un dommage doit être réparé ».

---

[98]Tout fait quelconque de l'homme, qui cause à autrui un dommage, oblige celui par la faute duquel il est arrivé à le réparer. Article 382 du code civil camerounais (Article 1240 du code civil français)

[99] L'article 1384 du Code civil qui dispose que : « on est responsable non seulement du dommage que l'on cause par son propre fait, mais encore de celui qui est causé par le fait des personnes dont on doit répondre, ou des choses que l'on a sous sa garde…Le père et la mère, en tant qu'ils exercent l'autorité parentale, sont solidairement responsables du dommage causé par leurs enfants mineurs habitant avec eux »

[100]Cette définitive nous semble incomplète dans la mesure où elle semble ignorer la responsabilité pénale en cas de faute non intentionnelle

[101] T. confl. 8 févr. 1873, BLANCO, Lebon 61, 1er suppl. ; *Dalloz,* 1873. 3. 20, concl. David ; GAJA, 19ème éd., 2013, Dalloz, n° 1.

Il affirme également que : « tout comme en droit civil, certains mécanismes reposent sur la faute, d'autres sur une absence de faute »[102].

Ces précisions étant faites, il convient de dire, que cinquante-quatre ans après la dernière grande réforme des lois répressives[103], le débat semble toujours ouvert sur la scène publique ; la réforme des lois pénales s'impose[104], celle-ci pourrait d'ailleurs être une solution sûre et efficace à l'optimalisation de la responsabilité pénale des agents publics au Cameroun.

---

[102] (R) CHAPUIS, op.cit., p. 1228.

[103] Les lois n° 65/LF/24 du 12 novembre 1965 et n° 67/LF/1 du 12 juin 1967.

[104] (S) MELONÉ, *Les grandes orientations actuelles de la législation pénale en Afrique : Le cas du Cameroun (Réflexion sur les ordonnances pénales récentes)*, 1975, Arch. pol. crim.

TITRE I :

L'EXISTENCE D'UN DISPOSITIF NORMATIF ÉTOFFÉ

L'une des évolutions les plus remarquables de notre démocratie consiste en la consécration par le législateur de multiples et nouveaux « droits à », sans qu'il se soucie de leur possible traduction dans la réalité[1]. En règle générale, l'effectivité s'entend comme le « caractère d'une règle de droit qui est appliquée réellement »[2]. Pour J. CARBONNIER dans son article précurseur publié en 1958, l'effectivité est « l'application effective »[3]de la règle de droit. Cette position est quelque peu différente de celle de H. KELSEN.

Le maître autrichien considère qu'une norme est effective« soit lorsqu'elle est appliquée dans les cas concrets par les organes de l'ordre juridique, par les tribunaux, c'est-à-dire lorsque la sanction est ordonnée et exécutée quand la norme le prévoit, soit également lorsqu'elle est suivie par les sujets, c'est-à-dire lorsqu'ils manifestent la conduite qui évite la sanction »[4].

Le théoricien réserve donc l'expression « application d'une norme » à la seule hypothèse dans laquelle les autorités étatiques ordonnent une sanction contre le comportement contraire à la norme[5]. Dans ce cadre d'analyse, l'effectivité d'une norme juridique dépend donc de son

---

[1] (S) BRIMO ET (C) PAUTI, L'effectivité des droits, Mare & Martin, : *LPA* 5 déc. 2019, n°245, page 3

[2] (H) REID, Dictionnaire de droit québécois et canadien, Montréal : Wilson et Lafleur, 2e éd., 1996, p. 209 ; Gérard Cornu, *Vocabulaire juridique*, Paris : PUF, 6e éd., 2004, p. 339.

[3] (J) CARBONNIER, « Effectivité et ineffectivité de la règle de droit », article cité, p. 3 ; Id., Flexible droit. Pour une sociologie du droit sans rigueur, Paris : LGDJ, 9e éd., 1998, p. 133.

[4] (H) KELSEN, *Théorie pure du droit*, Paris : Dalloz, 1962, p. 15.

[5] (H) KELSEN, *Théorie générale des normes*, Paris : PUF, 1996, p. 4.

application au sens large, c'est-à-dire de son respect par les individus à qui elle est destinée ou, en cas d'inobservation, du prononcé d'une sanction à l'encontre de celui qui l'a violée[6].

Au Cameroun, en dépit de quelques entorses et violations[7], nul doute que le législateur a prévu un dispositif normatif étoffé, capable de réprimer et sanctionner[8] les agents publics pour des manquements dans l'exercice de leur fonction.

En matière pénale, le principe de la légalité criminelle, mieux connu sous le triptyque de ni infraction, ni peine, ni procédure sans loi[9] ; « *Nullum crimen, nulla pœna, nullum judicium sine lege* », implique que le premier élément constitutif de l'infraction est une loi violée. Cette loi violée[10], à défaut de laquelle il ne saurait naître de responsabilité pénale à la charge de quiconque, constitue ce que l'on appelle l'élément légal de l'infraction.

Au Cameroun, il est consacré par diverses dispositions à valeur constitutionnelle[11]. Notamment, le préambule de la constitution du 18 janvier 1996 qui dispose que : « nul ne peut être poursuivi, arrêté ou détenu que dans les cas et selon les formes déterminées par la loi ». Le pacte de 1966 relatif aux droits civils et politiques qui dispose en son article 15 alinéa 1 que : « nul ne sera condamné pour des actions ou omissions qui ne constituaient pas un acte délictueux d'après le droit national ou international au moment où elles ont été commises ». On retrouve également des dispositions similaires à l'article 6 de la Charte Africaine des Droits de l'Homme et des Peuples (CADHP)[12].

Précisons d'emblée, que l'ensemble des dispositions du CPC est susceptible d'entraîner une mise en cause des agents publics[13].

---

6 idem

7 La désuétude des lois pénales, la qualité de la justice…

8 Code pénale, Code du travail, Code de la consommation et autres textes particuliers…

9 (G) LEVASSEUR, Réflexions sur la compétence, un aspect négligé du principe de la légalité, *in Mélanges HUGUENEY*, 1964, pp. 13 et sq.

10 Précisons à ce niveau qu'il s'agit de la loi au sens large. C'est dire que cette loi peut aussi être un acte du pouvoir exécutif.

11 (R) CABRILLAC, (M.-A.) FRISON-ROCHE et (T) REVET (dir.), *Libertés et droits fondamentaux*, Dalloz, 2004, p. 809, 10ème éd.

12 « Tout individu a droit à la liberté et à la sécurité de sa personne. Nul ne peut être privé de sa liberté sauf pour des motifs et dans des conditions préalablement déterminées par la loi; en particulier nul ne peut être arrêté ou détenu arbitrairement ».

13 L'article 1 du CPC dispose que «*la loi pénale s'impose à tous* ». L'article 74 alinéa 2 du même Code dispose que : « Est pénalement responsable celui qui volontairement

Cependant, le Code prévoit des obligations s'imposant aux seuls agents publics et des obligations s'imposant à tous les citoyens mais dont la méconnaissance est sanctionnée plus sévèrement si les coupables sont des agents publics[14]. On trouve également, hors du CPC, la répression des délits spécifiques dont les agents publics peuvent se rendre coupables à l'occasion de leurs missions[15]. Dans un souci de clarté, nous aborderons d'abord les infractions intentionnelles (Chapitre I) puis le cas des infractions non intentionnelles (Chapitre II). Ce découpage n'est pas fortuit. Il est évident que le législateur n'a pas suffisamment encadré la responsabilité pénale des agents publics en cas d'infraction non intentionnelle. En effet, d'après l'article 74 du CPC, la personne pénalement responsable est, « celle qui **volontairement** commet les faits caractérisant les éléments constitutifs d'une infraction avec **l'intention** que ces faits aient pour conséquence la réalisation de l'infraction »[16]. Est-ce à dire que le législateur écarte la faute non intentionnelle ? Mieux, à l'heure des grandes mutations sociétales, peut-on véritablement ignorer la responsabilité des agents publics pour des faits non intentionnels ? Les développements suivants apporteront des éclairages sur cet aspect.

commet les faits caractérisant les éléments constitutifs d'une infraction avec l'intention que ces faits aient pour conséquence la réalisation de l'infraction ».

[14] Les articles 189, 206, 207, 291, 292, 299, 300, 310, 315 du CPC.

[15] On peut citer entre autres la loi-cadre sur l'environnement, les diverses législations en matières de santé…

[16] Cette définitive nous semble incomplète dans la mesure où elle semble ignorer la responsabilité pénale en cas de faute non intentionnelle

CHAPITRE I :

LA RESPONSABILITÉ PÉNALE DES AGENTS PUBLICS EN CAS D'INFRACTIONS INTENTIONNELLES

Les infractions intentionnelles, pour être sanctionnées, nécessitent l'exigence d'une faute intentionnelle que la doctrine qualifie généralement de dol[1]. La définition du dol fait l'objet d'une controverse entre deux courants de pensée. Le premier, dit de la conception concrète de l'intention, estime que le dol implique une volonté déterminée par un mobile[2]. Le second courant prône une indifférence des mobiles[3]. Le droit camerounais héritier du droit français a opté pour ce dernier[4]. Soulignons qu'il existe une différence fondamentale entre la faute pénale intentionnelle et la faute pénale non intentionnelle. Dans la faute intentionnelle, l'auteur de l'acte l'accomplit en pleine conscience, mais il en recherche aussi les conséquences ; alors que dans la faute non intentionnelle, il ne cherche pas le résultat. Néanmoins, il arrive très souvent, en dépit de la réunion des éléments sus évoqués, que la responsabilité pénale de l'auteur des infractions ne puisse être engagée. Cette situation est due à l'existence des causes d'irresponsabilités pénales évoquées à l'introduction.

L'objet de ce chapitre n'est pas de dresser une liste exhaustive de l'ensemble des infractions intentionnelles existant dans les différents textes de loi, mais de faire une pédagogie indicative des infractions intentionnelles, récurrentes, propres aux agents publics, en distinguant les atteintes aux intérêts publics (section I)des atteintes aux intérêts privés (section II).

---

[1] (R) BERNARDINI, *L'intention coupable*, thèse, 1976, Nice.

[2] (L) LOBE-LOBAS, *Le droit pénal en schémas*, Ellipses, 2012, p. 110. 2ème éd.

[3] (J.Y.), MARÉCHAL, Élément moral de l'infraction, *J.-Cl. Pénal*, 2010, fasc. 20.

[4] (M) ONDOA, « Le droit administratif français en Afrique francophone : contribution à l'étude de la réception des droits étrangers en droit interne ». *Revue juridique et politique, indépendance et coopération,* 2002-09/12, pp.287-333, n°3.

SECTION I :
Les atteintes aux intérêts publics

Le Code pénal regroupe des incriminations qui retiennent l'attention médiatique surtout en raison de l'écho qu'elles ont eu dans notre société au cours de ces deux dernières décennies[5]. Celles-ci ont été édictées afin de protéger la puissance publique qui ne peut accepter qu'une mauvaise utilisation de l'autorité publique entraîne la dégradation de l'image voire de l'autorité d'un service public. Elles l'ont également été dans l'optique de lutter contre la mise en danger et surtout la déconsidération des fonctions occupées par les agents publics indélicats. Dès lors, le souci de préserver l'autorité de la puissance publique passe nécessairement par une double exigence de probité (Paragraphe I) et de citoyenneté (Paragraphe II).

Paragraphe I : Les atteintes au devoir de probité

Les atteintes au devoir de probité sont à la fois un phénomène permanent dans notre société mais aussi un phénomène universel, comme en témoignent les sanctions pénales prévues par les règlementations étrangères[6]. Il faut noter que si jadis ce type de pratique a pu bénéficier d'une certaine impunité[7], de nos jours, la justice pénale ne manifeste plus une quelconque indulgence à l'encontre des agents publics fautifs. Au contraire, les juges répressifs et les lois répressives sont devenus plus sévères quant aux sanctions à infliger. Cela se justifie par le fait que les atteintes à la probité peuvent entraîner des dommages énormes à la société.

La probité est une notion qui ne fait pas l'unanimité dans la doctrine. Selon une définition usuelle, la probité est perçue comme une « qualité de quelqu'un qui observe parfaitement les règles morales, qui respecte scrupuleusement ses devoirs, les règlements, etc. »[8]. Pour E. DREYER, la probité ne doit pas être confondue avec l'honnêteté, voire avec la morale, au risque d'une extension de son champ d'application à de très

---

5 Lire à cet effet le rapport 2015 de la CONAC.

6 Code pénal, français, gabonais, ivoirien…

7 Impunité en ce sens que l'édit de St Germain de 1641 ou les lois des 16 et 24 août 1790 accordaient un privilège de juridiction aux agents publics.

8 Petit Larousse 2015.

nombreuses infractions[9]. D'ailleurs, ajoute-t-il : « un devoir de probité s'impose à toute personne qui agit pour le compte d'une autorité qu'elle semble incarner aux yeux du public »[10]. C'est dire, au vu de ce qui précède, que l'agent public ne doit pas tirer un avantage personnel de son activité[11].

Selon le CPC et d'autres textes de loi qui consacrent plusieurs dispositions aux manquements au devoir de probité [12], cinq comportements peuvent être recensés parmi les manquements au devoir de probité : la concussion, la corruption passive et le trafic d'influence, la prise illégale d'intérêt, les atteintes à la liberté d'accès et à l'égalité des candidats dans les marchés publics, et, enfin, les soustractions et les détournements de biens[13]. Notons que ces agissements peuvent être regroupés en deux catégories à savoir : les atteintes avérées au devoir de probité (A) et les atteintes présumées au devoir de probité[14] (B).

A- Les atteintes avérées au devoir de probité

Plusieurs infractions peuvent intégrer ce champ[15], mais, seules seront envisagées les infractions de corruption (1), de concussion (2) et de détournement de biens (3).

1- La corruption

La lutte contre la corruption est une réalité au Cameroun. Elle s'inscrit dans une volonté politique maintes fois affichée et affirmée depuis des décennies en même temps qu'elle intègre les exigences de la communauté internationale [16]. Le terme corruption a plusieurs

---

[9] (E) DREYER, *Droit pénal spécial*, Ellipses, 2012, p. 579, 2ème éd.

[10] Idem.

[11] (J.M.) BRIGANT, *Contribution à l'étude de la probité*, PU Aix-Marseille, 2012, pp. 10-15.

[12] Les faits contraires à la probité et au désintéressement sont passibles, en droit de la fonction publique, de sanctions disciplinaires qui font l'objet d'un contrôle portant sur l'erreur manifeste, et correspondent, en droit pénal, à des infractions diverses.

[13] Il faut préciser comme nous l'avons dit plus haut que tous ces manquements au devoir de probité ne seront pas abordés. Notre démarche se justifie par le fait que nous voulons juste montrer que le législateur a prévu des incriminations en la matière.

[14] Cette démarche a été utilisée par la doctrine française ; (E) ALT ET (I) LUC, *La lutte contre la corruption, « que sais-je »*, PUF, 1997, p. 49.

[15] Trafic d'influence, la soustraction ou vol….

[16] Rapport de la CONAC de 2011 sur l'état de la lutte contre la corruption au Cameroun.

connotations. Dans le langage courant, c'est un sens étroit qui prévaut. La corruption y est perçue comme le fait de corrompre une personne. En revanche, dans son acception juridique, c'est un sens large qui est retenu. Ce sens prend en compte deux comportements distincts : le comportement du corrupteur et le comportement du corrompu. Cette distinction permet également de dégager deux formes de corruption : la corruption passive[17] et la corruption active[18]. Dans le cadre de ce travail, nous nous limiterons à la corruption passive dans la mesure où elle concerne directement les agents publics.

La corruption passive est l'agissement par lequel un agent public propose ou accepte un avantage en vue d'accomplir ou de ne pas accomplir un acte relevant de ses attributions. C'est une infraction qui illustre à souhait un manquement énorme au devoir de probité. L'identification de ses éléments constitutifs s'avère essentielle. On l'envisagera à titre préalable. Ensuite, on s'intéressera aux modalités de répression et on évaluera, enfin, l'ampleur du phénomène au Cameroun.

Les éléments constitutifs devant être réunis pour que cette infraction soit consommée sont au nombre de trois : l'auteur, un élément matériel et un élément moral.

De l'auteur : l'article 134 du CPC emploie le terme « tout fonctionnaire » ou « agent public ». Or, est considéré comme tel, par le même code « *tout magistrat, tout officier public ou ministériel, tout préposé ou commis de l'État ou toute autre personne morale de droit public, d'une société d'État ou d'économie mixte, d'un officier public ou ministériel, tout militaire des forces armées ou de gendarmerie, tout agent de la sûreté nationale ou de l'administration pénitentiaire et toute personne chargée même occasionnellement d'un service, d'une mission ou d'un mandat public, agissant dans l'exercice ou à l'occasion de l'exercice de ses fonctions* »[19]. C'est dire que même les magistrats, jurés ou toute autre personne siégeant dans une formation juridictionnelle, les fonctionnaires du greffe, les experts nommés par une juridiction ou par les parties, et les personnes chargées par l'autorité judiciaire ou par une juridiction administrative d'une mission de conciliation ou de médiation, peuvent être poursuivis sur le fondement de cet article. Cela nous paraît

---

[17] On parle de corruption passive lorsque l'on envisage l'infraction du côté du corrompu. C'est-à-dire celui qui rend service en contrepartie d'un avantage.

[18] On parle de corruption active lorsque l'on envisage l'infraction du côté du corrupteur. C'est-à-dire celui qui fournit un « *pot-de-vin* ».

[19] Article 131 du CPC.

fort critiquable, car, on ne saurait poursuivre sur le même fondement un agent public d'exécution et un agent public chargé de dire et de faire respecter le droit.

S'agissant de l'élément matériel, il faut dire que deux agissements doivent être réunis pour qu'on puisse qualifier un acte de corruption. La corruption suppose en effet l'existence d'un acte du corrompu qui s'engage à faire ou à ne pas faire quelque chose et une contrepartie promise par le corrupteur[20]. Notons que les articles du CPC, relatifs à la corruption, conduisent à penser que la tentative de corruption n'est pas punissable. C'est dire que la corruption passive doit être consommée. Cela se justifie peut-être par le fait qu'en matière de corruption, la tentative se conçoit difficilement. En effet, la seule proposition acceptée par un agent public ou émise par lui suffit à consommer l'infraction[21].

S'agissant enfin de l'élément moral : il faut dire que l'infraction de corruption est intentionnelle. Elle implique la démonstration de la conscience par l'agent public du caractère illégal de son acte et de la volonté de le commettre malgré cette conscience. Concrètement, et ceci pour reprendre les propos de C. AMBROISE-CASTÉROT, il faudra démontrer que le caractère illicite de la sollicitation ou de l'agrément était connu de l'agent public. Le plus souvent, cette preuve se déduit de la réalisation de l'élément matériel[22]..

La corruption passive expose son auteur, nécessairement une personne physique, à des amendes et/ou à des peines d'emprisonnement. L'article 134 du CPC dispose que : « *Est puni d'un emprisonnement de 5 à 10 ans et d'une amande de 200 000 à 2 000 000 de francs tout fonctionnaire ou agent public...* »« *L'emprisonnement est de 1 à 5 ans et l'amende de 100000 à 1.000 000 de francs si l'acte n'entrait pas dans les attributions de la personne corrompue, mais a été facilité par sa fonction...* ». Deux observations sont nécessaires à ce niveau ; elles concernent d'une part la sanction et d'autre part la difficulté d'établissement de la preuve.

S'agissant de la sanction, on note le caractère très peu dissuasif des peines susceptibles d'être encourues par l'agent public. À titre

---

[20] Voir les articles 134 et 134 bis du CPC.

[21] En clair, on n'aurait érigé une forme de tentatives en infraction autonome. Ceci n'est pas forcément illégal car, l'article 27 de la convention de Mérida recommande de punir la tentative de corruption.

[22] (C) AMBROISE-CASTÉROT, *Droit pénal spécial et des affaires*, Gualino, 2012, p. 471. 3ème éd.

d'illustration, si un agent public est tenté de percevoir des de milliards pour faciliter l'attribution d'un marché de construction d'un bâtiment public ou d'une route à une entreprise, une amende de 2000000 et 10 ans d'emprisonnement sont-ils suffisants pour constituer une peine susceptible de l'empêcher d'y céder ?À notre avis, non. Il aurait fallu que le législateur adoptât des sanctions plus lourdes.

S'agissant enfin de la difficulté d'établissement de la preuve, on note que l'article précité est resté muet sur cette question. Aussi peut-on se demander comment réprimer une corruption des non-dits ou du silence. À ceci s'ajoute la difficulté de répression de ce phénomène dans certains secteurs d'activité : comment lutter contre la corruption dans le secteur bancaire sans toutefois porter atteinte au secret bancaire ? Quoi qu'il en soit, le législateur camerounais gagnerait à revoir la répression de la corruption[23]. Car ce phénomène est un véritable fléau pour notre société.

La loi prévoit certes des sanctions pénales contre la corruption mais, les pouvoirs publics sont dépassés par l'ampleur du phénomène aujourd'hui. Soulignons que la difficulté de sanctionner n'est pas forcément liée à la loi. La paupérisation de la société, en grande partie due au néocolonialisme conduit les pouvoirs publics à développer une pratique de « tolérance administrative ». Il est certain qu'une tolérance administrative ne saurait justifier la commission d'une infraction.

Cette position a d'ailleurs été affirmée en droit français par la Cour de cassation qui estime « qu'une tolérance des autorités administratives, contraire à des textes en vigueur instituant des infractions à la police de la chasse, ne saurait faire disparaître ces dernières »[24]. Peu importe que soit en cause une « pratique locale traditionnelle » ; peu importe « les assurances données, notamment par des responsables politiques ou associatifs » qui, comme l'a relevé la cour d'appel, « ne sont pas de nature à mettre à néant une interdiction édictée par la loi »[25].On ne peut invoquer une telle « tolérance » sans savoir qu'elle n'a aucune vertu

[23] Il pourrait par exemple introduire la réduction des peines pour ceux qui coopèrent avec la justice. Une telle mesure, si elle est élargie à toutes les infractions de probité, pourrait amener la réduction des atteintes à la fortune publique.

[24] Cass. crim., 16 oct. 2018, no 17-86802, ECLI: FR: CCASS: 2018: CR02660, M. Michel X, PB (rejet pourvoi c/ CA Pau, 19 oct. 2017), M. Soulard, prés., Mme Harel-Dutirou, cons. rapp., M. Pers, Mmes Dreifuss-Netter, Schneider, Ingall-Montagnier, MM. Bellenger, Lavielle, Samuel, cons. ch., Mmes Méano et Guého, cons. réf. ; SCP Garreau, Bauer-Violas et Feschotte-Desbois, SCP de Chaisemartin, Doumic-Seiller, av.

[25] Idem

justificative puisqu'elle n'engage que l'administration alors que l'incrimination en cause est d'origine législative[26].

De nos jours la corruption s'est généralisée dans toute la fonction publique. Le Cameroun a été signalé par deux fois comme pays le plus corrompu du monde ; respectivement en 1998 et 1999[27]. En 2011, l'indice de perception de la corruption était évalué à 2,5[28]. Face à un tel désastre, les pouvoirs publics ont créé plusieurs structures de lutte contre la corruption[29]. La plupart de ces structures étaient orientées vers la répression des actes contraires à l'éthique professionnelle au sein de l'administration[30]. L'ensemble des mesures prises a permis, dans une certaine mesure, d'enregistrer de bons résultats[31].

Néanmoins, il ne s'attaquait pas à certaines racines du mal au sein de l'administration publique entre autres les nombreuses procédures administratives, la morale et la déontologie, qui ne relèvent pas du droit, mais des mœurs des agents publics.

Une étude publiée en 2011 par l'Institut national de la statistique (INS) indiquait que 87% des ménages considéraient que la corruption constituait un problème majeur dans le pays. La même année, selon le rapport sur la situation des droits de l'homme au Cameroun, publié par le ministère de la Justice, la CONAC et l'Agence nationale d'investigation financière (ANIF) ont reçu 1375 rapports suspects, dénonciations, plaintes de corruption et allégations de détournement de

---

[26] Au cas particulier, on ajoutera que, au-delà de l'argument (objectif) tiré de la hiérarchie des normes et du principe de séparation des pouvoirs, il existe une justification spécifique (subjective) de la solution : elle tient aux termes de l'article 122-3 du Code pénal relatif à l'erreur sur le droit.

[27] Transparency international 1998-1999.

[28] Depuis 1995, l'ONG Transparency International publie chaque année un indice de perception de la corruption (CPI) classant les pays selon le degré de corruption perçu dans un pays. L'indice est élaboré à l'aide d'enquêtes réalisées auprès d'hommes d'affaires, d'analystes de risques et d'universitaires résidants dans ces pays ou à l'étranger.

[29] La CONAC (Créée en Mars 2006 par décret n°2006/088 du 11 Mars 2006), L'ANIF (créée par décret n°2005/187 du 31 mai 2005), L'ITIE (Le pays adhère à l'initiative de Transparence dans les Industries Extractives (ITIE) en 2005 et est accepté en tant que pays candidat le 27 Septembre 2007)…

[30] Comme la création récente d'un tribunal criminel spécial dédié aux détournements des fonds publics.

[31] Indice de perception de la corruption 2015: Le Cameroun 40ème pays le plus corrompu au monde. Rappelons que le Cameroun était classé 1 en 1998 et 1999.

fonds publics; les tribunaux ont statué dans seulement 115 affaires de corruption (0,09%)[32].

2- La concussion

Décidément, les auteurs publics du délit de concussion[33] peinent à se défendre puisque cette infraction pénale demeure incomprise par les acteurs publics[34]. Il est indéniable que, de par ses origines, la notion de concussion n'est pas facile à appréhender. À l'origine les notions de concussion et de corruption étaient réunies sous le terme de prévarication[35]qui est un mot un peu savant que l'on retrouve parfois sous la plume de nombreux observateurs[36]. Des infractions au devoir de probité, la concussion est la moins connue.

La doctrine souligne d'ailleurs que l'étymologie du terme « concussion » apporte un éclairage pour le moins « original » sur le sens qu'il convient de donner au terme. Comme le souligne F-X MBOUYOM : « elle permet d'avoir de la concussion une approche imagée puisqu'elle évoque le produit obtenu par l'arbre secoué : au-delà de la production spontanée mise en place par les lois de nature, le fait de secouer l'arbre entraîne un plus ample produit... »[37].

---

[32] Source: MINJUSTICE/Bulletin statistique 2005-2006.

[33] Le fait, par une personne dépositaire de l'autorité publique ou chargée d'une mission de service public, de recevoir, exiger ou ordonner de percevoir à titre de droits ou contributions, impôts ou taxes publics, une somme qu'elle sait ne pas être due, ou excéder ce qui est dû, est puni de cinq ans d'emprisonnement et d'une amende de 500 000 €, dont le montant peut être porté au double du produit tiré de l'infraction. Est puni des mêmes peines le fait, par les mêmes personnes, d'accorder sous une forme quelconque et pour quelque motif que ce soit une exonération ou franchise des droits, contributions, impôts ou taxes publics en violation des textes légaux ou réglementaires. La tentative des délits prévus au présent article est punie des mêmes peines

[34] (M) MORIN, Manquement au devoir de probité et délit de concussion, LPA 18 oct. 2016, n° 120w0, p. 12

[35] (S) CORIOLAND, Responsabilité pénale des personnes publiques : infractions intentionnelles, 2016, Dalloz, Répertoire de la responsabilité de la puissance publique, n° 194. L'étymologie du mot prévarication vient du latin « prevaricare » qui signifie en latin marcher de travers, et tout spécialement dévier quand on laboure ne pas savoir tracer un sillon droit (http://www.chilton.com).

[36] « La corruption, mère de tous les maux », L'Est Républicain, 13 avr. 2012, http://www.estrepublicain.fr/.

[37] (F.-X.) MBOUYOM, *La répression des atteintes à la fortune publique au Cameroun*, SOPECAM, 1980, p. 39.

La définition juridique de l'acte de concussion est posée par l'article 137 du CPC qui dispose qu' « est puni d'un emprisonnement de deux à dix ans et d'une amende de 20.000 à 2 millions de francs tout fonctionnaire qui accorde des exonérations de droits, taxes, redevances, impôts ou contributions, délivre à un prix inférieur à celui qui est prescrit les produits de l'État fédéral ou fédéré d'une coopérative, d'une collectivité ou établissement, ou publics ou soumis à la tutelle administrative de l'État, ou dont l'État détient directement ou indirectement la majorité du capital ». Une lecture rapide de cette disposition ne suscite *a priori* aucune attention particulière. Toutefois, il convient de circonscrire son champ d'application avant de s'intéresser aux éléments constitutifs de l'infraction.

L'article 137 précité du CPC emploie le terme « tout fonctionnaire » ; est-ce à dire que tous les agents publics ou seuls les agents publics peuvent commettre cette infraction[38] ? La réponse à cette question est négative dans la mesure où, les élus, qui n'ont pas à proprement parler, le statut d'agent public[39], peuvent également se rendre coupable de cette incrimination[40]. Le constat dégagé ci-dessus est également le même s'agissant des officiers publics et ministériels tels que des notaires ou des huissiers...

Le législateur l'a d'ailleurs réaffirmé dans l'article 142 du CPC qui dispose que : « Est puni d'un emprisonnement de deux à dix ans et d'une amende de 20.000 à 2 millions de francs le fonctionnaire, le notaire, le commissaire-priseur, l'huissier ou l'agent d'exécution et leurs préposés qui exigent des droits, taxes, redevances, impôts ou contributions qui ne sont pas dus ou des avantages matériels sans en payer le juste prix ». Soulignons quand même cette énumération est limitative dans la mesure où certaines personnes, hypothèse des fonctionnaires de fait, peuvent échapper à cette infraction.

La concussion est une infraction qui, pour être consommée, nécessite la réunion de deux éléments cumulatifs à savoir : un élément matériel et un élément moral.

---

[38] En principe, la concussion est un acte accompli par le fonctionnaire. Car, matériellement, on reproche à un agent public d'avoir abusé de ses fonctions pour obtenir une somme indue. Une telle incrimination n'est pas sans évoquer l'escroquerie par abus de qualité vraie…

[39] Conformément à l'article 131 du CPC qui définit le fonctionnaire.

[40] Puisque dans la majorité des cas l'élu est soit dépositaire de l'autorité publique, soit investi d'une mission de service public.

S'agissant de l'élément matériel, il se résume soit au fait d'exiger soit au fait d'accorder. Dans le premier cas, la concussion consiste à «... **exiger** des droits et, taxes, redevances, impôts ou contributions qui ne sont pas dus ou des avantages matériels sans en payer le juste prix »[41].

Dans le second cas, elle consiste à « **accorder** des exonérations de droits, taxes, redevances, impôts ou contributions, délivrés à un prix inférieur à celui qui est prescrit dans les produits de l'État fédéral ou fédéré d'une coopérative, d'une collectivité ou établissement, ou public ou soumis à la tutelle administrative de l'État, ou dont l'État détient directement ou indirectement la majorité du capital »[42].

Cette réalité nous permet de dégager deux types de concussion ; le recouvrement des sommes indues et le recouvrement minoré. Quoi qu'il en soit, pour être consommée, la concussion nécessite aussi un élément moral.

S'agissant de l'élément moral, on observe, sur le fondement des articles 137 et 142 du CPC, que l'infraction de concussion est forcément intentionnelle. En clair, le requérant doit apporter la preuve que l'agent public a « exigé » ou « ordonné » une telle pratique, pour espérer une condamnation de ce dernier. Il en découle que, l'intention disparaît si la perception a été faite ou exigée à la suite d'une erreur de fait ou de droit commise par l'agent public[43].

Pour la Cour de cassation française, le délit de concussion est en principe une infraction instantanée. Depuis un arrêt remarqué du 3 décembre 2008, la Cour décidait en effet : « qu'en l'état de ces énonciations... infraction instantanée...»[44]. De plus, la Cour de cassation estime qu'il apparaît que le point de départ de la prescription (triennale), conformément à la jurisprudence en la matière, court à compter de la dernière perception[45].

---

[41] Article 142 du CPC.

[42] Article 137 du CPC.

[43] Crim. 13 juin 2007, n° de pourvoi: 06-84618. La Cour considère, au sujet de l'interprétation d'un texte applicable par des avoués, « *qu'il ne peut donc être considéré que l'interprétation qui a été faite par Me Y... et la SCP Z...Lueger du décret du 30 juillet 1980 caractérise leur mauvaise foi, ni que ces avoués ont volontairement commis des erreurs* ».

[44] (M) VERON, « La prescription distincte de faits distincts poursuivis conjointement », *Dr. pén.* avr. 2009, comm. 49.

[45] (D) AUBERT, « Point de départ du délai de prescription du délit de concussion en cas de congé de fin d'activité », *Dalloz actualité*, 7 sept. 2016.

3- Le détournement ou soustraction de biens

Le dernier manquement au devoir de probité évoqué dans le présent ouvrage est prévu à l'article 184 du CPC. Ce dernier dispose que : « Quiconque par quelque moyen que ce soit obtient ou retient frauduleusement quelque bien que ce soit, mobilier ou immobilier, appartenant, destiné ou confié à l'État fédéral ou fédéré, à une coopérative, collectivité ou établissement, ou publics ou soumis à la tutelle administrative de l'État ou dont l'État détient directement ou indirectement la majorité du capital, est puni... ».

À la lecture de cette disposition, on observe qu'elle a une portée générale. C'est-à-dire qu'elle peut s'appliquer aussi bien aux agents publics qu'à tout autre citoyen[46]. Cela nous paraît quand même intéressant dans la mesure où, même si le détournement a cette particularité qu'il peut être accompli soit directement par l'agent public, soit indirectement en conséquence de sa négligence[47], il n'en demeure pas moins que celui qui participe à la commission de l'infraction est passible des mêmes peines que l'auteur principal.

Observons également que le texte emploie l'expression État fédéral ou fédéré. Comment expliquer que près de 49 ans après la mort du fédéralisme[48], on retrouve toujours ses vestiges d'un passé rejeté par la majorité des Camerounais ? Est-ce une erreur de rédaction ou un manque d'actualisation ? À notre avis, cette lacune participe de la désuétude de notre législation pénale. Ceci étant, pour mieux appréhender cette infraction, il convient d'évoquer tour à tour ses conditions préalables puis sa dimension matérielle et morale.

Deux conditions sont indispensables pour la consommation de cette infraction. Ces conditions ont trait d'une part aux personnes susceptibles de tomber sous le coup de cette incrimination et d'autre part aux objets susceptibles d'être détournés.

S'agissant de l'auteur de l'infraction, l'article 184 évoque le terme « quiconque ». C'est dire que l'infraction de détournement peut être accomplie par tous les citoyens avec pour seule réserve alinéa 6 du même article qui exclut les militaires. Est-ce à dire que les militaires ne peuvent pas commettre l'infraction de détournement ? La réponse à cette

---

[46] Il faut toutefois préciser que seul le détournement des fonds publics ou la soustraction des biens réalisés par les agents publics sera envisagé ici.

[47] Article 139 du CPC traite de la négligence du gardien.

[48] Le 20 mai 1972 : le Cameroun est déclaré République unie.

question est négative car, les textes spéciaux viennent sanctionner les militaires auteurs de détournement[49].

Au Cameroun, plusieurs agents publics ont été condamnés ou sont en détention pour des faits de détournement depuis les années 2000. Dans Affaire Ministère Public et Crédit Foncier du Cameroun (CFC) contre J. ÉDOU et autres, il est fait grief à J. ÉDOU, ancien directeur général du Crédit Foncier du Cameroun, et à ses co-accusés, d'avoir détourné, au préjudice de cet établissement public financier, plusieurs sommes importantes[50]. Dans l'affaire Ministère Public contre Z. NFORJINDAM, ancien directeur général du Chantier Naval Industriel du Cameroun, et certains de ses anciens collaborateurs, des mandats de détention provisoire ont été décernés par le magistrat instructeur du tribunal de Grande Instance du Wouri, contre Z. NFORJINDAM et consorts, inculpés de détournement de deniers publics, dans le cadre de l'information judiciaire ouverte dans cette affaire[51]. Dans l'affaire Ministère Public et Port Autonome de Douala contre E. ÉKOTO, S. SIÉWE et consorts, les prévenus soupçonnés de détournement de deniers publics ont été condamnés respectivement à 15 et 30 ans d'emprisonnement. Cette affaire qui a commencé en 2007 se poursuit devant les juridictions d'appel aujourd'hui[52]. Mais, en dépit de l'écho qu'ont eu certaines de ces affaires de détournement, une étude de l'INS, remarque que le volume des personnes définitivement condamnées reste très marginal (0,70%)[53].

S'agissant maintenant de l'objet du détournement, le délit ne s'applique que lorsque les agissements illicites de l'agent public portent sur «un bien, que ce soit mobilier ou immobilier, appartenant, destiné ou confié à l'État fédéral ou fédéré, à une coopérative, collectivité ou établissement, ou publics ou soumis à la tutelle administrative de l'État ou dont l'État détient directement ou indirectement la majorité du capital... »[54].

---

[49]Loi N° 2008/015 du 29 Décembre 2008 portant organisation judiciaire militaire et fixant des règles de procédure applicables devant les tribunaux militaires.

[50] TGI du Mfoundi, Jugement n° 371/ Crim du 27 juin 2007.

[51] TGI du Wouri, Jugement n° 434/crim des 12 et 13 décembre 2007.

[52] C.A Littoral, Arrêt n° 38/ Crim du 11 juin 2009 ; CS, Ch. Judiciaire, Arrêt n° 26/P du 22 janvier 2007 ; CS/Ch. Réunies, Arrêt n° 27/P du 09 avril 2009.

[53] Source: MINJUSTICE/Bulletin statistique 2005-2006. Indicateurs de mesure de la criminalité.

[54] Article 184 du CPC.

Il s'ensuit qu'il s'agit, tout d'abord, de protéger les biens meubles de la personne publique ; peu importe qu'il s'agisse d'actes juridiques appréhendés à travers leur *instrumentum*, de monnaie scripturale ou fiduciaire quelle qu'en soit l'origine, ou d'autres choses.

Il s'agit ensuite de protéger les biens immeubles appartenant à la personne publique, peu importe leur nature. Notons que les affaires de détournement présentent en moyenne une incidence financière de deux cent quarante milliards huit cent treize millions cinq cent quatre-vingt-quatre mille cent quatorze (240.813.584.114) francs CFA[55] soit environ les 1/8 du budget de l'État.

Pour ce qui est de l'élément matériel de l'infraction de détournement de fonds publics, le texte précise que celui-ci peut consister indifféremment en un acte de destruction, de détournement ou de soustraction d'un objet protégé[56]. Notons que la doctrine se montre assez critique sur l'emploi du mot soustraction. Pour L. DE LEYSSAC, il n'y a pas de soustraction puisque le bien a été remis à l'agent public dans l'exercice de ses fonctions[57].

Nous ne souscrivons pas à cette idée, car même si le bien a été remis à l'agent public, il le soustrait[58] par le simple fait qu'il la prend sans l'accord, sans le consentement et à l'insu de la personne publique propriétaire du bien.

Pour l'élément moral, on observe que la destruction, le détournement ou la soustraction constituent des actes intentionnels. Aussi, pour être consommée, l'infraction de détournement nécessite la démonstration d'un dol général[59]. Quoi qu'il en soit, l'infraction de détournement ou de soustraction de biens est punie : au cas où la valeur de ces biens excède 500.000 francs, d'un emprisonnement à vie[60] ; au cas où cette valeur est supérieure à 100.000 francs et inférieure ou égale à 500.000 francs, d'un

---

[55] Rapport sur l'état de la lutte contre la corruption au Cameroun. p. 109.

[56] Article 184 du CPC.

[57] (P) LUCAS DE LEYSSAC, *Répertoire de Droit Pénal et procédure pénale, « Vol »*, Encyclopédie Dalloz, no 268.

[58] La soustraction suppose l'appropriation d'une chose (objet du vol), appartenant à autrui.

[59] Notons que ce dol général consiste à la conscience par l'agent public du caractère illicite de son comportement et à la détermination de l'accomplir en dépit de cette connaissance. Plus précisément, il faut que l'agent détruise, détourne ou soustraie en connaissance de cause un objet qui lui a été remis dans le cadre de ses fonctions.

[60] Article 184 alinéa a du CPC.

emprisonnement de quinze à vingt ans[61] ; au cas où cette valeur est égale ou inférieure à 100.000 francs, d'un emprisonnement de cinq à dix ans et d'une amende de 50.000 à 500.000 francs[62]. À l'analyse des sanctions encourues, on observe une certaine injustice en ce sens que le législateur puni de la même peine un agent public qui vole six cent mille (600.000) et un agent public qui vole des milliards.

De même, il punit d'un emprisonnement de cinq à dix ans et d'une amende de 50.000 à 500.000 francs, un agent public qui vole juste 100.000 francs et celui qui en détourne plus. À notre avis, la législation nationale doit être revue en la matière[63] ; elle doit intégrer le principe de progressivité des sanctions que nous avons évoqué plus haut, dans l'étude de l'infraction de corruption.

B- Une atteinte présumée au devoir de probité : l'intérêt dans un acte

L'infraction formelle d'intérêt dans un acte [64] est incriminée à l'article 135 du CPC. Elle se présente comme une infraction préventive. Son but premier est d'empêcher qu'un agent public se place dans une situation dans laquelle son intérêt personnel entre en conflit avec l'intérêt public dont il a la charge.

Pour la doctrine, le conflit d'intérêts fait donc naître à la fois une tentation et un soupçon chez l'administré[65] souvent tenté à penser que les agents publics cherchent d'abord leurs profits[66]. En théorie, on distingue deux types d'intérêt dans un acte : le cas où un agent public est encore en fonction et le cas où un agent public n'est plus en fonction[67]. Dans le cadre de cet ouvrage, seul le premier type sera abordé. Dès lors,

---

[61] Article 184 alinéa b du CPC.

[62] Article 184 alinéa c du CPC.

[63] Elle doit intégrer le principe de progressivité des sanctions.

[64]Crim 19 mars 2008, *RSC* 2008, 592, obs. (C) MASCALA.

[65] Enclin à penser que la personne publique préférera satisfaire son intérêt personnel au détriment de l'intérêt public.

[66] (E) DUPIC, La prise illégale d'intérêt ou le mélange des genres, *JCP,* 2009, p. 44.

[67] Article 135 alinéa 2 du CPC dispose que : «*Les dispositions du présent article sont applicables aux anciens fonctionnaires tels que définis à l'article 131 du présent Code qui, dans les cinq ans à compter de la cessation de leurs fonctions par suite de démission, destitution, congé, mise en disponibilité ou à la retraite, ou pour tout autre cause, prennent un intérêt quelconque dans les actes, opérations ou entreprises susvisées et précédemment soumis à leur surveillance, contrôle, administration ou dont ils assuraient le paiement ou la liquidation*».

pour bien cerner cette infraction, l'on ne saurait apporter des développements sur la nature de l'acte (2) sans toutefois, au préalable évoquer le champ d'application (1).

1- Le champ d'application

Le champ d'application du délit d'intérêt dans un acte appelle deux séries d'observations. La première concerne les personnes susceptibles de se rendre coupables du délit, la seconde concerne l'intérêt qu'ont ces dernières dans « une entreprise ou une opération ».

S'agissant de l'auteur de l'acte, l'article 135 alinéa 1 du CPC dispose qu' « est puni d'un emprisonnement d'un à cinq ans et d'une amende de 200.000 à 2.000.000 de francs, tout fonctionnaire ou agent public qui, directement ou indirectement, prend ou reçoit un intérêt ». C'est dire que les personnes susceptibles d'être en situation de conflit avec l'intérêt public sont les fonctionnaires ou agents publics définis au sens de l'article 131 du CPC. C'est dire également que le législateur a opté pour une extension des personnes susceptibles de se rendre coupable d'un tel délit.

La doctrine estime que l'infraction d'intérêt dans un acte est le plus souvent reprochée aux élus. Pour Y. MULLER, cette fréquence peut s'expliquer par le fait que les nouveaux élus « essaient, en fouillant dans la gestion de leurs prédécesseurs, de découvrir des actes d'ingérence qui leur permettront, la justice pénale aidant, d'écraser plus complètement leurs adversaires politiques »[68].

S'agissant de l'entreprise ou l'opération concernée, la lecture de la définition de l'infraction d'intérêt dans un acte nous amène à dire que ce ne sont pas tous les intérêts qui sont pris en compte dans la réalisation de l'infraction. La lettre du texte est claire :

Il s'agit d'abord d'un intérêt dans « les entreprises privées, les coopératives, les sociétés d'économie mixte ou participation financière de l'État, les régies, les concessions soumises à sa surveillance ou à son contrôle »[69].

Il s'agit ensuite d'un intérêt « dans les actes ou adjudications soumis à son avis ou dont il avait la surveillance, le contrôle, l'administration ou la passation » ; ou « dans les marchés ou contrats passés au nom de

---

[68] (Y) MULLER, Prise illégale d'intérêts, *J.-Cl.* 2011, *Pénal*, fasc. 20.
[69] Article 135 alinéa b du CPC.

l'État ou d'une collectivité publique, avec une personne physique ou morale ».

Il s'agit enfin « dans une affaire pour laquelle il est chargé d'ordonnancer le paiement ou d'opérer la liquidation ».

Le problème ici est celui de savoir si cette énumération est limitation. À notre avis la réponse à cette question est affirmative, car le droit pénal obéit au principe de légalité. Observons quand même que cette énumération a limité la marge d'action du juge. Il aurait été plus juste de suivre l'exemple du législateur français qui emploie tout simplement les expressions d'« intérêt dans une entreprise » [70] ou « une opération économique »[71].

2- La nature de l'acte

L'article 135 alinéa 1 du CPC précité réprime tout fonctionnaire ou agent public qui, directement ou indirectement, prend ou reçoit un intérêt. Face à l'imprécision du législateur, quant à la nature, et à l'intensité de cet intérêt, il est impératif de s'interroger sur sa consistance en nous basant sur les travaux de la doctrine et les travaux de la jurisprudence.

Selon P. CONTE, estime que la prise d'intérêt doit être définie au moins par référence à un certain type d'actes, actes qu'il serait d'ailleurs impossible de recenser de façon exhaustive, que par rapport à son résultat. L'ingérence est constituée aussitôt que le coupable a eu un comportement inconciliable avec l'exercice de sa mission, en s'impliquant personnellement, d'une manière ou d'une autre, dans l'affaire soumise à son pouvoir de surveillance[72].

Pour J. BENOIT, l'intérêt personnel dont il s'agit peut être pécuniaire, moral, politique. Ce peut être une satisfaction de vanité, un intérêt d'affection[73].

---

[70] L'entreprise est entendue ici au sens large. Il s'agira de toute société quelle qu'en soit la forme, civile ou commerciale, ou la nature de l'activité.

[71] Selon (C) AMBROISE-CASTEROT op.cit., p. 328, « l'opération économique est n'importe quelle attribution, n'importe quel acte ou contrat, y compris un contrat de travail »

[72] (P) CONTE, Le délit d'ingérence, et spécialement sa commission par un maire ou un conseiller municipal ; *Gaz. Palais*, 1992, p. 70.

[73] (J) BENOIT, *Le statut général des élus locaux*, Dalloz-collectivités locales, 1992, 8ème vol. Chap. 4.

S. PENAUD va d'ailleurs plus loin en estimant que : « ne nécessitant pour être reconnu ni profit pour l'auteur, ni un préjudice résultant de son immixtion, la notion d'intérêt est ainsi ouverte aux interprétations les plus larges, familial, moral, électoral... un élan altruiste pouvant même être répréhensible, dès lors qu'il s'accompagne d'une confusion des qualités de surveillant et de surveillé de son auteur »[74].

Cette absence de précision du contenu de l'intérêt, qui lui donne une définition large, et lui permet d'envisager tous les cas de figure[75], est du reste conforme à la finalité du texte d'incrimination, qui a pour but d'éviter qu'une personne chargée d'une fonction publique ne s'en serve dans son intérêt personnel. La jurisprudence camerounaise est riche en la matière.

La lecture de la jurisprudence fait apparaître trois cas d'intérêt dans une affaire : le cas direct, le cas indirect et le cas où l'intérêt est dicté par des considérations purement morales.

- Cas d'intérêt direct

Le fonctionnaire ou l'agent public est considéré comme ayant reçu un intérêt direct dans l'acte, lorsqu'il choisit d'agir sans se camoufler en se servant de l'entreprise publique à des fins personnelles. Dans l'affaire M.P et FEICOM contre E. ONDO NDONG et consorts[76], le juge a estimé que le fait pour le contrôleur financier d'avoir proposé les Ets SEB service pour la fourniture des ordinateurs et climatiseurs dans ses services, et déchargé les chèques réglant les prestations commandées à cet effet, lesquels se sont effectués dans son compte bancaire, était constitutif de prise directe d'intérêt.

Dans l'affaire Ministère public et chantier Naval, le Sieur S. YOUTA, chef de service financier et comptable du chantier naval et industriel du Cameroun au moment des faits, et directeur des sociétés Logisco et Supply and Services dont il était le promoteur, avait effectué des prestations au profit de la structure qui l'employait[77].

---

[74] (S) PENAUD, *Contrôle des élus, gestion de fait des fonds publics et ingérence.* Gestion locale (Lyon), 1995, p.176.

[75] (S) DELIANCOURT ; panorama de la jurisprudence de la chambre criminelle en matière de prise illégale d'intérêt et d'atteinte à la liberté d'accès et à l'égalité des candidats dans les marchés publics ; *BJCL*, 2009, pp. 231-235. (Internet).

[76] TGI du Mfoundi, Jugement n° 371/ Crim du 27 juin 2007.

[77] TGI du Wouri, Jugement n° 413/ Crim du 28 octobre 2010.

Dans l'affaire Ministère public et État du Cameroun contre MOUNCHIPOU et consorts, le contrôleur financier de cette structure au moment des faits, promoteur d'une société ayant reçu dans son compte un virement de 41.000.000 F CFA représentant la contrepartie de la prestation effectuée par ladite société, traduisait à suffisance la prise ou réception directe d'un intérêt par l'intéressé.

- Cas d'intérêt indirect

La réception de l'intérêt est indirecte lorsque l'agent public, loin de s'exposer, agit par personne interposée. Il peut utiliser les sociétés écran. Dans l'affaire Ministère public et État du Cameroun contre MOUNCHIPOU, le directeur des postes au moment des faits avait bénéficié d'importants flux financiers dans son compte. Ces flux financiers matérialisaient le paiement des divers marchés dont son prête nom et neveu avait été adjudicataire à cette direction, et l'intérêt par lui reçu de ces différentes adjudications, qui étaient soumises à son contrôle[78].

Dans l'affaire ministère public et Crédit Foncier du Cameroun précité, il avait été démontré que le sieur R. MEKE, sous-directeur des opérations bancaires au Crédit foncier au moment des faits, avait utilisé les papiers entête de son beau-frère, promoteur du cabinet Dream soft and technology, pour se faire indirectement attribuer un marché d'un montant de 110.768.000 F CFA[79].

- L'intensité de l'intérêt

Le fait pour le législateur de n'avoir pas précisé la nature de l'intéressement, et son intensité, rend le délit suffisamment large. En effet, il ne cherche pas à savoir si l'intérêt en cause doit être susceptible d'influencer de manière raisonnable l'impartialité de la personne concernée[80]. Cette infraction est donc constituée, même en l'absence d'enrichissement de son auteur. En d'autres termes, il n'est pas toujours nécessaire que l'intéressé ait agi dans le but de se procurer un avantage personnel[81].

---

[78] Idem.

[79] TGI du Mfoundi, Jugement n° 270/ Crim du 11 juillet 2008.

[80] Cass crim 19 mars 2008 n°07/84. 288. Juris Data n° 2008-043608.

[81] Cass crim 27 nov. 2002, Bull crim 2002 N° 213 p. 789. Cité par la commission de réflexion pour la prévention des conflits d'intérêt dans la fonction publique française.

Dans l'affaire Ministère Public et Crédit foncier du Cameroun contre J. ÉDOU et consorts, Mme BIABI A NGON, épouse FOUMENA, avait bénéficié, en violation des dispositions du code des marchés publics, de trois lettres de mission, en vue d'effectuer certaines prestations. Ces lettres de mission, qualifiées à juste titre de complaisantes par la COBAC, n'avaient été obtenues qu'au vu de ses relations familiale et de fraternité avec Monsieur BOOTO A NGON, PCA de la structure, qui n'avait pas informé le conseil d'administration de l'existence de ces liens, et n'avait pas non plus avisé les commissaires aux comptes, conformément à l'article 39 des statuts du Crédit Foncier du Cameroun en vigueur[82]. Or, dans le cas d'espèce, la preuve de la rétrocession des fonds à son profit par sa sœur n'avait pas été rapportée, et l'infraction était considérée comme consommée du simple fait du lien de fraternité et de l'omission pour l'intéressé de n'avoir pas informé de conseil d'administration du lien de parenté. En clair, on peut conclure que le législateur considère comme absolue la défense faite à l'agent public de s'immiscer dans les affaires soumises à sa surveillance ou à son administration.

En définitive, face à l'ensemble de ces « pratiques d'affairistes », le juge répressif fait preuve d'une extrême sévérité ; sévérité d'ailleurs exigée par les agents publics eux-mêmes. Car, ils redoutent que s'installe au sein de l'administration publique camerounaise et au sein de la société tout entière un certain discrédit. Que dire des atteintes au devoir de citoyenneté ?

Paragraphe II : Les atteintes au devoir de citoyenneté

La préservation de l'intérêt public s'impose aux agents publics puisque certains d'entre eux sont désignés par le peuple pour être leurs représentants auprès des institutions de l'État, et d'autres sont recrutés par voie de concours ou de décision de l'autorité habilitée. Il va donc de soi que ces derniers doivent respecter l'État ; c'est-à-dire qu'ils sont obligés de respecter les exigences des sociétés modernes ; respect de la légalité, respect de la démocratie...

S'agissant du respect de la démocratie, un agent public est un citoyen comme les autres ; toutefois, sa position fait qu'il peut exercer une influence sur le processus démocratique ; non seulement en tant que

[82] TGI du Mfoundi, Jugement n° 371/ Crim du 27 juin 2007.

candidat, mais également en tant qu'organisateur du jeu démocratique. Les atteintes au devoir de citoyenneté portent alternativement sur des comportements compromettant l'État par l'exercice abusif des pouvoirs que ces agents publics possèdent[83].

Le CPC envisage deux types de comportements à savoir d'une part les atteintes à l'honneur (A), d'autre part les atteintes aux lois électorales (B).

A- Les atteintes à l'honneur

La vie démocratique et politique s'accompagne inéluctablement d'émotions et de passions. Si « tout citoyen peut parler, écrire, imprimer librement », c'est au risque de devoir « répondre de l'abus de cette liberté dans les cas déterminés par la loi »[84] puisque « la liberté consiste à pouvoir faire tout ce qui ne nuit pas à autrui »[85]. C'est justement au regard de ce qui précède, et compte tenu du fait que l'intérêt de la société réside dans la vie paisible des citoyens et le respect mutuel de leur réputation et de leur honneur, que le législateur va intervenir via la loi du 19 décembre 1990 relative à la liberté de communication sociale pour incriminer les abus de liberté d'opinion et d'expression sous la forme des infractions d'injure et de diffamation.

S'agissant spécifiquement de la diffamation, on note qu'elle est sanctionnée par l'article 305 du Code pénal[86]. Cette incrimination est de

[83] S'agissant des atteintes au devoir étatique qui ne seront pas traitées ici ; on peut dire que le législateur les a institué pour assurer la cohérence de l'organisation administrative face à la nécessité d'imposer aux agents publics la recherche de l'intérêt général. Plusieurs comportements sanctionnent ainsi les atteintes à l'État : abus de fonction, entraves, faux et usage de faux, les atteintes à l'État civil des personnes… ces agissements ne seront pas étudiés ici compte tenu du très faible volume contentieux et du fait que nous ne souhaitons pas faire de notre travail, un travail énumératif des infractions susceptibles d'être commises par les agents publics. Nous nous sommes limité aux infractions les plus importantes au regard du volume des décisions de justice et au regard des écrits doctrinaux.

[84] Article 11 de la DDHC.

[85] Article 4 de la DDHC.

[86] Notons que dans le cadre de cette thèse l'infraction d'injure ne sera pas abordée. Elle est néanmoins sanctionnée par l'article 307 du CPC qui dispose que « (1) Est puni d'un emprisonnement de cinq jours à trois mois et d'une amende de 5.000 à 100.000 ou de l'une de ces deux peines seulement celui qui, dans les conditions de publicité prévues à l'article 152 du présent code et sans avoir été provoqué, use à l'encontre d'une personne d'une expression outrageante, d'un geste, d'un terme de mépris ou d'une invective qui ne renferme l'imputation d'aucun fait ».

nos jours à l'origine d'un contentieux énorme[87] souvent matérialisé par le caractère retentissant des contentieux compte tenu de la qualité des protagonistes. Elle suppose, pour être consommée, des éléments particuliers quant à sa manifestation (1), mais peut également se voir justifier dans certains cas et perdre ainsi son caractère répréhensible (2).

1- Éléments constitutifs

Le délit suppose d'abord un élément matériel, à savoir non seulement une allégation ou imputation d'un fait déterminé portant atteinte à l'honneur ou à la considération d'une personne ou d'un corps, mais également une publicité donnée à ce fait. Il suppose, ensuite, un élément intentionnel, à savoir la volonté de porter atteinte à l'honneur ou à la considération de la personne ou du corps diffamé.

L'élément matériel se divise en plusieurs points ; il s'agit de rendre publique une allégation ou imputation d'un fait déterminé portant atteinte à l'honneur ou à la considération d'une personne ou d'un corps identifiable. S'agissant de l'allégation ou de l'imputation, on peut dire qu'elle consiste à reprendre, répéter ou reproduire des propos ou des écrits attribués à des tiers et contenant des imputations diffamatoires « exemple : on dit que, chacun sait que... ». Elle est aussi une proposition, de forme affirmative ou négative, qu'on avance et qu'on donne comme vraie.

Pour le juge camerounais, il y a diffamation si le fait précis « porte atteinte à l'honneur ou à la considération d'une personne »[88]. C'est en tout cas ce qu'on peut lire dans l'affaire Société Sitabac et J. ONOBIONO c/ le Journal Le Messager et P. NJAWE[89].

---

[87] 15% des procédures actuellement en cours impliquant des agents publics le sont pour diffamation. Chiffre du ministère de la justice 2012.

[88] Porter atteinte à l'honneur d'une personne, c'est toucher à ce qu'elle a de plus intime, en lui imputant des manquements à la probité, à la morale, aux devoirs de famille ou un comportement moralement inadmissible.
La considération, c'est l'idée que les autres se font d'une personne. Porter atteinte à sa considération, c'est troubler sa position sociale ou professionnelle.

[89] T.P.I de Douala, Jugement n°09/cor. Du 9 février 1988 ; *« le tribunal déclare que l'article du Messager porter atteinte à l'honneur de James ONOBIONO et jette un discrédit sur la société Sitabac en ce qu'il l'accuse d'entretenir des relations commerciales avec la république sud-africaine et d'organiser des importations frauduleuses afin d'inonder le marché local et mâter la concurrence »*.

De plus, il faut souligner qu'il ne suffit pas seulement qu'il y ait allégation ou imputation, il faut aussi que ces propos portent atteinte à l'honneur ou à la considération d'une personne.

Dans le jugement précité, le tribunal déclare qu' « attendu que J. ONOBIONO est le seul dignitaire camerounais dirigeant une société spécialisée dans le traitement des produits tabagiques à Douala ; il ne se fait pas de doute que c'est de lui que P. NJAWE parlait dans son article... ». Soulignons, sans s'attarder, que la victime peut être indirecte[90].

L'infraction de diffamation est par principe intentionnelle. Le CPC dans son article 305 ne le dit pas expressément[91] ; c'est la jurisprudence qui a posé une présomption de mauvaise foi tirée des circonstances même de réalisation de l'infraction. Ainsi, la chambre criminelle a relevé que l'expédition de messages diffamatoires, par voie électronique, à certains organes de presse « montre la volonté de leur auteur d'en assurer la diffusion auprès d'un public très large »[92]. Observons quand même à ce niveau que cette jurisprudence est très excessive car elle omet l'hypothèse où le message a été envoyé par erreur. Que dire maintenant de la répression de cette infraction ?

2- La répression de la diffamation

L'article 305 du Code pénal dispose que : « (1) Est puni d'un emprisonnement de six jours à six mois et d'une amende de 5.000 à 2 millions de francs ou de l'une de ces deux peines seulement celui qui, par l'un des moyens prévus à l'article 152, porte atteinte à l'honneur ou à la considération d'une personne en lui imputant directement ou non

---

[90]Cf. l'article 305 (6) du CPC.

[91] « *(1) puni d'un emprisonnement de six jours à six mois et d'une amende de 5.000 à 2 millions de francs ou de l'une de ces deux peines seulement celui qui, par l'un des moyens prévus à l'article 152, porte atteinte à l'honneur ou à la considération d'une personne en lui imputant directement ou on des faits dont il ne peut rapporter la preuve* ». Cet article précise aussi que « *(2) ces peines s'appliquent également aux auteurs de diffamation commise par voie de presse écrite, de radio ou de télévision, sans préjudice du droit de réponse ou du devoir de rectification* ». L'alinéa 6 dispose enfin que cet article est applicable à la diffamation dirigée contre la mémoire d'un mort lorsque l'auteur de la diffamation a eu l'intention de porter atteinte à l'honneur ou à la considération des héritiers, époux ou légataires universels vivants.

[92] Crim. 26 févr. 2008, 07-84.846, Inédit, Légifrance. Le prévenu peut invoquer le bénéfice d'une immunité ; il peut aussi essayer d'apporter la preuve de la vérité des imputations diffamatoires (*exceptioveritatis*), et enfin, il peut justifier de sa bonne foi.

des faits dont il ne peut rapporter la preuve. (2) Ces peines s'appliquent également aux auteurs de diffamation commise par voie de presse écrite, de radio ou de télévision, sans préjudice du droit de réponse et du devoir de rectification». C'est dire que l'infraction n'est punissable que si elle a été réalisée par les moyens de publicité.

Notons quand même qu'en dépit de la clarté de l'article évoqué ci-dessus, la diffamation peut perdre son caractère répréhensible par le biais de faits justificatifs au sens strict ou de faits justificatifs assimilés.

La jurisprudence évite de sanctionner certaines allégations constituant des abus non suffisamment caractérisés en les intégrant dans le champ très complexe de la bonne foi, d'abus de langage que certains vont jusqu'à qualifier de « diffamation politique »[93]. Cette expression se rapporte aux auteurs de propos diffamatoires qui non seulement exercent une fonction publique, mais aussi interviennent dans la vie politique. Cette formule doctrinale se place donc en partie, à l'inverse du législateur camerounais, par rapport à l'auteur des propos diffamatoires.

Les agents publics vont, à ce titre, pouvoir bénéficier de la mansuétude des juges au nom de la liberté d'expression, composante indispensable à tout régime démocratique dans le monde contemporain.

De plus, la jurisprudence a admis les attaques contre les opinions et les doctrines relatives au rôle et au fonctionnement des institutions de la république[94]. En revanche elle a exclu les attaques personnelles diffamatoires contre un homme politique. La polémique politique cesse là où commencent les attaques personnelles[95].

En outre, le souci constant et légitime d'informer l'électeur sur la personnalité du candidat à une élection quelconque explique sans justifier le libéralisme manifesté par les juges dans l'appréciation *in concreto* des allégations tenues lors d'un processus électoral. En effet, on remarque que si l'existence d'une campagne électorale ne change rien aux règles sur la diffamation, il n'en demeure pas moins que par le seul fait qu'il se présente aux élections, le candidat appelle déjà sur sa personne des critiques virulentes du corps électoral ou de toute personne qui y a un intérêt.

---

[93] (V) BRAULT-JAMIN, *les élus et fonctionnaires territoriaux devant la justice pénale*, Presse Universitaire de Grenoble, 2001, p. 272.

[94] Crim 22 juin 1993, Bull crim 1993 N° 218 p. 547.

[95] Crim 20 oct. 1992, Bull crim 1992 N° 329 p. 906.

Dès lors, l'application de la législation en la matière ne doit pas être de nature à tronquer ou à rendre impossible le jeu électoral[96]. En définitive, on pourrait affirmer que les atteintes à l'honneur sont assez largement réprimées en droit pénal camerounais.

B- Les atteintes aux lois électorales

La compétition électorale constitue, selon D DEPORCQ et C LALU, « une période charnière à l'occasion de laquelle les tensions s'exacerbent, démultiplient les contentieux »[97]. Le droit pénal électoral fut donc institué pour assurer la loyauté et la vérité dans les scrutins auxquels participent les citoyens.

Toute fraude dans les élections annihile la confiance dans les institutions publiques et le respect dû à leurs représentants. Ce droit est diversement incriminé par les lois de la République[98]. À la lecture de ses différents textes, on se rend vite compte qu'en plus des sanctions telles que l'annulation du scrutin, le juge peut prononcer des sanctions pénales contre toute personne, en l'espèce tout agent public, coupable d'une violation du droit électoral.

L'article 288 du Code électoral camerounais dispose à cet effet que : « Est puni... celui qui se fait inscrire sur les listes électorales sous une fausse identité ou qui, en se faisant inscrire, dissimule une incapacité prévue par la présente loi; à l'aide de déclarations mensongères ou de faux certificats, se fait inscrire indûment sur une liste électorale ou qui, à l'aide des mêmes moyens, inscrit ou y raye indûment un citoyen; déchu du droit de vote, participe au scrutin; vote soit en vertu d'une inscription frauduleuse, soit en prenant les noms et qualités d'autres électeurs inscrits ; à la suite des inscriptions multiples, vote plus d'une fois ; étant chargé dans un scrutin de recevoir, compter ou dépouiller les bulletins contenant les suffrages des citoyens, soustrait, ajoute ou altère des bulletins, ou indique un autre nom que celui inscrit; à l'aide de fausses nouvelles, de propos calomnieux ou autres manœuvres frauduleuses supprime ou détourne des suffrages, détermine un ou plusieurs électeurs à s'abstenir de voter; avant pendant ou après un scrutin, par inobservation des dispositions législatives ou réglementaires, ou par tout

---

[96] T.G.I de Douala, jugement n°3309 du 4 février 1993.

[97] (D) DEPORCQ, (C) LALU, La communication des collectivités locales et des candidats en période électorale, *LGDJ-Coll. Politiques locales*, 2006, p. 114.

[98] CPC articles 131 et suiv. CEC articles 228 et suiv.

autre acte frauduleux, viole le secret, porte atteinte à la sincérité, empêche les opérations du scrutin ou en modifie le résultat; se rend coupable de manœuvres frauduleuses dans la délivrance ou la production des certificats d'inscription ou de radiation des listes électorales ; utilise à des fins autres qu'électorales, les données personnelles contenues dans le fichier électoral; le jour du scrutin, avec violence ou non, se rend auteur ou complice d'un enlèvement frauduleux de l'urne ou de tout autre matériel électoral ». Observons qu'en plus d'être long, cet article du Code est presque qu'illisible voire incompréhensible[99].

Malgré cette critique, on remarque qu'il pose les jalons des fraudes électorales au sens du droit camerounais. Précisons, à la lecture de l'alinéa 2 du même article[100], que le législateur a tenu à sanctionner de manière particulière le fonctionnaire auteur des faits. Cette option du législateur est fortement à saluer dans la mesure où on ne saurait comprendre qu'un représentant de l'administration, implicitement, un garant de la démocratie, se livre à des actes anti démocratiques.

De manière générale, il faut noter que si certains de ces forfaits peuvent être commis par tout citoyen, d'autres intéressent plus spécifiquement les candidats ou les organisateurs de ces élections. Les agents publics peuvent ainsi se rendre coupables de ces délits, soit en tant que candidats au renouvellement de leur mandat (1), soit en tant qu'organisateur de l'élection (2).

1- Les manquements imputables aux candidats

Notre ouvrage ne portant que sur les agents publics, le cas de figure ici envisagé est celui d'un agent public sortant qui sollicite auprès de ses électeurs le renouvellement de son mandat. Si, comme le soulignait CICÉRON à son frère[101], l'art de conquérir les voix n'a que peu évolué depuis l'Antiquité, il est clair que les comportements susceptibles d'être condamnés, voire sanctionnés, interviennent à tous les stades du processus électoral.

---

[99] On n'a l'impression que c'est une espèce de fourre-tout que le législateur a voulu créer.

[100] « (2) Si l'auteur ou son complice est fonctionnaire au sens de l'article 131 du Code Pénal, il est passible des peines prévues par l'article 141 du Code Pénal ».

[101] (Q) CICÉRON, *Petit manuel de campagne électorale,* Arléa, 1992.

- La fraude dans les candidatures

Cette infraction se manifeste soit par une dissimulation soit par des candidatures multiples. Rappelons quand même avant d'aborder spécifiquement ces deux aspects, que c'est l'article 288 du Code électoral camerounais précité qui réprime de manière générale tous les cas de fraudes aux élections.

S'agissant de la dissimulation d'une incapacité, il faut dire qu'elle appelle quelques précisions. Parmi les deux cas d'incapacité subsistante, c'est-à-dire les cas affectant l'inscription sur les listes électorales, figurent les personnes privées de droit de vote et d'élection à la suite d'une décision judiciaire[102]. Or, cette peine d'incapacité électorale s'avère souvent prévue à titre complémentaire[103] pour les délits susceptibles d'être commis par des agents publics.

Seule une amnistie[104] ou une réhabilitation[105] permet à la personne condamnée de pouvoir se réinscrire sur les listes électorales et donc de ne pas encourir le présent délit au cas où elle se serait portée candidate lors d'une élection.

S'agissant des candidatures multiples, il faut souligner, que certainement en référence à l'affaire du général Boulanger dont les multiples élections auraient pu lui permettre de renverser la troisième République[106], le CEC[107] interdit à une personne de se porter candidate dans plusieurs circonscriptions électorales.

---

102 Il faut distinguer la notion d'incapacité de celle d'inéligibilité. L'inéligibilité est l'état d'une personne ne satisfaisant pas aux conditions pour être candidate ou a fortiori élue lors d'un scrutin, tandis que l'incapacité consiste dans l'état d'une personne qui ne satisfait pas aux conditions de reconnaissance du droit de vote.

103 Article 73 du CEC.

104 La loi n°91/002 du 23 avril 1991 portant amnistie des infractions et condamnations politiques.

105 Article 70 et 71 du CPC.

106 Georges Ernest Jean-Marie Boulanger, né le 29 avril 1837 à la Caliorne à Rennes (France) et mort le 30 septembre 1891 à Ixelles (Belgique), est un officier général et homme politique français. Ministre de la Guerre en 1886, il est notamment connu pour avoir ébranlé la Troisième République, porté par un mouvement nommé « boulangisme ».

107 Les États africains subissent et participent à ces mouvements, comme les autres, mais aussi différemment. Les causes de cette situation sont diverses ; elles ne tiennent pas à l'appartenance à un continent, une telle corrélation relèverait plus d'« *un culturalisme statique que l'on jugerait intolérable à propos d'autres pays*» que d'une explication scientifique. (J.-F.) DE BAYART, « Le modèle unique d' "État en question" », *Revue internationale de politique comparée*, 2006, pp. 681-696.

- Les infractions commises lors de la campagne électorale

Les infractions lors des campagnes électorales sont sanctionnées par les articles 288 précité et 289 du CEC[108]. Il faut dire que l'intérêt ici n'est pas trop d'énumérer les différentes infractions, le texte les présente déjà, mais de montrer comment le législateur a détaillé l'égalité des chances lors d'une campagne électorale. Cette idée est davantage intéressante dans la mesure où une mauvaise assise de l'égalité conduit chaque candidat ou organisateur à recourir à des moyens illégaux pour essayer de réparer injustice.

Soucieux d'équité et de transparence durant la campagne électorale, le législateur a strictement réglementé la propagande électorale, afin d'éviter l'utilisation par les pouvoirs publics des moyens de communication de l'État, et le financement électoral.

La propagande électorale se trouve régie, au Cameroun, par un certain nombre de règles qui comprennent les moyens et la sécurité voire la neutralité des forces publiques.

S'agissant des moyens de propagande, l'arrêté n°012/ Mincom /Cab/ du 7 juin 2002 fixant les conditions de production, de programmation et de diffusion des émissions relatives à la campagne électorale en vue de l'élection des députés à l'Assemblée nationale et des Conseillers municipaux du 23 juin 2002, répartit les temps d'antenne. À la lecture de ce texte on tire deux principaux enseignements.

D'une part, on constate que le principe de la liberté d'expression est volontiers sacrifié à l'autel des considérations d'un autre ordre. Il aurait été plus judicieux, à notre avis, qu'aucune limitation ne soit apportée à la

---

[108] L'article 289 du CEC dispose que : « est puni des peines prévues par l'article 123 alinéa 1 du Code pénal, celui qui : par attroupement, par clameurs ou démonstrations menaçantes, trouble les opérations électorales ou porte atteinte à l'exercice du droit ou à la liberté du vote; le jour du scrutin, se rend coupable d'outrages ou de violences, envers la commission locale de vote ou envers un de ses membres, ou qui par voies de fait ou de menaces, retarde ou empêche les opérations électorales; par dons, libéralités, faveurs, promesses d'octroi d'emplois publics ou privés ou d'autres avantages particuliers faits en vue d'influencer le vote d'un ou de plusieurs électeurs, obtient leur suffrage soit directement, soit par l'entremise d'un tiers; directement ou par l'entremise d'un tiers, accepte ou sollicite des candidats des dons, libéralités, faveurs ou avantages cités au tiret ci-dessus; par voies de fait, violences ou menaces contre un électeur, soit en lui faisant craindre de perdre son emploi, d'exposer à un dommage sa personne, sa famille ou sa fortune, influence son vote ».

liberté des candidats, des personnes qui les soutiennent et des médias[109]. Ainsi, au terme d'une confrontation générale, où tous les arguments sont développés par tous les moyens, l'électeur demeure juge.

La législation nationale effectue un choix inverse, qui est celui de la réglementation. Le principe d'égalité entre les candidats est privilégié selon l'assise populaire du parti[110].

D'autre part, on observe que les développements des techniques et moyens de communication ont déclenché un véritable sprint entre la norme et la pratique. À l'issue, l'idée dominante est, qu'en général le droit ne peut que sortir vaincu de la confrontation. Il serait donc nécessaire que le législateur lève le bouclier sur le temps d'antenne lors des élections.

S'agissant du financement des campagnes électorales, l'article 1 de la loi n° 2000/015 du 19 décembre 2000 dispose que : « La présente loi institue un financement public des partis politiques et des campagnes électorales ». C'est dire qu'en l'état actuel de la législation au Cameroun, il n'existe pas de financement pour les candidats en dehors d'une formation politique. Or, comme le souligne l'alinéa 2 de l'article 54 de la loi n°97/020 du 9 septembre 1997, toute personne qui regroupe 300 signatures de personnalité requises pour les candidatures indépendantes, peut être candidate à l'élection présidentielle. Dans cette hypothèse, on peut légitimement se demander d'où viendra son financement. Dans le cas où le financement proviendrait de ce candidat, il y aurait une rupture de l'égalité des candidats. Une telle situation est de nature à exposer les candidats sans financement, s'ils sont agents publics, à commettre des faits qui peuvent être réprimés par la loi.

---

[109] Mesure est extrêmement nécessaire dans un contexte comme celui du Cameroun marqué par la superpuissance du Parti au pouvoir. À titre d'illustration selon un rapport de 2013 de l'observatoire de la couverture médiatique des élections, « le RDPC (rassemblement démocratique du peuple camerounais) est le parti qui a eu plus de temps d'antenne que ce soit à la télévision publique (62%) ou privée (37% Canal 2, 31% Équinoxe TV) devant le SDF (27% Équinoxe TV, 10% CRTV)». Ces chiffres montrent justement que deux partis occupent 89 pourcents du temps d'antenne dans une élection.

[110] L'assise populaire ici, intègre le nombre de circonscriptions dans lesquelles les partis en compétition présentent les candidats ; la représentation de ces partis à l'Assemblée nationale au terme des dernières consultations électorales et, dans une large mesure, de leur implantation territoriale.

2- Les manquements imputables à l'organisateur

Au Cameroun, la tenue des listes électorales ainsi que l'organisation des différents types de scrutin incombent à un organe plus ou moins indépendant : élection Cameroun (ÉLÉCAM)[111]. Cette institution, parce qu'elle participe à la recherche de l'intérêt général, est gérée par les agents publics. Aussi, ceux-ci peuvent, dans l'exercice de leur fonction, se rendre coupables des fraudes à la fois dans la préparation des élections, mais également lors des opérations électorales elles-mêmes[112]. En plus de ces comportements, le législateur est aussi intervenu pour réprimer les actes illégaux des agents publics commis pendant les opérations électorales[113].

Le Code électoral camerounais et le Code pénal répriment aussi bien les actes tendant à exercer une pression sur les électeurs que ceux tendant à perturber les opérations[114].

Dans le but d'obtenir le vote favorable d'une majorité d'électeurs, certains candidats indélicats n'hésitent pas à recourir à des moyens de pression aujourd'hui réprimés par l'article 141 du Code pénal[115]. De manière générale, une compétition électorale oppose les représentants du pouvoir en place à ceux de l'opposition [116]. Les premiers sont

---

[111] Notons que pour (M) ONDOA, lors de la 32ème conférence de la grande palabre 2013, sous le thème : La mise en place du conseil constitutionnel et son impact sur l'ordre constitutionnel camerounais ; « la loi créant Elecam (organe en charge des élections) trempe cette institution dans l'illégalité puisqu'elle empiète sur le champ de compétence du conseil constitutionnel définie par la loi fondamentale en son article 48 à savoir qu'il "Veille à la régularité de l'élection" quelle que soit sa nature ».

[112] Article 288 du CEC.

[113] Les infractions concomitantes aux opérations électorales.

[114] Article 122 du CPC dispose que : « Est puni de la détention de trois mois à deux ans et d'une amende de 10.000 à 100.000 francs ou de l'une de ces deux peines seulement celui qui a l'occasion d'une élection fédérale, fédérée ou communale : a) Viole le secret du vote ; b) Porte atteinte à sa sincérité c) Empêche les opérations de scrutin ; d) En modifie le résultat ;(2) Est puni de la détention de un mois ou un an et d'une amende de 5.000 à 50.000 francs ou de l'une de ces deux peines seulement celui qui par simple inobservation volontaire des dispositions légales ou réglementaires provoque non intentionnellement le même résultat ».

[115] Article 141 du CPC dispose que : « Est puni d'un emprisonnement de un à cinq ans tout fonctionnaire qui empêche un citoyen d'exercer ses droits électoraux ou le prive de l'exercice ou de la jouissance des droits mentionnés à l'article 30 (1), (2), (4) ou (5) ».

[116] Il ne faut pas oublier qu'au Cameroun il y a eu plusieurs élections sans choix sous l'ère du Parti unique UNC 1966-1985.

évidemment tentés d'abuser de leur situation. On peut remarquer qu'au Cameroun, le Code électoral n'a pas inscrit dans ses dispositions des interdictions qui doivent peser sur les agents publics, comme c'est le cas dans certains pays.

En France par exemple, la législation[117] interdit tout procédé qui paraît ressusciter une « candidature officielle »[118]. Cela signifie qu'il est interdit à tout agent de l'autorité publique ou municipale de distribuer des bulletins de vote, professions de foi et circulaires des candidats. L'intervention des hommes politiques est en revanche normale. Mais, quelle règle appliquer aux individus qui cumulent les deux fonctions, membre du gouvernement ou maire par exemple ?

Pour J.-M. DENQUIN : « en théorie ceux-ci prennent position à condition de ne pas intervenir en tant que détenteur de fonctions officielles »[119]. Ce point de vue nous semble très discutable dans un contexte comme celui du Cameroun, marqué par une distinction difficile entre l'individu et la fonction[120].

En définitive, la sévérité paraît être le maître mot du législateur camerounais s'agissant des atteintes au devoir de probité commis par les agents publics. Ce durcissement du droit se justifie peut-être par l'exemplarité attendue dans l'exercice des fonctions publiques. Pour autant, les atteintes au devoir de citoyenneté contre lesquelles les sociétés développées mobilisent beaucoup de moyens, peinent encore, en dépit du droit existant, à être véritablement sanctionnées[121].

---

[117] L'article L 50 du Code électoral français dispose que « Il est interdit à tout agent de l'autorité publique ou municipale de distribuer des bulletins de vote, professions de foi et circulaires des candidats ».

[118] Selon (J.-M.) DENQUIN, cette expression est demeurée attachée au souvenir du second empire mais la pratique s'est étendue au-delà (Cf. : (J-M) DENQUIN, *Les droits politiques (Libertés et droits fondamentaux),*Montchrestien, 1996, p. 163.

[119] Idem, p. 164.

[120] Au Cameroun, les fonctions ou les postes sont gérés de manière patrimoniale.

[121] Cette situation se justifie peut-être par la volonté des pouvoirs publics à maintenir un parlementaire à prédominance présidentiel. Notons que pour (M) ONDOA, le régime politique camerounais est parlementaire de type Orléaniste où le Premier Ministre joue un rôle de « garçon de course ». (M) ONDOA, La dé-présidentialisation du régime politique camerounais, *RAPD*, 2003, vol 2, n°1.

SECTION II :
Les atteintes aux intérêts privés

L'insuffisante ou la mauvaise utilisation des pouvoirs, notamment les pouvoirs de police conférés à certains agents publics, peut avoir de graves répercussions sur la personne et/ou sur ses diverses activités. Au titre des atteintes aux intérêts privés, le CPC envisage plusieurs comportements qui ne peuvent, dans un souci de clarté et de précision, être tous pris en compte dans le cadre d'un ouvrage. À titre d'exemple, il est bien évident que les personnes dépositaires de l'autorité publique ne peuvent prendre, dans l'exercice de leurs fonctions, des mesures destinées à faire échec à l'exécution des lois[122] ou que les magistrats ne peuvent dénier de rendre la justice après en avoir été requis et persévérer dans leur déni après avertissement ou injonction de leurs supérieurs[123].

Ces infractions sont, au regard du rapport 2012 de la CONAC, trop exceptionnelles pour être envisagées. Aussi, nous nous limiterons aux infractions les plus fréquentes dans la société camerounaise[124] ; à savoir les manquements au devoir de rigueur (Paragraphe I) et le cas spécifique de la torture (Paragraphe II).

Paragraphe I : Les manquements au devoir de rigueur[125]

L'autorité peut se définir comme un pouvoir donné pour l'exercice d'une fonction[126]. Encore faut-il que cet exercice s'effectue de façon légitime. Si le titulaire de ce pouvoir, dans le cas d'espèce l'agent public, outrepasse ses droits, il commet un abus. Les abus d'autorité visent à sanctionner les cas dans lesquels un agent public va user de ses fonctions, pour effectuer un acte illégitime. On distingue deux catégories

---

[122] Article 125 alinéa b du CPC « *Est puni de l'emprisonnement de six mois à cinq ans tout fonctionnaire qui : b) Refuse d'exécuter des dispositions législatives* ».

[123] Article 147 du CPC « *Est puni d'un emprisonnement de trois mois à deux ans tout juge qui dénie, après en avoir été dûment requis, de rendre une décision* ».

[124] Sur la base des chiffres du ministère de la justice fournis par le rapport de la CONAC de 2011 et 2012.

[125] Précisons que cette expression n'est pas de nous, elle a été employée par (V) BRAULT-JAMIN, *les élus et fonctionnaires territoriaux devant la justice pénale*, op.cit. p. 333.

[126] (G) CORNU, *Vocabulaire juridique*, PUF, 2011, 9ème éd.

d'abus d'autorité à savoir : les abus d'autorité dirigés contre l'administration et les abus d'autorité dirigés contre des particuliers.

Notons que certains de ces agissements ne peuvent être reprochés qu'aux personnes dépositaires de l'autorité publique [127] ; d'autres concernent potentiellement seulement certaines personnes chargées d'une mission de service public[128], d'autres encore, enfin, peuvent aussi être commis par des personnes investies d'un mandat électif.

Dans le cadre de cette partie, nous ne traiterons que des abus d'autorité dirigés contre les personnes [129], qui peuvent être source d'atteinte à l'activité des personnes (A) ou source d'atteinte à l'intimité des personnes (B).

A- Les abus d'autorité source d'atteinte à l'activité des personnes

Pour que les individus puissent exercer leurs activités sans entrave, le législateur impose le respect de leur liberté individuelle d'une part, mais également le respect de l'intégrité physique d'autre part. Diverses incriminations sanctionnent ainsi les abus de pouvoir que pourraient commettre les agents publics indélicats. Ces agissements peuvent être regroupés sous l'appellation des atteintes à la liberté individuelle.

La liberté individuelle peut être définie comme « l'état de l'homme qui n'est ni arrêté, ni détenu, qui jouit donc de la possibilité d'aller et venir »[130]. Celle-ci est l'une des libertés publiques les plus essentielles ou, plus exactement, « elle est moins une liberté publique elle-même que

---

[127] L'expression personnes dépositaires de l'autorité publique désigne des personnes qui exercent une fonction d'autorité, que cette autorité soit de nature administrative, juridictionnelle ou militaire, le statut de la personne, qu'il soit privé - par exemple, un juré ou un assesseur non professionnel du tribunal pour enfants -, ou public - par exemple, un magistrat professionnel, un fonctionnaire d'autorité, un agent des services fiscaux fonctionnaire de police est indifférent.

[128] L'expression personne chargée d'une mission de service public vise les personnes privées ou publiques qui, sans être dépositaires d'une parcelle de l'autorité publique, accomplissent, à titre temporaire ou permanent, volontairement ou sur réquisition des autorités, un service public quelconque.

[129] Il faut dire qu'on distingue au titre d'abus d'autorité dirigés contre d'administration ; les mesures destinées à faire échec à l'exécution de la loi et l'exercice de l'autorité publique illégalement prolongé.

[130] T.G.I du Mfoundi, jugement n° 259 du 15 mars 1985. Condamnation d'un commissaire de police pour avoir retenu sans motif légitime un véhicule appartenant à un Hôtel pendant une journée. Cf. également, (C.A) COLLIARD; cité par (R) GASSIN ; *la liberté individuelle devant le droit pénal*, Sirey, 1980, pp. 1-7.

la protection avancée de toutes les libertés, la garantie de la sécurité juridique de l'individu face au pouvoir »[131]. Elle s'exerce donc au premier chef contre l'État et ses agents.

Les atteintes à la liberté individuelle sont sanctionnées par l'article 291 du CPC, qui dispose en son alinéa 1 que : « est puni d'un emprisonnement de cinq à dix ans et d'une amende de 20.000 à 1 million de francs celui qui, de quelque manière que ce soit, prive autrui de sa liberté ». On note que ce texte ne comporte pas de disposition spécifique aux agents publics contrairement à l'ancienne mouture du Code du Cameroun oriental[132]. Ceci étant, la liberté individuelle est toujours tracée par les dispositions du CPPC qui régissent l'arrestation (1) et la détention (2).

1- Le cas de l'arrestation

Le terme « arrestation » au cours de la phase de mise en état peut être défini comme : « le fait d'appréhender une personne en vue de la présenter sans délai devant l'autorité prévue par la loi ou par le titre en vertu duquel l'arrestation est effectuée »[133]. Il est également évoqué par l'article 6 de la charte Africaine des Droits de l'Homme et des Peuples (CADHP) qui traite des droits et libertés concernant tous les cas de privation de liberté[134]. Ainsi cerné, on remarque que cette pratique comporte trois éléments essentiels.

Tout d'abord, elle suppose l'exercice d'une contrainte physique. La personne arrêtée doit se trouver empêchée d'aller et venir librement soit par l'exercice de la force soit par les menaces d'usage de la force. Ensuite, seule une personne soupçonnée d'avoir commis une infraction peut en être l'objet. Enfin, l'arrestation n'est qu'une transition.

Notons que l'arrestation peut intervenir dans plusieurs cadres juridiques. Elle constitue d'abord l'objet même des mandats. Elle peut avoir lieu lorsqu'une personne suspectée d'avoir commis un forfait

---

131 (J) RIVERO ; cité par (R) GASSIN, la protection des droits de l'homme dans les rapports entre personnes privées, *in (R) GASSIN*, Pédone, 1969, p. 310 et suiv.

132 Articles 114 et 341 de l'ancien CPC.

133 Cf. article 30 du CPPC.

134 « Tout individu a droit à la liberté et à la sécurité de sa personne. Nul ne peut être privé de sa liberté sauf pour des motifs et dans des conditions préalablement déterminées par la toi; en particulier nul ne peut être arrêté ou détenu arbitrairement ».

refuse de répondre aux convocations d'une autorité compétente. Elle peut aussi avoir lieu lors d'un flagrant délit[135].

De manière générale, on remarque, qu'au Cameroun, en dépit du dispositif normatif interdisant les arrestations arbitraires ; les forces de sécurité continuent d'arrêter arbitrairement des citoyens[136]. À titre d'illustration, le Cameroun a été condamné autrefois par le Comité des droits de l'homme des Nations unies dans l'affaire MUKONG[137] à propos de l'arrestation et de la détention en vertu de l'ordonnance de 1962, portant répression de la subversion.

De plus, le rapport 2012 sur les droits de l'homme au Cameroun fait état de ce que les forces de sécurité et les pouvoirs publics auraient continué d'arrêter arbitrairement des personnes et de les maintenir en détention prolongée sans mise en accusation ou sans procès, et parfois en secret. Dans les régions du Nord et de l'Extrême Nord, selon le même rapport, le gouvernement a continué de permettre aux Lamibés[138] d'arrêter et de détenir temporairement des citoyens hors du système pénitentiaire de l'État, ce qui équivalait à créer des prisons privées, avant leur transfert à la police, à la gendarmerie ou aux autorités judiciaires.

Selon le recueil des séries d'informations statistiques sur les activités économiques, sociales, politiques et culturelles du pays jusqu'en 2010, le Cameroun comptait trente mille sept cent soixante (30760) personnes gardées à vue[139]. Ces chiffres à notre avis sont loin de la réalité, car, à la vérité, la consécration de l'impunité de certains agents publics, accentue les cas d'arrestation arbitraire non répertoriés.

Au final, il nous paraît important de dire que l'adoption de la loi n° 2005/007 du 27 juillet 2005 portant CPPC et l'encadrement de la procédure d'arrestation[140]sont des faits positifs qui ne pourront produire

[135] Article 31 du CPPC. « Sauf cas de crime ou de délit flagrant, celui qui procède à une arrestation doit décliner son identité, informer la personne du motif de l'arrestation et le cas échéant, permettre à un tiers d'accompagner la personne arrêtée afin de s'assurer du lieu où elle est conduite ».

[136] Rapport 2012 sur les Droits de l'Homme au Cameroun.

[137] Décision largement commentée par (A.D.) OLINGA, in considération sur les traités dans l'ordre juridique camerounais, *Revue d'actualité, culture et langue italiennes* (*RADICI)*, 1996, pp. 296 et s.

[138] Nom donné aux chefs traditionnels dans le grand nord Cameroun.

[139] Source : secrétariat d'État à la défense (SED), délégation générale à la Sûreté nationale (DGSN) (données partielles) 2013.

[140] L'article 118 du CPPC dispose que : « (1) La garde à vue est une mesure de police en vertu de laquelle une personne est, dans le cas d'une enquête préliminaire, en vue de

des résultats sans la mise en place d'une « véritable » police des polices au Cameroun[141].

Cette idée est confortée par l'article 119 du CPPC qui dispose que « (2) a) le délai de la garde à vue ne peut excéder quarante-huit (48) heures renouvelables une fois. b) Sur autorisation écrite du Procureur de la République, ce délai peut, à titre exceptionnel, être renouvelé deux fois ». À la lecture de cette disposition, on se rend vite compte que quelques égarements sont possibles.

D'abord en ce qui concerne l'arrestation d'une personne, on observe que la nouvelle loi n'a fait mention d'aucun critère. Ainsi, il est possible au regard de cette disposition d'arrêter arbitrairement une personne. Ensuite, la décision de placer un suspect en garde à vue émane d'un officier de police auquel on attribue le titre d'agent de police « judiciaire ». Il n'y a dans cette partie de la loi aucune référence à un juge ou à une juridiction. Or, l'officier de police est soumis au contrôle de l'exécutif. Cette situation est susceptible de compromettre la crédibilité de l'arrestation et plus loin celle de l'État de droit[142]. Quid de la détention ?

---

la manifestation de la vérité, retenue dans un local de police judiciaire, pour une durée limitée, sous la responsabilité d'un officier de police judiciaire à la disposition de qui il doit rester. (2) Toute personne ayant une résidence connue ne peut, sauf cas de crime ou de délit flagrant et s'il existe contre elle des indices graves et concordants, faire l'objet d'une mesure de garde à vue. (3) En dehors des cas prévus aux alinéas (1) et (2) ci-dessus, toute mesure de garde à vue doit être expressément autorisée par le procureur de la République ».

[141] La délégation générale à la Sûreté nationale possède une structure dénommée « Division spéciale de contrôle des services ». Cette structure assure le rôle de « la police des polices » et est dirigée par un inspecteur général à la Sûreté nationale. « Police des polices », le vocable n'est pas nouveau dans les milieux de la Sûreté nationale. Il y a des années, en effet, au temps où (G) ANDZE TSOUNGUI était délégué général à la Sûreté nationale, une structure similaire avait existé au sein de ce corps. Mais, son activité n'a pas beaucoup marqué les esprits.

[142] L'État de droit est à la fois un État légal et un État des libertés. Précisons néanmoins que le contexte sociopolitique caractéristique du Cameroun a toutefois conduit à une détermination restrictive, c'est-à-dire discriminatoire de certains droits de l'homme. (J.N.) ATEMENGUE, « la protection des minorités et la préservation des droits des populations autochtones au Cameroun. Une analyse prospective », *in Revue de Droit International et de Droit Comparé* (*RDIDC)*, 2003, pp. 5-42 ; n°1.

2- La détention

Mesure privative portant une grave atteinte à la présomption d'innocence, la détention provisoire est strictement encadrée par les principes directeurs de la procédure pénale. Malgré les nombreuses interventions législatives qui ont tenté de la cantonner, la détention provisoire apparaît toujours comme l'un des principaux maux de notre procédure pénale, l'un de ces maux qui résiste à tous les traitements[143].

Les réflexions en la matière ne se limitent pas uniquement au nombre de personnes qui en font l'objet, mais également sur la durée de la mesure, sur les motifs qui déterminent les juges à y recourir et sur la qualité la nécessité et le bien-fondé de la mesure. S'agissant du bien-fondé des motifs et de la durée, on remarque que jadis, le Cameroun a fait l'objet de deux condamnations par la CADHP. Il s'agit de l'affaire EMBGA MEKONGO[144] et de l'affaire A. MAZOU[145].

Dans le premier attendu, la requérante s'est plaint d'avoir été emprisonnée de manière arbitraire. La CADHP a estimé que 12 ans de détention en attente de l'appel ne sauraient constituer un délai raisonnable dans un procès[146].

Dans le second attendu, madame A. PAGNOULE, membre de l'ONG Amnesty international avait esté en justice au motif que sieur MAZOU a été emprisonné par un tribunal militaire sans jugement, sans témoin et sans défense. Il a été condamné à 5 ans de prison pour avoir caché son frère qui fut plus tard condamné à mort au motif banal de tentative de coup d'État. Malgré le fait qu'il ait apuré sa peine au mois d'avril 1989, il n'a été libéré que le 23 mai 1990, grâce à l'intervention de l'ONG. Il a par la suite été mis en résidence surveillée jusqu'à la loi du 23 avril 1991 qui amnistiait tous les détenus politiques.

Malgré son pardon pénal, le sieur MAZOU n'avait pas réintégré son poste de magistrat. Or, la loi d'amnistie précisait bien cette réintégration. La CADHP avait donc décidé que « le cas de MAZOU n'a pas été instrumenté par la Cour suprême depuis deux ans et aucune raison n'a été avancée pour justifier ce retard. Étant donné que le cas d'espèce concerne la possibilité pour M MAZOU d'exercer sa profession et qu'il y a des personnes qui sans aucun doute comptent sur lui pour leur survie,

---

143 (A) MINKOA, op. cit., p. 116.

144 Comm. N° 59/91, 8e rapport annuel, Rec. P.256.

145 Comm. N° 39/90, Rec. p.370.

146 Confère deuxième partie les lacunes institutionnelles.

deux ans sans qu'aucun acte de procédure ne soit accompli, ou sans promesse d'une date certaine de reprise du procès, constituent une violation de l'article 7-1-d de la charte africaine ».

De nos jours, le délai a été mieux encadré. En effet, le Code de procédure pénale prévoit une durée maximale de six mois. Cette durée peut toutefois être reconduite une fois en cas de délit ou deux fois en cas de crime. Est-ce un délai raisonnable ? La réponse à cette question se trouve dans l'article 221 qui régit la durée de la détention provisoire au cours de l'information judiciaire[147]. Il en découle que la durée de la détention n'est pas rigide. Dans tous les cas, il revient au juge d'instruction de déterminer la durée de la détention provisoire. On constate qu'au niveau de l'instruction, le juge est tenu d'apprécier le temps nécessaire pour diligenter une affaire et pour maintenir l'accusé en détention.

Dès lors, peut-on penser qu'en obligeant le juge d'instruction à motiver son ordonnance de prorogation de la durée de la détention provisoire, le législateur a fermé la porte à l'arbitraire ? À notre avis, la déception guette les adeptes de la mise en œuvre véritable des dispositions normatives ; car, à l'observation, de nombreux détenus attendent jusqu'à 10 ans avant leur procès[148]. Selon le Pride Project et la Commission nationale des Droits de l'Homme et les Libertés (CNDHL), plus de 70% de la population carcérale étaient en détention provisoire avant le procès[149]. De plus, selon le même rapport, bien que la loi interdise de détenir les mineurs plus de trois mois après la conclusion d'une enquête, ceux-ci ont parfois été détenus plus d'un an sans procès. Ces multiples entorses sont imputables à des agents publics.

---

[147] L'article 221 du CPPC dispose que *« la durée de la détention provisoire est fixée par le juge d'instruction dans le mandat. Elle ne peut excéder six (6) mois. Toutefois, elle peut être prorogée par ordonnance motivée, au plus douze (12) mois en cas de crime et six (6) mois en cas de délit »*.

[148] Affaire Ministère Public contre (P) ABAH ABAH, ancien directeur général des Impôts et ancien Ministre des Finances. L'inculpé a été placé sous mandat de détention provisoire décerné en avril 2008, pour détournement de deniers publics, dans le cadre d'une information judiciaire ouverte dans cette procédure. Celle-ci suit son cours devant le Tribunal de Grande Instance du Mfoundi.

Affaire Ministère Public contre (J.M.) ATANGANA MEBARA, ancien Secrétaire Général de la Présidence de la République. Un mandat de détention provisoire a été décerné en août 2008 contre (J.M.) ATANGANA MEBARA, inculpé de détournement de deniers publics, dans le cadre d'une information judiciaire ouverte dans cette procédure qui suit son cours.

[149] Rapport 2012 sur les droits de l'Homme au Cameroun.

Si à l'observation il semble évident de retenir la responsabilité de l'État, voire de l'administration publique, il faut dire que dans bien de situations c'est le comportement individuel de l'agent qui est à l'origine de ces dérives. En effet, certains agents publics se prennent pour des démiurges.

Dans l'affaire MAZOU par exemple, qu'est-ce qui empêchait le ministre de la Fonction publique de l'époque de réintégrer le requérant ? Un raisonnement identique peut être soutenu concernant les gardes à vue. Qu'est-ce-qui empêche un agent de police de lever une garde à vue à l'expiration du délai légal ?

Le zèle, la gestion de la carrière, le clientélisme de certains agents publics... ternissent l'image d'une république que beaucoup souhaite voir avancer. Il y a donc urgence, comme le rappelle le chef de l'État, son excellence Paul Biya, de lutter sans relâche contre ces comportements asociaux, de certains agents publics, qui retardent le développement de notre pays. Ces multiples abus peuvent aussi être source d'atteinte à l'intimité des personnes.

B- Les abus d'autorité source d'atteintes à l'intimité de la vie privée

Le droit au respect de la vie privée est le droit pour une personne d'être libre, de mener sa propre vie sans trop d'immixtion d'autrui. Ce droit revêt une importance particulière face aux moyens modernes d'investigations dont disposent les autorités publiques. Il comprend notamment la protection contre toute atteinte portée au droit au nom, à l'image, à l'intimité, à l'honneur et à la réputation et, plus généralement, à tout ce qui relève de la sphère intime et personnelle d'une personne.

Dans le cadre de cet ouvrage, nous ne traiterons pas toutes les hypothèses d'atteintes à l'intimité de la vie privée. Nous nous bornerons à étudier celles qui reviennent fréquemment à savoir la violation de domicile (1), et la violation du secret de correspondance (2).

1- L'infraction de violation de domicile

Le P. KAYSER pense que « la vie privée ne se confond pas avec la vie quotidienne, car elle est cette partie de la vie qui a pour siège principal la demeure. Elle diffère de la vie publique en ce que celle-ci est régie par l'État et par ses agents et que, depuis des siècles, les hommes s'efforcent de protéger leur demeure contre l'intervention de l'autorité publique afin d'assurer le secret et la liberté de leur vie privée »[150]. Ce souci constant de protection de la demeure justifie celui de protection du domicile en droit camerounais.

L'article 299 du CPC dispose que : « (1) Est puni d'un emprisonnement de dix jours à un an et d'une amende de 5.000 à 50.000 francs ou de l'une de ces deux peines seulement celui qui s'introduit ou se maintient dans le domicile d'autrui contre son gré. (2) Les peines sont doublées si l'infraction est commise pendant la nuit ou à l'aide de menaces, violences ou voies de fait. (3) La poursuite ne peut être exercée que sur la plainte de la victime ». C'est dire que la violation de domicile comporte deux éléments matériels importants : le domicile et le fait de violation.

Classiquement, on définit le domicile comme le siège légal d'une personne, autrement dit le lieu dans lequel une personne est censée demeurer en permanence.

Le domicile présente l'intérêt de pouvoir situer géographiquement une personne. Cette définition est reprise par la Cour suprême du Cameroun lorsqu'elle perçoit le domicile comme « toute demeure permanente ou temporaire occupée par celui qui y a droit ou de son consentement par un tiers et qui comprend la maison et ses dépendances immédiates telles que magasins, hangars, cour, que protège l'ensemble des clôtures »[151].

La Cour de cassation française a donné une définition plus large de la notion de domicile. En effet, « le terme domicile ne signifie pas seulement le lieu où une personne a son principal établissement mais encore le lieu où, qu'elle y habite ou non, elle a le droit de se dire chez elle, quels que soient le titre juridique de son occupation et l'affectation donnée aux locaux »[152]. Ainsi, constitue un domicile, tout local occupé par son propriétaire, par un locataire, voire par un occupant sans titre comme la concubine restée dans les lieux après le décès du propriétaire[153].

---

[150] (P) KAYSER, *la protection de la vie privée* ;-Puam, 1995, p. 4, 3ème éd.

[151] C.S.C.O arrêt du 27 août 1967 inédit ; Voir également TPI de Yaoundé, Jugement du 22 mai 1973 in *Rev. Cam. De droit,* n° 9, p. 46.

[152] Crim. 19 juin 1957, Bull. Crim N°513. Crim. 26 juin 2002, no 01-88.474, *RDI* 2003.175, obs. Roujou de Boubée; Dr. pénal 2002. 136, obs. Véron.

[153] En conséquence de cette définition, un appartement vide entre deux locations n'est pas considéré comme tel, ni l'immeuble détruit par un incendie (Crim. 31 mai 1994,

Deux éléments sont requis pour caractériser la violation de domicile : un élément matériel et un élément moral. L'article 299 alinéa 2 du CPC dispose clairement qu'aucune introduction dans un domicile privé ne peut avoir lieu contre le gré de son occupant légitime sans autorisation de la loi[154]. Soulignons que même la tentative de violation est une condition suffisante pour sanctionner cette infraction. Il est évident que le propriétaire du domicile ne doit pas être contraint. Autrement dit, son acceptation de pénétration dans son domicile ne doit pas être viciée.

Au Cameroun, le principe de l'inviolabilité du domicile connaît cependant de très fortes exceptions. Il en est ainsi notamment, en cas de proclamation d'État d'urgence[155].

S'agissant de l'élément moral, pour que ce délit soit consommé, l'auteur doit être conscient de son agissement. En clair, cette infraction est de nature intentionnelle. Elle n'est donc constituée que par la démonstration du dol général.

En conséquence, si la preuve de cette intention n'est pas rapportée, le prévenu doit être relaxé[156]. C'est en tout cas la position retenue par la jurisprudence lorsqu'elle affirme que : « l'intention délictueuse consiste pour le fonctionnaire qui se rend coupable d'une violation de domicile, dans la connaissance du fait qu'il s'introduit dans l'habitation d'un particulier contre le gré de celui-ci, dès lors qu'il n'y était pas autorisé par la loi et qu'il n'a pas observé les formalités légales »[157]. Que dire de la violation du secret de correspondance ?

2- La violation du secret de la correspondance

Le respect de la vie privée intègre le respect du secret des opinions de la personne. Le préambule de la constitution camerounaise du 18 janvier

---

no 94-81.199, Bull. crim. no 213 ; Dr. pénal 1994. Chron. 59) ou la maison encore en construction (Crim. 1er avr. 1992, no 91-85.279, *RSC* 1993. 121, obs. Boulan). N'entrent pas non plus dans cette définition, la loge mise à la disposition d'un chef d'orchestre, uniquement le temps d'un spectacle (Crim. 6 déc. 2005, no 05-85.951, Bull. crim. no 315 ; RSC 2007. 591 et 593, obs. Buisson), un bloc opératoire (Crim. 27 nov. 1996, no 95-85.118, Bull. crim. no 431 ; RSC 1998. 117, obs. Delmas Saint-Hilaire) ou un véhicule automobile (Crim. 8 nov. 1979, no 78-92.914, Bull. crim. no 311). En revanche, ont été considérés comme des domiciles, la chambre d'un hôtel (Crim. 31 janv. 1914, DP 1918. 1. 76 ; S. 1916. 1. 59).

[154] Article 299 alinéa 2 du CPC.

[155] Article 5 alinéa 6 de la loi n° 90-47 du 19 décembre 1990 relative à l'état d'urgence.

[156] Crim. 19 Oct. 1982, *Gaz. Pal.* 1983. 1. Somm. 96.

[157] Idem.

1996 dispose à cet effet que « le secret de toute correspondance est inviolable. Il ne peut y être porté atteinte qu'en vertu des décisions émanant de l'autorité judiciaire ». L'objectif commun de cette incrimination est, en effet, de protéger la vie privée des individus. L'infraction sera étudiée en délimitant tout d'abord son champ d'application, puis en envisageant ses éléments constitutifs.

Le champ d'application des atteintes au secret des correspondances doit être délimité tant au regard des personnes concernées que des correspondances, objet de protection.

En France, sont visées en premier lieu, les personnes dépositaires de l'autorité publique ou investies d'une mission de service public lorsqu'elles agissent dans l'exercice ou à l'occasion de l'exercice de leurs fonctions ou de leurs missions. Se rend ainsi coupable du délit d'atteinte au secret des correspondances, le maire d'une commune qui se fait remettre une lettre confiée à la poste[158].

Une seconde catégorie de personnes est encore visée par le texte. Il s'agit des agents d'un exploitant de réseau ouvert au public de communications électroniques et des agents d'un fournisseur de services de télécommunication.

Le législateur camerounais est resté muet sur l'identification de l'auteur de l'infraction. Le Code pénal ne comporte pas de disposition particulière pour les fonctionnaires. Cette qualité étant simplement prise en considération comme circonstance aggravante, en application de l'article 132 alinéa 2 du Code pénal.

En droit pénal, cette infraction est réprimée par l'article 300 du CPC qui dispose que : « (1) est puni d'un emprisonnement de quinze jours à un an et d'une amende de 5.000 à 100.000 francs ou de l'une de ces deux peines seulement, celui qui sans l'autorisation du destinataire supprime ou ouvre la correspondance d'autrui ». Est-ce à dire que le législateur réprime seulement l'atteinte à la correspondance écrite ? La lecture de cette disposition est sans ambiguïté : la correspondance non écrite n'est pas abordée. Cette entorse du droit est très dangereuse d'autant plus que les nouvelles technologies de l'information et de la communication permettent d'avoir des correspondances dématérialisées. Exemple le téléphone, mail ou le fax.

---

[158] Crim. 6 août 1841, S. 1841. 1. 800, cité par (P) BONFILS et (E) GALLARDO, Secret des correspondances, *Dalloz,* 2016.

Pour A. MINKOA SHE, à la lecture du préambule de la constitution du 18 janvier 1996, qui emploie l'expression « toute correspondance », le droit camerounais réprime aussi bien les atteintes aux correspondances écrites que les atteintes aux correspondances non écrites[159].

Nous souscrivons théoriquement à cette idée, car, à la vérité, la constitution actuelle du Cameroun a été rédigée à une période où on ne pouvait imaginer les E-message (message virtuel). C'est dire, que dans l'esprit du législateur d'antan, il s'agissait bien des correspondances écrites. Hasard de l'histoire ou coup de chance !

Le délit d'atteinte au secret des correspondances nécessite la réunion d'un élément matériel et d'un élément moral. S'agissant de l'élément matériel, on note que le législateur sanctionne deux comportements: la suppression et l'ouverture d'une correspondance.

Ceci soulève plusieurs problèmes. D'abord si l'on valide les propos du Professeur A. MINKOA SHE selon lesquels le droit camerounais sanctionne toutes les violations au secret des correspondances, on se rend vite compte que les deux éléments matériels ne suffisent pas. À titre d'illustration, si l'agent public porte atteinte à une correspondance transmise matériellement, la suppression et l'ouverture sont certes indispensables pour constater l'infraction ; mais, que fait-on quand l'agent détourne, révèle le contenu à une tierce personne ?

De même, que faire si l'agent public a facilité ou ordonné la commission de ce délit ? Cette disposition ne permet pas de poursuivre la personne publique qui n'aurait joué qu'un rôle de « complice » dans la commission de l'infraction, y compris lorsque le fait principal ne sera pas consommé (c'est-à-dire en l'absence de complicité punissable).

Ensuite, on peut observer pour ce qui est des atteintes portées à une correspondance transmise par la voie des télécommunications que la rédaction de cet article est limitée. Que fait-on de l'interception, du détournement, de l'utilisation et de la divulgation de cette correspondance ? Une seule conclusion est possible à ce niveau : la législation camerounaise gagnerait à être revue afin de s'adapter à l'évolution des sociétés modernes.

S'agissant maintenant de l'élément moral, l'article 300 du CPC précise bien que « ... celui qui sans l'autorisation du destinataire supprime ou ouvre la correspondance d'autrui ». C'est dire que la faute

---

[159] (A) MINKOA SHE, *Droit de l'homme et droit pénal au Cameroun,* 1999, , p.121.

doit être intentionnelle. Il convient donc de prouver que l'agent public avait connaissance que la correspondance ne lui était pas destinée et qu'il a agi volontairement[160]. Il faut par ailleurs préciser ici que, peu importe les mobiles qui ont entraîné l'agent public à la situation, l'infraction est considérée comme tel si elle n'entre pas dans un cadre légal[161].

S'agissant enfin de la répression, l'article 300 du CPC dispose clairement qu'« est puni d'un emprisonnement de quinze jours à un an et d'une amende de 5.000 à 100.000 francs ou de l'une de ces deux peines seulement... ».

En définitive, imposé aux agents publics au regard des fonctions qu'ils occupent, le devoir de rigueur s'avère sévèrement réprimé en cas de non-respect. Cette sévérité se manifeste d'abord par le fait que certains comportements répréhensibles susceptibles d'être commis par toute personne sont plus lourdement sanctionnés lorsqu'ils le sont par les agents publics, leur qualité constituant une circonstance aggravante. Tel est le cas de la violation du secret de correspondance ou de domicile. Ensuite, leur qualité constitue parfois non plus une circonstance aggravante mais bel et bien un élément constitutif de l'incrimination, c'est le cas de l'infraction de torture qui va maintenant retenir notre attention.

Paragraphe II : Le cas particulier de la torture

La prohibition de l'infraction de torture est inscrite dans la constitution du 18 janvier 1996. À la lecture du bloc de constitutionnalité dans lequel le préambule est partie intégrante, on observe que l'article 5 de la charte africaine des droits de l'homme et des peuples, et la convention de l'ONU du 10 décembre 1984 contre la torture et autres peines ou traitements cruels, inhumain ou dégradant traitent de ce délit[162]. L'article 4 de cette dernière fait obligation aux États parties d'intégrer l'infraction de torture dans leurs législations respectives. Cela implique les poursuites et les sanctions contre les auteurs desdites infractions. Toutefois, il est notable de souligner que si le CPC de 1967 accorde une place significative à la protection de la vie et à l'intégrité

---

[160] Crim. 15 mai 1990, Bull crim 1990 n° 196 p. 498.
[161] Par exemple s'il n'y a pas une autorisation de justice.
[162] Ratifiée par le décret n 97/079 du 25 avril 1997.

physique sous diverses formes, il ne tient pas compte des circonstances aggravantes de la torture.

De nos jours, cette entorse est réglée par la loi n 97/09 du 10 janvier 1997 modifiant certaines dispositions du CPC[163]. Cette loi a ajouté l'article 132 bis. Désormais, même si le fossé entre la norme et la pratique reste énorme, la protection des droits de l'homme, surtout dans le cadre de la torture, est mieux encadrée.

A- La répression de la torture

Il s'agira dans cette partie de présenter d'une part les éléments constitutifs de l'infraction (1), d'autre part les modalités de répression (2).

1- Les éléments constitutifs de l'infraction

La lecture de l'article 132 bis du CPC montre que l'infraction de torture est constituée par trois éléments qui ont trait à la nature, l'auteur et la motivation. Cette disposition reprend en substance les dispositions de l'article 1 de la convention de l'ONU du 10 décembre 1984 qui dispose que : « tout acte par lequel une douleur ou des souffrances aiguës, physiques, mentales ou morales, sont infligées à une personne... ». En clair, ce texte définit la torture et punit aussi bien la torture physique que la torture mentale. On peut néanmoins s'interroger sur le sens que revêt l'expression « douleur ou souffrances aiguës » ? À notre avis, la mise en œuvre de ce critère de l'intensité se fera in *concreto*, c'est-à-dire que le juge prendra en considération toutes les données de la cause. On peut aussi, réfléchir sur la limite entre la notion de torture et la notion voisine mais différente de « traitements cruels, inhumains ou dégradants »; dans la mesure où cette dernière n'est pas incriminée de manière autonome.

Notons que la CEDH a posé une distinction entre les deux notions dans une affaire opposant l'Irlande au Royaume-Uni[164]. Selon elle, « quoique les cinq techniques utilisées cumulativement aient présenté sans nul doute le caractère d'un traitement inhumain et dégradant, aient eu pour but d'arracher des aveux, dénonciations ou renseignements et aient été appliquées de manière systématique, elles n'ont pas causé de

---

[163] Journal Officiel du Cameroun (J.O), 1997.

[164] CEDH ; 18 janvier 1978, Série A n° 25 pp. 64-65.

souffrances de l'intensité et de la cruauté particulière qu'implique le mot torture »[165]. Que dire de la qualité de l'auteur de l'acte ?

Parce que l'article 132 bis du Code pénal a pour objet de lutter contre la torture qui a pour origine l'État, l'auteur des actes incriminés ne peut être qu'un « fonctionnaire ou toute autre personne agissant à titre officiel ou à son instigation, ou avec son consentement exprès »[166]. Observons tout de même que s'agissant de la motivation de l'auteur de l'acte, le législateur exclut la « torture gratuite »[167].

Pour A. MINKOA SHE « la torture doit avoir été pratiquée dans un certain but. Et ce but doit répondre aux fins notamment d'obtenir de la victime ou d'une tierce personne des renseignements ou des aveux, de la punir d'un acte qu' elle ou une tierce personne a commis, ou est soupçonnée d'avoir commis, de l'intimider ou de faire pression sur elle ou d'intimider ou de faire pression sur une tierce personne, ou pour tout autre motif fondé sur une forme de discrimination, quelle qu' elle soit »[168].

La jurisprudence a fait application de cet article du Code pénal, dans deux décisions rendues respectivement les 5 et 26 juin 1998[169].

Dans les deux cas d'espèce, les deux personnes gardées à vue dans deux locaux de police de la capitale sont décédées des suites de mauvais traitements infligés par les forces de maintien de l'ordre.

Dans le premier entendu, le TGI a requalifié les faits de torture reprochés aux policiers en « infraction de coups mortels » sanctionnée par l'article 278 du Code pénal. En revanche, dans le second entendu, les

---

[165] C'était une affaire qui mettait en cause cinq techniques de désorientation ou de privation sensorielle utilisées en août-septembre 1971 sur les personnes arrêtées en Irlande du Nord, par les forces militaires de sécurité et des organes de police de l'État anglais. Ces techniques consistaient à: contraindre les personnes arrêtées à rester debout pendant plusieurs heures avec les paumes de main appuyées sur un mur; leur faire porter durant toute la période de la détention un capuchon noir et bleu foncé, sauf durant les interrogatoires; les enfermer dans une pièce en les obligeant à supporter un sifflement strident; les empêcher de dormir avant les interrogatoires; leur donner peu de nourriture, surtout avant les interrogatoires.

[166] (A) MINKOA SHE, op. cit. p.121.

[167] (C) CHANET; la convention des Nations unies contre la torture et les autres peines ou traitements cruels, inhumains ou dégradant, *AFDI*, 1984, p.627.

[168] (A) MINKOA SHE, op. cit., p. 122.

[169] TGI du Mfoundi, n°179/crim du 5 mai 1998, affaire (B) MOUTASSIE et autres, inédit;TGI du Mfoundi n 193/crim du 26 juin 1998, affaire NSOM BEKOUNGOU et autres, inédit.

policiers, auteurs de l'infraction, ont bien été reconnus coupables de torture.

À l'observation de ces deux entendus, on peut aisément dire que, la différence de qualification tient à la motivation des auteurs de l'infraction. Dans le premier entendu, c'était la « torture gratuite » alors que dans le second, celle-ci n'était pas gratuite dans la mesure où les policiers ont violenté la victime dans le but de lui extorquer des aveux.

2- Les modalités de répression de la torture

Le législateur camerounais a non seulement, choisi une répression sévère, mais a surtout voulu assurer la certitude. D'où des pénalités lourdes et l'exclusion des faits justificatifs. La convention de l'ONU du 10 décembre 1984 dispose que « l'infraction doit être passible de peines appropriées ».

La loi pénale de 1997 a prévu des pénalités lourdes mais graduées en fonction de la gravité des faits reprochés. L'article 277 traite des blessures graves infligées à autrui et surtout celles qui causent à autrui la privation permanente de l'usage de tout ou partie d'un membre, d'un organe ou d'un sens[170] ; l'article 278 dispose qu' « est puni d'un emprisonnement de six à vingt ans celui qui, par des violences ou des voies de fait, cause involontairement la mort d'autrui... » ; L'article 279 traite des coups et blessures graves causés par violence ou par voie de fait à autrui. La sanction est même aggravée lorsque l'auteur de l'infraction fait usage d'une arme à feu ou d'un explosif[171] ; les articles 280 et 281 traitent des blessures légères et simples. À la lecture de ces articles rien de nouveau à tirer[172].

---

[170] « (1) Est puni d'un emprisonnement de six à vingt ans celui qui, par des violences ou des voies de fait, cause involontairement la mort d'autrui ».

[171] « (1) Est puni d'un emprisonnement de cinq à dix ans et s'il y a lieu d'une amende de 5.000 à 500.000 francs celui qui, par des violences ou des voies de fait, cause involontairement à autrui des blessures » telles que prévues à l'article 277. (2) L'emprisonnement est de six à quinze ans lorsqu'il est fait usage d'une arme ou d'une substance explosive, corrosive ou toxique ou d'un poison ou d'un procédé de sorcellerie, magie ou divination ».

[172] Article 280 traite des blessures simples ; « Est puni d'un emprisonnement de six mois à cinq ans et d'une amende de 5.000 à 200.000 francs ou de l'une de ces deux peines seulement celui qui, par des violences ou des voies de fait, cause même involontairement à autrui une maladie ou une incapacité de travail supérieure à trente jours ». Article 281 traite des blessures légères ; « Est puni d'un emprisonnement de six jours à deux ans et d'une amende de 5.000 à 50.000 francs ou de l'une de ces

Notons pour finir que l'article 132 bis du Code pénal pose clairement qu'aucun fait justificatif ne peut être invoqué en défense, qu'il s'agisse de l'ordre d'un supérieur, voire d'une circonstance exceptionnelle, quelle qu'elle soit, qu' il s'agisse de l'État de guerre ou de menace de guerre, d'instabilité politique intérieure ou de tout autre État d'exception.

B- Les limites de la répression de la torture

Sir N. RODLEY, indiquait, parlant du Cameroun, que : « la pratique de la torture était largement répandue et utilisée de manière indiscriminée contre les personnes arrêtées ». Il insistait sur le fait que « la torture est tolérée pour ne pas dire encouragée par les responsables des lieux de détention où elle est pratiquée ». Et il ajoutait que « les voies de recours prévues par la loi ne sont pas adéquates »[173]. Cette affirmation, contrairement à ce qui est défendu par les pouvoirs publics, n'est pas sans fondement.

À titre d'illustration, des éléments des forces de sécurité ont détenu, arrêté et maltraité des journalistes au cours de l'année 2012[174], mais aucun journaliste n'est décédé en détention comme cela s'était produit les années précédentes[175].

De plus, le 29 août 2005, plusieurs instituteurs vacataires en grève sont molestés et entraînés sur la voie publique. Le chef de file des grévistes, A. BIBO, est arrêté à 15h30, par les agents du groupement mobile numéro 1 de Yaoundé sur ordre du premier adjoint préfectoral. Il sera remis en liberté vers 17h après avoir été sérieusement molesté.

---

deux peines seulement celui qui, par des violences ou des voies de fait, cause même involontairement à autrui une maladie ou une incapacité de travail de plus de huit jours et jusqu'à trente jours ».

[173] Rapport du rapporteur spécial sur la torture au Cameroun, 11 novembre 1999.

[174] Le 24 janvier 2012, des agents de police du commissariat de Yaoundé VI ont arrêté et détenu deux journalistes, (S) GOEMBANG de La Nouvelle Expression et (J) ABIALA du journal Mutations, qui essayaient d'interviewer un politicien concernant son enquête sur l'existence d'un éventuel réseau de vols de bébés à l'hôpital gynéco-obstétrique de Yaoundé. La police a confisqué le matériel des journalistes et effacé tous les enregistrements. Elle a relâché les journalistes sans inculpation après plusieurs heures de détention.

[175] Le directeur de publication de l'hebdomadaire Cameroun Express, (B) NGOTA, est décédé à la prison centrale de Yaoundé en 2010.

Ces cas et constatations éparses paraissent d'ailleurs très limités car il existe une autre forme de torture répandue : la maltraitance des enfants.

Le réseau national des associations de tantines a effectué une enquête en 2011 ; et selon ladite enquête, 76% des enfants ont signalé être frappés fréquemment à l'école[176]. Où est passé la loi ? Quelle est la responsabilité des pouvoirs publics dans ce « fléau » ? À notre avis, l'inefficacité de la loi sur la torture a pour source l'impunité.

En définitive, il apparaît clairement, et ceci en dépit de quelques aléas liés à la qualité de la norme et aux sanctions encourues par les agents publics auteurs d'infractions, que la responsabilité pénale des agents publics en cas d'infractions intentionnelles est bel et bien encadrée en droit pénal camerounais.

---

[176] Rapport 2012 sur les droits de l'homme au Cameroun ; p. 33.

CHAPITRE II :

LA RESPONSABILITÉ PÉNALE DES AGENTS PUBLICS EN CAS D'INFRACTIONS NON INTENTIONNELLES

En l'état actuel du droit pénal camerounais, il existe un saisissant contraste entre infractions intentionnelles et infractions non intentionnelles dans la manière dont est prise en compte la qualité d'agent public et dans le nombre d'incriminations[1]. Alors que cette qualité joue un rôle essentiel dans de la répression des infractions intentionnelles, il n'existe pas de règles spécifiques aux agents publics en matière d'infractions non intentionnelles.

L'article 289 du CPC dispose qu' « est puni d'un emprisonnement de trois mois à cinq ans et d'une amende de 10000 à 500000 francs ou de l'une de ces deux peines seulement celui qui, par **maladresse**, **négligence**, **imprudence** ou **inobservation des règlements**, cause la mort ou des blessures, maladies ou incapacité de travail telles que prévues aux articles 277 et 280 ». Cette rédaction nous semble laconique à bien des égards.

D'abord, le législateur ne définit pas chaque catégorie d'infractions non intentionnelles, de sorte qu'un non juriste peut légitimement se demander quelles différences fait-on entre négligence et imprudence. Ensuite, cette disposition a un caractère général : on se serait, a priori, attendu à ce que le législateur prenne en compte la spécificité de l'activité administrative ; bien qu'une telle prise en compte serait apparue comme une atteinte au principe d'égalité devant la loi. Enfin, en n'énumérant les conséquences des différentes fautes non

[1] Il n'existe que très peu d'infractions non intentionnelles. Celles-ci supposent pour être retenues la démonstration d'une faute pénale. Cette dernière, également dénommée faute d'imprudence, caractérise l'élément moral des infractions non intentionnelles

intentionnelles[2], le législateur a réduit la sphère de sanction[3]. Il aurait été plus judicieux de définir les conditions de démonstration d'une faute qualifiée en matière d'infractions non intentionnelles.

Au Cameroun, malgré l'inexistence de données chiffrées[4], les infractions non intentionnelles commises par les agents publics, dans l'exercice de leurs fonctions, sont présentes[5]. Cette présence est renforcée par le mouvement de pénalisation croissant de l'action administrative dont les grands traits ont été rappelés à l'introduction. En effet, les victimes et l'opinion publique refusent que certaines catastrophes soient expliquées en termes de fatalité, d'imprévisibilité ou de risques inhérents à toute activité humaine. Elles ont besoin qu'un coupable soit désigné[6]. De plus, la réparation n'apporte pas le même apaisement moral que la sanction pénale, la procédure pénale est moins coûteuse et plus facile d'accès pour les justiciables...

La question est de savoir si ce mouvement n'a pas pour conséquence ultime la perte par le droit pénal de sa signification profonde, qui est la protection de la société dans son ensemble et non la réparation de tous les dommages causés aux personnes. La réponse à cette question est négative, car le droit pénal doit pouvoir conjuguer la protection due aux citoyens et la répression des agissements moralement répréhensibles.

Avant de présenter quelques cas d'ouverture des fautes pénales non intentionnelles susceptibles d'être reprochées aux agents publics dans l'exercice de leur fonction (section II), il convient au préalable de cerner la notion de faute pénale non intentionnelle (section I).

---

[2] Article 289 du CPC dispose que : « … cause la mort ou des blessures, maladies ou incapacité de travail telles que prévues aux articles 277 et 280 … ».

[3] Ceci compte tenu du fait que toute énumération est limitation. Notons qu'on trouve également quelques infractions non intentionnelles en dehors du CPC, notamment dans la loi-cadre sur l'environnement ou dans les lois sur la santé.

[4] La lecture des différents Rapports de la CONAC de l'ANIF ou même du ministère de la justice, illustre à souhait cette idée (précitée).

[5] (R S M) ASSOUMOU, La responsabilité pénale du médecin traitant dans le système pénal camerounais, Mémoire, Université de Douala, DEA 2006,

[6] (S) CORIOLAND, Responsabilité pénale des personnes publiques : infractions non intentionnelles, Dalloz, février 2020.

SECTION I :
La notion de faute pénale non intentionnelle

La faute pénale non intentionnelle, à la différence de la faute pénale intentionnelle, n'a pas besoin d'un élément intentionnel[7]. En d'autres termes, elle est celle qui est commise par un agent public[8] sans intention de causer à autrui un dommage. De manière générale, il faut rappeler que pour qu'une faute pénale, en l'espèce non intentionnelle, engage la responsabilité de l'agent public[9], il est nécessaire de jumeler un fait fautif (Paragraphe I) avec d'autres éléments complémentaires qui la rende punissable (Paragraphe II).

Paragraphe I : Les éléments constitutifs de la faute pénale non intentionnelle

Le Code pénal ne donne pas une définition générale de la faute. Il énumère en revanche quatre comportements, dont un seul suffit à caractériser la faute. Nous nous limiterons à l'étude de trois d'entre eux à savoir[10] : l'imprudence (A), la maladresse et la négligence (B).

A- La faute d'imprudence

L'imprudence est un comportement positif qui découle d'une prise de risque plus ou moins consciente. J. PRADEL définit cet agissement comme : « la violation d'un devoir (élément d'illicéité), réalisée par un acte positif ou par une abstention (élément matériel) et de façon plus ou moins consciente (élément psychologique)»[11]. Pour PIN, elle est la conséquence d'une « volonté mal maitrisée »[12]. Cette faute est envisagée par l'article 228 du CPC. Elle nécessite, pour sa réalisation, la réunion

---

[7] L'élément moral du délit non intentionnel est une faute pénale différente, détachée de l'intention.

[8] Il faut préciser que la notion d'agent public est employée ici conformément à la recherche. Autrement, on aurait aussi pu employer la notion de délinquant.

[9] Cela est aussi valable pour le citoyen ordinaire.

[10] Tout simplement parce que la violation d'un règlement sera abordée dans la rubrique consacrée au délit de risque causé à autrui.

[11] (J) PRADEL, *Droit pénal général*, CUJAS, 1996, p. 426, 11ème éd.

[12] PIN, op. cit., p. 204, no 206

de trois éléments[13] : un élément d'illicéité, un élément matériel et un élément psychologique.

Le CPC, sans définir la notion d'imprudence, opère une distinction subtile entre la faute d'imprudence simple et la faute d'imprudence aggravée. En effet, à la lecture de l'article 228[14], on se rend compte que le législateur sanctionne uniquement la faute qui cause la mort ou des blessures, maladies ou incapacité de travail, c'est-à-dire la faute d'imprudence aggravée. L'on ne saurait étudier la faute d'imprudence aggravée sans toutefois dire un mot sur la faute d'imprudence simple.

La faute d'imprudence simple ou ordinaire peut-être définie comme un manquement à une obligation de prudence ou de sécurité prévue par la loi ou le règlement, s'il est établi que l'auteur des faits n'a pas accompli les diligences normales compte tenu, le cas échéant, de la nature de ses missions ou de ses fonctions, de ses compétences ainsi que du pouvoir et des moyens dont il disposait[15]. Précisons que la faute d'imprudence simple est de nature délictuelle et ou contraventionnelle ; la doctrine actuelle exclut le crime non intentionnel [16] La faute d'imprudence simple se rapproche de la négligence dans la mesure où la négligence constitue en quelque sorte le volet négatif de l'imprudence. En effet, l'imprudence suppose un comportement actif de l'auteur de la faute[17], tandis que la négligence est retenue lorsque l'auteur de la faute s'est abstenu de faire ce qu'il aurait dû faire[18].

Précisons également qu'au-delà d'une simple imprudence ou négligence, il s'agit ici d'apporter la preuve que l'agent public a véritablement violé les lois de la République. Notons que la violation en question ne concerne pas n'importe quelle obligation. Il s'agit d'une

---

[13] Il fait un élément d'illicéité, un élément matériel et un élément psychologique.

[14] L'article 228 dispose « est puni d'un emprisonnement de trois mois à cinq ans et d'une amende de 10000 à 500000 francs ou de l'une de ces deux peines seulement celui qui, par maladresse, négligence, imprudence ou inobservation des règlements, cause la mort ou des blessures, maladies ou incapacité de travail telles que prévues aux articles 277 et 280 ».

[15] Cette définition est donnée par l'article 121-3, alinéa 3 du Code pénal français.

[16] La doctrine actuelle exclut le crime non intentionnel. (B) BOURDEAU, mise en œuvre de l'article 223-1 du Code pénal : autrui en danger et dogme en péril, *Dalloz*, 1994, p. 189.

[17] Le fait d'agir sans avoir pris les précautions utiles.

[18] Concrètement, le juge va devoir rechercher si une imprudence ou une négligence a été commise, en se référant au comportement d'un individu « *normalement* » prudent et diligent, un peu comme la jurisprudence se réfère au « *bon père de famille* » en droit civil.

obligation de sécurité ou de prudence. Pour M. PUECH, « l'obligation de prudence est celle qui consiste à avoir une attitude réfléchie quant aux conséquences de ses actes »[19]. Pour le même auteur, elle est celle qui consiste à ne pas porter atteinte à la vie ou à l'intégrité des personnes[20]. Il faut observer que les textes exigent la violation d'une obligation précise, particulière.

Pour une grande partie de la doctrine, cet adjectif permet d'écarter toutes les obligations générales de sécurité et de prudence contenues dans certains textes. Seules les obligations qui imposent un modèle de conduite précis doivent être retenues pour la réalisation de cette infraction[21].

L'existence d'une faute caractérisée [22] peut se déduire d'une accumulation d'imprudences ou de négligences ; de sorte qu'une faute caractérisée peut se déduire de la succession de fautes simples, ou de la violation d'une obligation de sécurité pénalement sanctionnée en elle-même. Notons quand même que le CPC envisage une autre faute d'imprudence pouvant être considérée comme plus grave que les premières. Il s'agit de la faute de mise en danger délibérée de la personne d'autrui[23]. Pour la doctrine, cette faute est considérée comme la consécration du dol éventuel[24]. Cette notion doctrinale fait référence à une situation dans laquelle un agent public prend un risque de manière délibérée [25], tout en espérant que ce risque ne génère aucune conséquence dommageable[26]. Soulignons, cependant, qu'il est possible

---

[19] (M) PUECH, de la mise en danger d'autrui, *Dalloz Sirey*, 1994, Chronique.

[20] Idem.

[21] Ont ainsi été sanctionnés le chirurgien et l'anesthésiste qui se sont abstenus d'ordonner le transfert d'une patiente dans un Centre Hospitalier Universitaire (CHU) alors que cette solution s'imposait en raison de l'insuffisance manifeste des possibilités techniques de l'hôpital local et de la divergence de leurs diagnostics. La victime, gravement blessée dans un accident de la route, avait subi trois interventions de chirurgie. Elle est décédée le lendemain de son admission à l'hôpital. 107 Crim., 19 février 1997, Bull. crim. N° 67, p. 217.

[22] (A) PONSEILLE, La faute caractérisée en droit pénal, *RSC* 2003. p.79.

[23] L'article 228 du CPC traite des activités dangereuses.

[24] (F) DESPORTES et (F) LE GUNEHEC, op. cit. p. 462 ; (J) PRADEL, op. cit., p. 428. Notons que le dol éventuel se situerait ainsi, entre l'intention et la faute d'imprudence ou de négligence.

[25] On pourrait même le cas échéant exagérer nos propos, en disant de manière intentionnelle.

[26] On notera cependant qu'une autre partie de la doctrine conteste le concept de dol éventuel en lui-même, tandis qu'une autre ne s'accorde pas sur son contenu : voir sur

de penser que la distinction traditionnelle, qui existait entre la faute intentionnelle[27] et la faute non intentionnelle[28], ne permettait pas de saisir tous les cas de fautes commises par un agent public dans l'exercice de ses fonctions[29].

De nos jours, on peut sur le fondement de la mise en danger délibérée[30], poursuivre un agent public qui, au mépris des règles en vigueur, a pris un risque en pleine conscience. Il s'agit alors d'un cas d'« imprévoyance consciente »[31].

Notons à titre de droit comparé que la loi française du 10 juillet 2000 a instauré une responsabilité différenciée en cas de causalité indirecte pour réduire la responsabilité de certains élus[32]. Pour Y. MAYAUD, la causalité se voit désormais accorder un rôle essentiel. L'analyse de cette dernière « engage le juge dans une double démarche intellectuelle, destinée d'abord à fixer l'étendue du lien causal, ensuite à en tirer les conséquences sur la responsabilité elle-même, au regard de la faute, simple ou qualifiée, susceptible d'être retenue »[33].

Cette spécificité française suffit pour inviter le législateur camerounais à revoir sa répression des fautes non intentionnelles s'agissant des agents publics. Il pourrait par exemple, non pas renforcer, mais l'atténuer sans l'effacer pour assurer la continuité et l'efficacité du service public. Quid des autres fautes non intentionnelles ?

---

ce point, (J.Y.) MARÉCHAL, Élément moral de l'infraction, *J.-Cl. Pénal*, 2010, fasc. 20

27 Qui exige que la loi soit violée volontairement avec le plus souvent l'intention de parvenir au résultat prohibé

28 Marquée par une simple indifférence aux valeurs protégées

29 (F) DESPORTES et (F) LE GUNEHEC, op. cit., p. 461.

30 Celle-ci, précisions le, étant considéré comme une catégorie de faute à part entière. Article 288 du CPC.

31 (J) CEDRAS, Le dol éventuel : aux limites de l'intention, *D*alloz, 1996. Chron. p. 18. Ce qui est reproché à l'agent consiste dans le fait qu'il connaissait le risque, mais qu'il a agi quand même. La frontière avec la faute intentionnelle est donc particulièrement mince, au point d'ailleurs que certains auteurs, et même certaines décisions de la Cour de cassation française, n'ont pas hésité à considérer que le délit d'exposition d'autrui à un risque, qui suppose la faute de mise en danger délibérée, était une infraction intentionnelle

32 Cette approche sur la responsabilité différencier doit être reprise en droit pénal camerounais pour permettre aux agents publics d'échapper à des infractions qui n'ont pas un lien direct avec l'exerce de leur fonction.

33 (Y) MAYAUD, Les violences non intentionnelles après la loi du 10 juillet 2000, *RSC,* 2001. p. 156.

B- La négligence et la maladresse

En dehors de la faute d'imprudence évoquée plus haut, le CPC envisage trois autres cas de fautes non intentionnelles ; il s'agit de la négligence, la maladresse et la violation d'un règlement. Seuls les deux premiers comportements seront évoqués ici.

La faute de négligence est généralement assimilable à une faute civile[34]. Néanmoins, elle peut aussi être une faute pénale[35]. C'est une faute caractéristique de comportements d'omission ou d'abstention : défaut d'information, défaut de précaution par impéritie, retard d'intervention.

L'article 151 du CPC dispose qu' : « est puni d'un emprisonnement de un à trois mois et d'une amende de 2.000 à 25.000 francs tout fonctionnaire qui par **sa négligence** ou son obstruction systématique provoque des ajournements, des ralentissements ou des désordres ou s'abstient systématiquement d'exécuter tout acte de sa fonction...». C'est dire que l'acte de négligence doit être manifeste, audible. Pour bien cerner la notion, il convient de présenter ses éléments constitutifs ainsi que les règles gouvernant sa répression.

S'agissant des éléments constitutifs, l'infraction suppose la preuve d'une négligence systématique ayant directement ou indirectement provoqué des ajournements, des ralentissements ou des désordres commis par un fonctionnaire. Pour être sanctionné, l'agent public doit soit avoir manqué à son obligation de surveillance[36], soit avoir fait preuve d'imprudence ou d'inattention, soit alors avoir ignoré les lois de la République[37]. L'infraction de négligence ne se présume pas, elle doit être prouvée[38].

---

[34] Article 1382 et suivants du Code civil.

[35] Le comportement négligent envers autrui ouvre des droits de compensation pour toute atteinte aux domaines corporels, du bien-être mental, de la propriété, du statut financier, ou dans les relations.

[36] Article 139 du CPC traite des sanctions de l'agent public négligent.

[37] Article 289 du CPC.

[38] Articles 139 du CPC. Précisons à titre de droit comparé que cette réalité des choses a d'ailleurs été affirmée par le juge français : Paris, 18 déc. 1952, Rec. *Dr. pénal* 1953. 90.

L'article 139 du CPC indique clairement qu'il convient de prouver qu'il y a eu destructions, dégradations, soustractions[39], enlèvement[40], bris de scellés[41], évasion ou libération[42].

S'agissant de la répression, le délit de négligence doit être poursuivi dans les trois années de l'action constitutive du délit. On retiendra à cet égard que, dans la mesure où il s'agit de mettre en cause la responsabilité pénale d'une personne physique, le délai de prescription s'analysera par rapport aux agissements de cette seule personne[43]. La sanction maximale encourue par un agent public auteur de l'infraction de négligence est un emprisonnement d'un à trois mois et d'une amende de 2.000 à 25.000 francs[44]. Ces peines applicables appellent deux d'observations majeures : la première est qu'il s'agit bien de peines générales[45]. La seconde est qu'elles sont cumulatives[46].

La maladresse est un agissement positif qui découle d'un défaut d'habilité. Ce comportement est sanctionné à l'article 228 du CPC et par les textes spéciaux surtout en matière de santé et environnementale. Les procédures fondées sur la maladresse de l'agent public sont rares en matière répressive. Il semble que ce contentieux soit plutôt déféré aux juridictions civiles, la faute commise ne justifiant peut-être pas une poursuite pénale aux yeux de la victime[47]. A ainsi été pénalement sanctionnée, la maladresse du chirurgien, qui, au cours d'une opération

---

[39] L'article 139 alinéa 1 du CPC dispose que : « En cas de destructions, dégradations ou soustractions des biens visés à l'article 187 d'un emprisonnement de un mois à un an et d'une amende de 10.000 à 50.000 francs… »

[40] L'article 139 alinéa 2 du CPC dispose que : « En cas de soustraction, enlèvement ou destructions prévus à l'article 188, d'un emprisonnement de trois mois à un an et d'une amende de 10.000 à 50.000 francs »

[41] L'article 139 alinéa 3 du CPC dispose que : « En cas de bris de scellés tel que prévu à l'article 191, d'un emprisonnement de deux mois à deux ans »

[42] L'article 139 alinéa 4 du CPC dispose que : « En cas d'évasion ou libération telles que prévues à l'article 193, d'un emprisonnement de deux mois à deux ans ».

[43] Ainsi, un agent public poursuivi pour négligence ne pourra pas l'être plus de trois ans après son agissement personnel. Toutefois, la prescription est interrompue par la dissimulation délibérée de l'infraction par son auteur (Crim. 26 nov. 1991, Bull. N° 91-81, p. 795.).

[44] L'article 151 du CPC.

[45] Le législateur a aménagé des peines spécifiques en fonction des conséquences de la négligence. Article 139 précité.

[46] L'auteur de cette infraction se verra infliger les deux peines ; c'est-à-dire une peine pécuniaire et ou peine d'emprisonnement.

[47] (R.S.M.) ASSOUMOU, *La responsabilité pénale du médecin traitant dans le système pénal camerounais*, op.cit., p. 40.

de la cataracte, provoque, par des gestes malencontreux, le passage du noyau cristallinien sous l'iris, entraînant, par le biais d'une infection, la perte de l'œil[48].

Paragraphe II : Les éléments complémentaires de la faute punissable

Deux éléments sont essentiels pour rendre la faute pénale non intentionnelle punissable. Il s'agit d'une part du dommage (A) et d'autre part du lien de causalité entre la faute et le dommage subi par la victime (B).

A- Le dommage

En droit romain les notions de dommage et de préjudice sont distinctes. En effet, la loi Aquilia distinguait le « *damnum* », l'atteinte matérielle à l'intégrité de la chose, et le « *praejudicium* », les conséquences d'une telle atteinte pour la victime[49]. Pour P. LE TOURNEAU et P. STOFFEL-MUNCK, dans l'hypothèse où l'on va au-delà de la simple atteinte d'une chose, « le dommage désigne, à proprement parler, la lésion subie, qui s'apprécie au siège de cette lésion, tandis que le préjudice, qui est la conséquence de cette lésion, apparaît comme l'effet ou la suite du dommage »[50]. C'est dire que le dommage est une notion de fait, une atteinte matérielle, tandis que le préjudice,

---

[48] 103 Crim. 27 novembre 1990, *Dr pénal,* 1991, Bull N° 103. Cité par (R.S.M.) ASSOUMOU, Idem.

[49] À l'origine, le droit romain ne se préoccupait que du seul *damnum*, non du *praejudicium*. Le *damnum* n'appelait pas la réparation mais la vengeance privée. La notion de préjudice n'apparut en réalité qu'avec l'éviction de la loi du talion. Ce n'est qu'à partir de ce moment que le droit romain chercha non seulement à réparer le *damnum*, mais encore les conséquences concrètes de cette atteinte pour la victime, le *praejudicium*. (L) CADIET, *Le préjudice d'agrément,* 1983 thèse Poitiers ; (S) ROUXEL, *Recherche sur la distinction du dommage et du préjudice*, thèse 1994, Grenoble, p. 4 s.

[50] (P) LE TOURNEAU ET (P) STOFFEL-MUNCK, *Droit de la responsabilité et des contrats*, Dalloz, 2008, 7ème éd. n° 1305.

notion de droit, serait constitué par une atteinte à un intérêt juridiquement protégé, seule réparable[51].

De nos jours, une bonne partie de la doctrine refuse cette distinction. Pour elle, les deux notions sont synonymes[52].Ceci étant, au-delà des controverses conceptuelles, il faut souligner que le fondement de l'infraction pénale, sa *ratio legis*, réside dans le dommage c'est-à-dire dans l'atteinte au droit et non dans le préjudice ressenti par la victime[53].

Toutefois, si le droit pénal est par principe indifférent au préjudice, en ce sens que le dommage constitue le fondement de l'infraction, le préjudice, jouant alors une fonction accessoire, est parfois exceptionnellement pris en considération en droit pénal. Quid du lien de causalité ?

B- La causalité

Les infractions non intentionnelles sont consommées lorsqu'il existe un lien de causalité entre la faute et le dommage. Deux grands courants doctrinaux s'affrontent en la matière : la théorie de l'équivalence des conditions et la théorie de l'adéquation.

Pour les tenants de la théorie dite de l'équivalence des conditions, « tout événement sans lequel le dommage ne se serait pas produit, toute condition sine qua non du dommage, en est la cause ». Pour V. BURI, « tous les évènements qui ont conditionné la survenance d'un dommage doivent être équivalents »[54]. Si on applique cette théorie aux accidents de travail dans l'administration, elle signifierait que la cause

---

[51] (C) BLOCH, *La cessation de l'illicite. Recherche sur une fonction méconnue de la responsabilité civile extracontractuelle*, Dalloz, 2008, Nouvelle bibliothèque des thèses, t. 71, n° 120.

[52] (J) CARBONNIER, *Droit civil*, PUF, 2004, vol. 2, Les obligations, 22ème éd. n° 1121 ; (J) PRADEL, *Le préjudice dans le droit civil de la responsabilité*, LGDJ, 1995, « Bibliothèque de droit privé », t. 415, n° 15.

[53] Il faut une atteinte à l'intégrité physique d'une personne, dont la réalisation matérialise l'infraction, et constitue le point de départ de la prescription de l'action publique. Néanmoins, en réprimant l'infraction de mise en danger d'autrui, le législateur a érigé une infraction pénale sans dommage. Car, la loi incrimine cette infraction à condition qu'elle procède de la violation manifestement délibérée d'une obligation particulière de sécurité ou de prudence imposée par la loi ou le règlement, et qu'elle expose directement autrui à un risque immédiat de mort ou de blessures graves (de nature à entraîner une mutilation ou une infirmité permanente).

[54] Théorie développée par le criminaliste allemand Von BURI en 1885.

déterminante d'un accident doit être imputée à celle de la faute qui a matériellement et directement occasionné le préjudice.

Pour la théorie de l'adéquation, présentée à l'origine par V. KRIES et RÜMELIN, « tous les événements qui concourent à la réalisation du dommage ne constituent pas sa cause. Seuls peuvent être retenus comme causes ceux qui devaient normalement produire le préjudice »[55]. En d'autres termes, pour rechercher la cause déterminante d'un accident du travail, il convient de distinguer la faute principale de la faute secondaire. Cette distinction implique la prise en considération des obligations qui, dans l'organisation et l'exécution du travail, incombent à chacune des parties[56].

La jurisprudence des juridictions répressives est largement inspirée par la théorie de l'équivalence des conditions. De nombreuses décisions illustrent à souhait cette idée. Les juridictions ont estimé que le fait qu'un accident « n'ait été que la cause indirecte et partielle » d'un décès « ne suffit pas à écarter l'existence d'un préjudice direct dont pourrait se prévaloir les ayants droit de la victime »[57]. Toutefois, il existe des cas où celles-ci ont opté pour la théorie de la causalité adéquate. Ainsi en est-il dans une affaire où un cyclomotoriste, tombé de son engin à la suite du comportement dangereux d'un automobiliste en état d'ivresse, s'est relevé pour se lancer à la poursuite de l'automobiliste en l'invectivant avant de s'effondrer, terrassé par une crise cardiaque[58].

Précisons quand même qu'il n'est pas nécessaire que la faute soit la cause directe[59], ou indirecte[60], immédiate et exclusive du dommage ; il

---

[55] Théorie inspirée par le philosophe allemand Von KRIES à la fin du XIX e siècle.

[56] Ainsi, la faute de la victime constitue la cause déterminante d'un accident chaque fois que la victime n'a pas respecté les consignes qui lui ont été données ni les règles de prudence et de sécurité compte tenu de sa compétence personnelle.

[57] Cass Crim 14 janvier 1971. Bull Crim n° 13 p. 28.

[58] Cass. Crim 25 avril 1967. Bull Crim n° 129. Légifrance. La Cour a approuvé la Cour d'appel qui avait énoncé que la mort n'avait pas été la suite de l'accident mais la conséquence directe de cette poursuite déraisonnable.

[59] Le lien de causalité doit être qualifié de direct « *chaque fois que l'imprudence ou la négligence reprochée est soit la cause unique, exclusive, soit la cause immédiate ou déterminante de l'atteinte à l'intégrité de la personne* » (D) COMMARET, La loi du 10 juillet 2000 et sa mise en œuvre par la chambre criminelle de la Cour de cassation, *GP*, 2002, p.4.

[60] Le lien de causalité doit être considéré comme indirect chaque fois qu'il est reproché à la personne poursuivie d'avoir, dans l'exercice d'une activité placée sous sa responsabilité, par un défaut d'organisation, de surveillance ou de contrôle, créé ou laissé créer une situation dangereuse ayant rendu possible la survenance du dommage

est indispensable que l'existence du lien de causalité soit certaine[61]. C'est-à-dire qu'il faut que la faute[62] reprochée à l'agent public figure dans « l'enchaînement des évènements préalables au résultat à titre d'antécédent susceptible d'être intervenu dans la réalisation du dommage »[63]. C'est en tout cas la position de la juridiction répressive dans un cas où les juges ont constaté que le décès de la victime était dû à une crise cardiaque provoquée par une course déraisonnable que la victime avait entreprise, après un accident sans gravité, pour rejoindre la voiture de son adversaire[64].

Le champ de la faute pénale étant désormais circonscrit, il convient maintenant d'envisager quelques cas d'ouverture des fautes non intentionnelles susceptibles d'être reprochées aux agents publics dans l'exercice de leur fonction au Cameroun.

SECTION II :
Les cas d'ouverture de la faute pénale non intentionnelle

Il existe plusieurs cas d'ouverture de la faute pénale non intentionnelle[65]. Nous distinguerons les infractions non intentionnelles réprimées dans le CPC (Paragraphe I) des infractions non intentionnelles réprimées en dehors du CPC (Paragraphe II).

---

dont la cause directe a été l'action ou l'omission de la victime elle-même. Crim. 10 déc. 2002, Bull. n° 223 p. 822 ; *RSC* 2003 : Élève s'étant livré à un jeu mortel ; celle d'un tiers, Crim. 18 juin 2002, Bull. n° 139 p. 509 : lâcher d'eau d'un barrage EDF.

[61] La Cour de cassation a approuvé la chambre d'accusation d'avoir écarté la responsabilité du maire de la commune, *« l'infraction n'ayant fait apparaître aucun lien de causalité même indirect entre le comportement du maire et l'accident survenu »*. Cass. Crim. 2 mars 1994, Bull. n° 85 p. 184.

[62] Soulignons qu'il faut aussi que cette faute soit l'une des conditions essentielles du dommage.

[63] (R) MERLE ET (A) VITU, cité par le groupe ISP, la causalité en droit pénal, *Annales de Droit pénal*, 2005, p. 3. (Internet).

[64] Crim. 25 avril 1967, Bull. n° 129.

[65] La faute pénale non intentionnelle a un champ d'action très vaste. Elle peut intervenir dans tous les secteurs d'activité. Exemple en matière routières, en matière environnementale, de santé publique…

Paragraphe I : Les infractions non intentionnelles réprimées dans le code pénal

Le CPC incrimine plusieurs infractions non intentionnelles[66]. Nous nous limiterons aux atteintes involontaires à la vie ou à l'intégrité physique de la personne (A) et au délit du risque causé à autrui (B).

A- Les atteintes involontaires à la vie ou à l'intégrité physique de la personne

Le CPC réprime dans un article unique les atteintes involontaires à la vie et à l'intégrité physique de la personne. Il faut dire d'emblée que cette rédaction est fort critiquable ; car s'il est vrai que ces incriminations sont quasiment similaires[67], il est tout aussi vrai qu'elles diffèrent sur le plan de leurs conséquences[68]. Dans une démonstration d'ensemble, nous présenterons les éléments constitutifs de ces infractions (1) et les sanctions encourues (2).

1- Les éléments constitutifs

Deux éléments cumulatifs sont indispensables à la réalisation de ces infractions : l'élément matériel et l'élément moral. Les infractions d'homicide ou de blessures involontaires diffèrent, au plan matériel, sur le résultat qu'elles produisent. Il faut observer que si ces deux incriminations supposent toutes une atteinte à la personne, l'homicide involontaire n'est consommé que par le décès de la victime, tandis que les blessures involontaires varient selon l'intensité du dommage occasionné. Néanmoins, l'acte générateur du dommage reste le même.

S'agissant de l'acte à l'origine du dommage, il s'agit d'un agissement commis par « ...maladresse, négligence, imprudence ou inobservation des règlements... »[69]. C'est dire que le comportement à la base du

---

[66] Articles 227, 228… du CPC.

[67] L'acte à l'origine du dommage et la composante psychologique du délit sont exactement identiques. À titre d'illustration les blessures ayant généré aucune incapacité, celles ayant généré une incapacité inférieure à trois mois et enfin celles ayant entraîné une incapacité supérieure à trois mois ne diffères que dans leurs conséquences.

[68] Le décès dans le cas de l'homicide involontaire, une incapacité totale de travail variable dans les blessures involontaires.

[69] Article 289 du CPC.

dommage recouvre plusieurs situations différentes[70]. Notons que le Code pénal reste muet sur l'auteur de l'acte. Autrement dit, il ne prend pas en compte la qualité d'agent public dans la réalisation de cette infraction. De même, il ne nous informe pas sur la proximité de l'auteur avec l'infraction. S'agit-il d'un auteur direct ou indirect ? Cette situation n'a pas échappé au législateur français qui a opéré une distinction à l'article 121-3 du Code pénal qui dispose « ...Dans le cas prévu par l'alinéa qui précède, les personnes physiques qui n'ont pas causé directement le dommage, mais qui ont créé ou contribué à créer la situation qui a permis la réalisation du dommage ou qui n'ont pas pris les mesures permettant de l'éviter, sont responsables pénalement s'il est établi qu'elles ont, soit violé de façon manifestement délibérée une obligation particulière de prudence ou de sécurité prévue par la loi ou le règlement, soit commis une faute caractérisée et qui exposait autrui à un risque d'une particulière gravité qu'elles ne pouvaient ignorer »[71].

S'agissant du résultat obtenu, il faut dire que pour être consommé, l'infraction d'homicide involontaire doit avoir pour résultat le décès de la victime. Cette situation suppose que la victime soit une personne née vivante[72], qu'elle soit en vie au moment des faits[73].

Pour être retenu comme tel, l'auteur d'atteintes involontaires à la vie ou à l'intégrité physique de la personne doit se rendre coupable d'une faute pénale. Cette faute pénale peut, selon les termes de l'article 289 précité, être la maladresse, la négligence, l'imprudence ou l'inobservation des règlements.

La doctrine est assez divisée sur ces distinctions opérées par le CPC. Pour une partie, la distinction est inopportune, car la maladresse comme l'inattention semblent pouvoir être comprises dans la négligence. Autrement dit, il s'agit des mêmes situations. Pour l'autre, des nuances doivent être opérées entre chacune des situations. Ainsi par exemple, la maladresse consisterait en un manque d'habilité ; l'imprudence résulterait d'une conduite imprévoyante ou d'un défaut de précaution; l'inattention se caractériserait par une omission résultant d'une légèreté

---

[70] Plusieurs comportements sont susceptibles de tomber sous le coup de cette incrimination qu'il s'agisse de comportements de commission (une maladresse, une imprudence ou une inattention) ou de comportements d'omission (négligence).

[71] Loi n°2000-647 du 10 juillet 2000 - art. 1 JORF 11 juillet 2000.

[72] Crim. 30 juin 1999, no 97-82.351, Bull. Crim. N° 174; Dalloz, 1999.710, note Vigneau; *RSC* 1999. 813, obs. MAYAUD.

[73] (J) PRADEL, La seconde mort de l'enfant conçu [À propos de l'arrêt de l'assemblée plénière du 29 juin 2001],*Dalloz,* 2001, p. 2907.

ou d'une distraction ; et enfin, la négligence serait constituée par une absence de précaution venant de l'impéritie de l'agent ou de son mépris pour autrui[74]. Quid de la répression ?

2- La répression des atteintes involontaires à la vie ou à l'intégrité physique de la personne

L'article 289 du CPC dispose qu' « Est puni d'un emprisonnement de trois mois à cinq ans et d'une amende de 10.000 à 500.000 francs ou de l'une de ces deux peines seulement celui qui..., cause la mort ou des blessures, maladies ou incapacités de travail telles que prévues aux articles 277 et 280». Une telle rédaction nous semble critiquable sur deux points. Premièrement, on note que cet article a une portée générale. C'est-à-dire qu'il s'applique à tous les citoyens sans distinction de sexe ou sans prise en compte de l'activité menée. Or, le principe d'égalité ne veut pas dire qu'il ne peut y avoir de règles particulières, en l'espèce, pour les agents publics, mais renvoie à l'absence de discrimination[75]. Deuxièmement, on note le caractère peu dissuasif des sanctions infligées. Comment le législateur peut-il sanctionner de trois mois à cinq ans d'emprisonnement une atteinte qui entraine la mort d'un être vivant ? Il aurait été plus juste d'opter pour des sanctions plus sévères tout en tenant compte non seulement de la gravité du dommage mais aussi de la spécificité de l'activité administrative. Que dire dès à présent du risque causé à autrui ?

B- Le risque causé à autrui

Jadis, le seul fait d'exposer autrui à un risque ne constituait pas une infraction lorsqu'aucun dommage n'en résultait. Désormais, cette infraction est sanctionnée par l'article 228 du CPC. Pour être consommée, cette infraction suppose, dans sa composante matérielle, l'exposition d'autrui à un risque découlant de la violation d'une obligation (1) et une faute de mise en danger délibérée dans sa dimension morale (2).

---

[74] (H) PELLETIER et (J) PERFETTI, note sous article 221-6, Code pénal, *LexisNexis*, 2013.

[75] (J) SALMON (dir), *dictionnaire de droit international public, université francophone*, Bruyant/AUF, 2001, p. 414.

1- Exposition d'autrui par la violation d'une obligation

Deux conditions sont requises par les juges répressifs pour sanctionner l'infraction du risque causé à autrui ; d'une part, la violation d'une obligation et d'autre part, l'exposition d'autrui à un risque. L'obligation dont il est question ici est bien spécifique. Elle relève d'une double condition. Il doit s'agir d'abord d'une « obligation de sécurité ou de prudence » et ensuite d'une obligation « particulière ».

S'agissant de l'« obligation de sécurité ou de prudence », il faut dire que la jurisprudence retient essentiellement plusieurs critères, notamment le critère de finalité [76] qui consiste à penser que les incriminations ont pour objet de protéger les valeurs sociales[77] ; et/ou le critère de sémantique[78] qui, lui, consiste à faire ressortir les nuances de terminologie propres à la réglementation. C'est par exemple le cas en matière de circulation routière ou plus spécifiquement en matière de stationnements, des expressions « dangereux », « gênants » ou « abusifs » dans le Code de la route[79].

S'agissant de l'obligation « particulière », il faut comprendre une obligation différente d'une obligation générale. C'est-à-dire que l'obligation doit être suffisamment précise et imposer un mode de conduite précis[80]. Pour J.-H. ROBERT, le fait de circuler près du bord droit de la chaussée s'analyse en une obligation précise, contrairement au texte imposant au conducteur qu'il « reste maître de sa vitesse »[81].

L'un des éléments « constitutifs » de l'infraction de mise en danger d'autrui est le fait d'exposer autrui à un risque par la violation d'une

---

[76] CA Toulouse, 1er février 2001, N° 00/00644, *Rev. Sc. crim.* 2002. 104, obs. MAYAUD.

[77] Il est juste de considérer comme ne pouvant participer d'une obligation de sécurité imposée par la loi ou le règlement ce qui ne s'inscrit aucunement dans cet objectif, mais répond à une finalité différente. C'est dire que la *ratio legis* s'impose comme un moyen à privilégier dans l'application à faire des délits non intentionnels, lorsque la faute imputée au prévenu consiste en un manquement à une obligation volontiers présentée comme étant de sécurité. Parce que les normes de référence peuvent relever d'une toute autre conception, il faut en juger de manière rationnelle et cohérente, et seuls les enjeux de la politique législative ou réglementaire peuvent aider à la révéler.

[78] CA Toulouse 4 Oct. 2001. n° 01/00312, *Rev. Sc. crim.* 2002. 106, obs. MAYAUD.

[79] L'acte n° 7/89-UDEAC du 13 décembre 1989 portant adoption du code de la route de l'UDEAC.

[80] (M) PUECH, De la mise en danger d'autrui, *Dalloz*, 1994, p. 153.

[81] (J.-H.) ROBERT, *Droit pénal et environnement*, 1994, AJDA, p. 924.

obligation de sécurité ou de prudence. Deux éléments sont nécessaires pour appréhender cette réalité ; le fait d'exposer autrui et le risque encouru par celui-ci. S'agissant du fait d'exposer autrui, il faut dire qu'il doit se matérialiser, c'est-à-dire qu'il doit être présenté dans ce qui en caractérise la dimension factuelle [82]. Autrement dit, l'exposition incriminée passe d'abord par une matérialité transparente, indispensable à son extériorisation, ensuite par une culpabilité prononcée, en raison de son caractère délibéré.

S'agissant du risque encouru, il faut dire qu'il doit tout d'abord être grave puisqu'il s'agit d'un risque de mort ou de blessures de nature à entraîner une mutilation ou une infirmité permanente. Cependant, toute la difficulté réside dans l'appréciation de ce risque, puisque, par hypothèse, il ne s'est justement pas réalisé. Pour une partie de la doctrine, l'évaluation du risque sera aisément faite si un accident s'est effectivement produit mais que, par chance, il n'y avait personne sur les lieux. Il est vrai qu'ainsi les conséquences sont facilement évaluables[83]. Ensuite, il doit être « direct » et « immédiat » ; c'est-à-dire que la victime doit être directement exposée au risque. À titre d'exemple, les tribunaux ont condamné le responsable d'un navire civil pour avoir surchargé de douze personnes. Pour les juges, en effet, le risque de naufrage est présent même dans les meilleurs jours[84].

2- Le fait délibéré

L'exposition des tiers à un risque doit être le résultat d'une attitude fortement déterminée, qui situe l'infraction à un niveau élevé de culpabilité[85]. Pour C. AMBROISE-CASTÉROT, « si nous ne sommes pas tout à fait dans le cadre d'une infraction intentionnelle, nous n'en

---

[82] La matérialité de l'exposition au risque soulève une difficulté majeure, qui a de suite été l'un des points sensibles en jurisprudence. Il s'agit de savoir si cette exposition est inhérente à la violation de l'obligation de sécurité ou de prudence, auquel cas elle n'a pas à être démontrée spécialement, ou si, au contraire, elle s'en distingue, de sorte qu'elle doit être établie séparément. La Cour de cassation française a opté pour une stricte conception de l'infraction ; Cass. Crim 19 avr.2000, Bull crim, N° 99-87. p. 234.

[83] (P) CONTE, op. cit., N° 26.

[84] Crim. 11 fév. 1998, no 96-84.929, Bull. Crim. N° 57; JCP 1998. II.

[85] Le délit exige plus qu'une simple défaillance, étant très éloignée des fautes classiques d'imprudence ou de négligence.

sommes toutefois pas loin »[86]. Pour les juridictions répressives qui partagent la même idée, « l'exigence d'une violation manifestement délibérée traduit la nécessité d'une méconnaissance intentionnelle de l'obligation de sécurité imposée par la loi ou le règlement, à l'exclusion de tout manquement par imprudence ou négligence »[87]. Précisons que le délit de risques causés à autrui est une infraction non intentionnelle.

Au Cameroun, même si la loi ne le dit pas explicitement, l'article 228 du Code pénal dispose clairement que : « est puni... celui qui par une **imprudence grave risque de mettre autrui en danger** ». Notons que le législateur français est plus précis sur le fait que la mise en danger d'autrui est une infraction non intentionnelle. L'article 121-3 du Code pénal dispose qu' « il n'y a point de délit sans intention de le commettre » ; mais cet article ajoute le cas particulier de la mise en danger : « toutefois, lorsque la loi le prévoit, il y a délit en cas de mise en danger délibérée de la personne d'autrui ». C'est dire que l'infraction de mise en danger n'est pas intentionnelle. Que dire des infractions non intentionnelles réprimées en dehors du CPC ?

Paragraphe II : Les infractions non intentionnelles réprimées en dehors du code pénal

Deux grands groupes seront traités dans le cadre de cette partie à savoir : les atteintes involontaires à l'environnement (A) et les atteintes involontaires en matière de santé (B)[88].

---

[86] (C) AMBROISE-CASTEROT, op.cit. Certains auteurs n'ont d'ailleurs pas hésité à franchir le pas et à considérer la mise en danger délibérée comme un délit intentionnel ; (M) PUECH, op.cit. p. 153.

[87] TGI Saint-Étienne, 10 août 1994, Gaz. Pal. 1994. 2. 775, *Rev. sc. crim*. 1995. 575, obs. MAYAUD. « *En droit, tout délit comporte nécessairement un élément intentionnel depuis l'entrée en vigueur des nouvelles dispositions du code pénal ; l'intention exigée par l'infraction volontaire de mise en danger d'autrui est celle de mettre autrui en danger...* » ; CA Grenoble, 19 févr. 1999, *D*alloz, 1999. 480, note Redon.

[88] Précisons que l'option d'étudier uniquement ces deux grands groupes d'infraction est justifiée par l'actualité brulante des questions environnementales (COP 21) et part l'apparition de certaines maladie comme Zika.

A- Les infractions non intentionnelles en matière environnementale

Les atteintes à l'environnement[89] constituent un problème national majeur dont l'ampleur ne cesse de croître et qui revêt des formes très diverses ou variées. De manière générale, la criminalité liée aux espèces sauvages peut s'entendre comme l'exploitation illégale de la flore et la faune sauvages, alors que la criminalité liée à la pollution correspond au commerce et au rejet de déchets ou de ressources toxiques au mépris des législations nationales et du droit international. On distingue deux types d'atteintes à l'environnement : les atteintes volontaires à l'environnement et les atteintes involontaires à l'environnement. De nos jours, avec la mondialisation et compte tenu des progrès de la science, on assiste à l'émergence de nouvelles formes de criminalité environnementale telles que le commerce des émissions de dioxyde de carbone et la criminalité liée à la gestion de l'eau. Dans le cadre de cette partie, nous n'allons pas présenter les différentes fautes non intentionnelles en matière environnementale[90] ; mais, nous montrerons qu'il existe une prolifération des normes (1), bien que disparate et peu usitée (2), due au fait qu'au Cameroun, la sauvegarde d'un cadre de vie sain et la conservation de la nature sont des préoccupations majeures du législateur[91].

1- L'existence d'une règlementation importante mais disparate

Les règles qui régissent l'environnement ne sont pas, dans le fond, les mêmes d'un pays à un autre ou d'un régime politique à un autre. Certes, il existe des règles supranationales en matières environnementales[92], mais chaque État élabore d'abord ses propres règles. Au Cameroun,

---

[89] Le Larousse de la Langue Française en 1972, le définit comme étant « *l'ensemble des éléments naturels ou artificiels qui conditionnent la vie de l'homme* ».

Le droit pénal de l'environnement est donc l'ensemble des dispositions répressives qui préviennent et sanctionnent la dégradation par l'homme du milieu physique ou biologique dans lequel il vit.

[90] Plusieurs délits de pollution des eaux peuvent être relevés dans la loi cadre sur l'environnement : le délit de pollution des eaux article 25 de la loi cadre, le délit de pollution des eaux pour atteinte aux poissons article 31 de la loi cadre.

[91] Le préambule de la constitution du 18 janvier 1996.

[92] On peut citer à cette effet plusieurs textes internationaux tels que : Convention de Vienne sur la protection, Convention sur la diversité biologique, Accord international sur les bois tropicaux, Déclaration universelle des droits de la Terre-Mère, Protocole de Carthagène sur la prévention des risques biotechnologiques.

celles-ci se retrouvent essentiellement dans trois ensembles législatifs que sont le CPC[93], la loi-cadre sur l'environnement[94] et les législations spécifiques à certains domaines. Il est toutefois notable de constater que ce dispositif normatif étoffé est parfois source de multiples problèmes.

D'abord s'agissant du Code pénal, on remarque que le législateur a réduit considérablement les atteintes à l'environnement. Cela est de nature à créer des îlots d'impunités dans la mesure où le droit pénal qu'il soit de l'environnement ou autre obéit au triptyque de ni infraction, ni peine, ni procédure sans loi[95]. « *Nullum crimen, nulla pœna, nullum judicium sine lege* ».

Ensuite s'agissant de la loi-cadre, on remarque que ces dispositions générales ont pour but de déterminer le cadre juridique général de l'environnement au Cameroun[96]. De plus, on remarque que l'article 2 alinéa 2 dispose clairement que la protection et la gestion rationnelle des ressources qu'il offre à la vie humaine sont d'intérêt général. Celles-ci visent en particulier la géosphère, l'hydrosphère, l'atmosphère, leur contenu matériel et immatériel, ainsi que les aspects sociaux et culturels qu'ils comprennent, pose problème en ce sens qu'il implique que la réalisation de l'infraction sur l'environnement ne soit possible qu'après violation des composantes sus évoquées[97].

S'agissant enfin des textes spécifiques[98], on note des contradictions et enchevêtrements qui constituent à coup sûr des boulets d'étranglement d'un droit pénal de l'environnement efficace et efficient. À titre

---

93 On note que le CPC comporte, outre les dispositions sur le droit pénal général, également application au droit de l'environnement, un micro droit pénal spécial de l'environnement. Ce micro droit fait l'objet de quelques 4 articles ; l'article 187, 227, 228, 258.

94 Loi n° 96/12 du 15 août 1996 portant loi-cadre de l'environnement.

95 (G) LEVASSEUR, Réflexions sur la compétence, un aspect négligé du principe de la légalité, *in Mélanges HUGUENEY*, 1964, pp. 13 et sq.

96 L'article 1 dispose que l'environnement constitue « ... *un patrimoine commun de la nation et une partie intégrante du patrimoine universel* ».

97 Est-ce une limitation ou une indication ? À notre avis, le droit pénal obéissant au principe de légalité, ceci est une limitation.

98 On dénombre aujourd'hui une vingtaine de lois spécifiques en matière environnementale ; on peut citer à titre d'exemple : la loi n° 89/27 du 29 décembre 1989 portant sur les déchets toxiques et dangereux ; la loi n° 2000/018 du 19 décembre 2000 portant sur la règlementation de la pharmacie vétérinaire ; La loi n° 2003/006 du 21 avril 2003 relative au régime de sécurité en matière de biotechnologie moderne ; La loi n° 98/005 du 14 avril 1998 portant régime de l'eau ; etc.

d'illustration, la loi n° 98/005 du 14 avril 1998 portant régime de l'eau au Cameroun dispose en son article 4 que : « sont interdits les déversements, écoulements, jets, infiltrations, enfouissement, épandages, dépôt, direct ou indirect, dans les eaux de toute matière solide, liquide ou gazeuse, en particulier, les déchets industriels, agricoles et atomiques susceptibles : d'altérer la qualité de l'eau de surface ou souterraine ou de l'eau de mer, dans les limites territoriales ;de porter atteinte à la santé publique ainsi qu'à la faune et la flore aquatique ou sous-marine... ». L'article 16 alinéa 1 de la même loi stipule que « est puni d'un emprisonnement de 5 à 15 ans de prison et d'une amende de 10 à 20 millions de francs CFA, toute personne qui pollue et altère la qualité des eaux ». Or, l'article 82 alinéa 1 de la loi cadre dispose que : « (1) Est punie d'une amende de un million (1.000.000) à cinq millions (5.000.000) de FCFA A et d'une peine d'emprisonnement de six (6) mois à un (1) an ou de l'une de ces deux peines seulement, toute personne qui pollue, dégrade les sols et sous-sols, altère la qualité de l'air ou des eaux, en infraction aux dispositions de la présente loi ». Est-ce à dire que pour la même infraction le législateur camerounais a prévu plusieurs sanctions ? À l'infirmative, cette situation n'est-elle pas de nature à remettre en cause le principe de l'égalité devant la loi pénale[99] ? La résolution de ce problème se trouve peut-être dans l'harmonisation des lois sur l'environnement[100]. Quid de la répression des atteintes involontaires à l'environnement ?

2- La répression des atteintes involontaires à l'environnement

Au Cameroun, la sévérité de la répression se caractérise d'une part par la multiplication des officiers de police judiciaire (OPJ) à compétence spéciale dans la constatation et la recherche des infractions, d'autre part par la lourdeur des sanctions.

---

[99] La Déclaration des droits de l'homme et du citoyen de 1789 dont les articles 1 et 6 disposent que *« les hommes sont égaux en droit »* et que la *« loi doit être la même pour tous, soit qu'elle protège soit qu'elle punisse. Tous les citoyens étant égaux, sont également admissibles à toutes dignités, places et emplois publics selon leur capacité et sans aucune distinction que celle de leurs vertus et leurs talents »*. Article 1 du CPC *« La loi pénale s'impose à tous »*.

[100] Selon (J.-H.) ROBERT : *« la méthode d'élaboration des textes environnementaux utilisée ces trente dernières années a transformé le droit pénal de l'environnement en un « maquis juridique » dont seuls quelques spécialistes savent débrouiller les pistes »*. (J.-H.) ROBERT, *Droit pénal et environnement*, 1994, A.J.D.A, p.583.

S'agissant de la multiplication des acteurs de la recherche et de la constatation des infractions, on note que les autorités de police judiciaire participent, à la répression des atteintes à l'environnement. Leur contribution se traduit par la constatation et la recherche des infractions. Lorsqu'on exclut le procureur de la République et ses substituts, qui sont des autorités de police judiciaire supérieurs, l'on distingue les autorités de police judiciaire à compétence générale[101] et les officiers de police judiciaire à compétence limitée[102]. L'article 88 alinéa 1 de la loi-cadre dispose que « Sans préjudice des prérogatives reconnues au ministère public, aux officiers de police judiciaire à compétence générale, les agents assermentés de l'administration chargée de l'environnement ou des autres administrations concernées, notamment ceux des domaines, du cadastre, de l'urbanisme, des travaux publics, des forêts, de la marine marchande, des mines, de l'industrie, du travail et du tourisme, sont chargés de la recherche, de la constatation et des poursuites en répression des infractions aux dispositions de la présente loi et de ses textes d'application ». Deux observations sont possibles à ce niveau. La première est que la multiplication des acteurs de recherche et de constatation des infractions est de nature à limiter les atteintes à l'environnement. La seconde est qu'une porte a été ouverte à l'immixtion du politique dans le judiciaire à travers la non-clarification des modes de désignation de ces agents[103].

S'agissant de la lourdeur des sanctions pénales, l'article 59 du CPPC dispose que *« Toute infraction peut donner lieu à une action publique et, éventuellement, à une action civile ».* L'action publique est engagée devant les tribunaux répressifs et les peines sont susceptibles d'être prononcées contre les auteurs des infractions[104].

Ceci étant, on constate qu'en matière environnementale, les peines pénales susceptibles d'être infligées aux auteurs des infractions, sont

---

[101] On les retrouve pour l'essentiel à la délégation générale à la sureté nationale et à la gendarmerie nationale.

[102] Article 78 alinéa 1 du CPPC dispose que *« La police judiciaire est exercée, sous la direction du Procureur de la République, par les officiers de police judiciaire, les agents de police judiciaire et tous autres fonctionnaires ou personnes auxquels des lois spéciales confèrent des pouvoirs de police judiciaire »*.

[103] Article 88 alinéa 2 de la loi-cadre de 1996 dispose que « *les agents mentionnés à l'alinéa (1) ci-dessus prêtent serment devant le tribunal compétent, à la requête de l'Administration intéressée, suivant des modalités fixées par un décret d'application de la présente loi* ».

[104] Confiscation, déchéances, fermeture de l'établissement, publication du jugement, emprisonnement amende…

sévères. À titre d'illustration, la loi n° 89/27 du 29 décembre 1989 portant sur les déchets toxiques et dangereux punie en son article 80 *« d'une amende 50 à 500 millions de francs et d'une peine d'emprisonnement à perpétuité, toute personne qui introduit des déchets toxiques et/ou dangereux sur le territoire camerounais ».* De plus, l'article 87 du même texte de loi dispose que *« les dispositions relatives aux sursis et aux circonstances atténuantes contenues dans le Code pénal (articles 54 et 90) ne sont pas applicables ».* À l'analyse, s'il est vrai que les déchets toxiques peuvent entrainer des dommages extrêmes au biotope et à la biocénose[105], il est tout aussi vrai que la non-prise en compte, par le législateur camerounais de l'élément intentionnel[106] et l'exclusion des circonstances atténuantes[107], constituent, dans ce cas de figure, une aggravation de sanction. En définitive, on peut dire qu'en dépit de l'effort remarquable de législation au plan national et international, force est de constater que le droit pénal environnemental est très peu appliqué. Ceci du fait de l'option transactionnelle offerte aux auteurs des infractions[108], et de la faiblesse voire de la quasi-inexistence des poursuites judiciaires[109].

---

[105]L'accident survenu en 1984 en Inde où des fuites dans une usine de pesticides ont provoqué la mort de plus de 4 000 personnes et près de nous, l'accident des déchets toxiques d'Abidjan (République de Côte-d'Ivoire) provoqué par le navire Probo Koala.

[106]En droit pénal de l'environnement, on peut relever deux catégories d'infractions en fonction du comportement du délinquant : dans certains cas, l'infraction repose sur la faute d'inobservation des réglementations (ex : non-respect des conditions d'exploitation d'une installation classée), il s'agit alors d'une infraction d'omission; mais parfois l'infraction consiste dans l'accomplissement de l'acte d'exécution décrit, ex : dégradation ou destruction d'un bien, il s'agit alors d'une infraction de commission.

[107] Articles 54 et 90 du CPC.

[108] L'une des originalités de la loi-cadre est la voie transactionnelle offerte à l'auteur de l'infraction. En effet, l'article 91 alinéa 1 de ce texte dispose que : « *Les administrations chargées de la gestion de l'environnement ont plein pouvoir pour transiger. Elles doivent pour ce faire, être dûment saisies par l'auteur de l'infraction* ». C'est dire que tout individu reconnu coupable d'atteinte à l'environnement peut recourir à cette technique de résolution des litiges.

[109] Au Cameroun, les tribunaux sont parfois saisis en matière d'infraction sur la règlementation relative à la faune (surtout en matière de braconnage), les autres domaines ne semblent pas faire l'objet de poursuites ; ceci en raison de la primauté de la procédure transactionnelle. Rapport du ministère de la justice 2012.

B- Les infractions non intentionnelles en matière santé

La mise en œuvre de la responsabilité pénale du médecin[110] connaît des difficultés d'ordre juridique. Cela pourrait être dû à l'absence d'un encadrement strict de la profession médicale. Notons qu'il n'existe pas en l'état actuel du droit un Code de la santé publique au Cameroun[111]. De même, il n'existe pas dans le CPC un titre contenant les infractions relevant exclusivement du domaine médical. Néanmoins, dans l'exercice de ses fonctions, le médecin peut se rendre coupable d'infractions diverses. Ces infractions peuvent être rangées en deux grands groupes à savoir les infractions intentionnelles et les infractions non intentionnelles[112].

S'agissant des infractions non intentionnelles, il faut dire qu'il existe une multitude d'actes qui peuvent être reprochés aux agents publics qui animent les centres hospitaliers (médecins en particulier). Deux cas attirent spécialement notre attention.

Le cas de l'erreur de diagnostic : la jurisprudence estime à cet effet que l'erreur due à une compétence médicale médiocre ne constitue pas une imprudence ou une négligence, le médecin étant tenu d'une obligation de moyens et non de résultat[113]. C'est dire, pour les juges, que ce délit ne peut en lui-même servir de fondement à des poursuites pénales lorsqu'il ne découle pas d'une négligence dans les examens préparatoires[114]. L'agent public médecin, doit prendre toutes les mesures, toutes les précautions nécessaires et s'être suffisamment informé sur l'état du malade, compte tenu des possibilités scientifiques actuelles, avant d'établir son diagnostic qui ne doit pas être posé avec légèreté. À défaut, l'erreur de diagnostic est pénalement punissable[115].

---

[110] Précisons ici, à la différence de la France, qu'il existe une seule fonction publique au Cameroun. Précisons encore que dans le cas d'espèce il s'agit bien du médecin qui a la qualité d'agent public.

[111] Le caractère épars des textes qui encadrent la profession du médecin témoigne du manque de rigueur de la part du législateur camerounais dans le contrôle de la profession médicale.

[112] Dans le cadre de cette partie, seules les secondes seront abordées compte tenu du fait que les infractions intentionnelles ont fait l'objet d'une étude générale dans la première partie.

[113] Crim., 28 Octobre 1971, Bull. N° 287.

[114] Crim., 3 Novembre 1988, Bull. No 366; 29 Juin 1999, Bull. N° 161, *Dalloz* 2000, sommaires commentés par (Y) MAYAUD p.30.

[115] Crim., 29 Juin 1991, Thire, pourvoi N° 98-84.977, inédit au bulletin.

Le cas de la faute dans le suivi médical : dans la pratique et dans les faits, c'est le type de faute le plus répandue. À titre d'illustration, a été condamné le chirurgien et l'anesthésiste qui s'est abstenu d'ordonner le transfert d'une patiente dans un centre hospitalier universitaire alors que cette solution s'imposait en raison de l'insuffisance manifeste des possibilités techniques de l'hôpital local et de la divergence de leurs diagnostics[116]. A également été condamné le gynécologue accoucheur qui s'est rendu coupable de carence dans le suivi post-opératoire de sa patiente[117].

Pour la doctrine, la répression de certains actes condamnables posés par le médecin est quasiment inexistante[118]. À titre d'illustration, la délivrance illégale des certificats médicaux, régie par le CPC en son article 259, est quotidienne dans les hôpitaux[119]. Chacun peut se prévaloir de se fabriquer un certificat médical « *sur mesure* » selon les nécessités, et souvent pour des besoins juridiques.

En somme, les infractions non intentionnelles, en dépit du fait que le législateur n'a pas intégré la spécificité de l'activité administrative, sont bel et bien sanctionnées en droit pénal camerounais. Au demeurant, il convient peut-être de dire que l'impunité dont bénéficient certains agents

---

[116] La victime, gravement blessée dans un accident de la route, avait subi trois interventions de chirurgie. Elle est décédée le lendemain de son admission à l'hôpital. Crim., 19 février 1997, Bull. No 67; *Dalloz* 1998, p. 236, note (B) LEGROS; JCP 1997, 22889 note (J.Y.) CHEVALLIER; crim. 17 Décembre 1997, resp. civ. etass. 1998, N° 252.

[117] Celle-ci avait donné naissance par césarienne à des jumeaux après une grossesse à risque. Hospitalisée depuis plusieurs mois et soumise à un traitement anticoagulant, elle aurait dû faire l'objet d'une surveillance vigilante. Elle est décédée le surlendemain de l'accouchement des suites d'une hémorragie intra abdominale. Crim., 26 février 1997, SOLQUES, *Dr pénal* 1997, 109.

[118] (A.D.) TJOUEN estime à ce propos que « *dans les pays en voie de développement (...) la légèreté, la persistance et la montée des indiscrétions et négligences de certains médecins sont indescriptibles* ». (A.D.) TJOUEN, « Le médecin et son patient : L'obligation de se taire », *in Revue Africaine des Sciences juridiques*, 2000, p. 70, vol. 1, N° 1.

[119] L'article 259 du CPC dispose que : « *Faux certificat médical. (1) Est puni d'un emprisonnement de deux mois à trois ans et d'une amende de 5.000 à 100.000 fracs le médecin, chirurgien, infirmier, dentiste ou sage-femme qui, pour favoriser ou nuire à quelqu'un, certifie faussement ou dissimule l'existence d'une maladie ou infirmité ou certifie faussement l'existence ou le résultat d'une vaccination ou fournit des indications mensongères sur l'origine d'une maladie, la durée d'une incapacité ou la cause d'un décès. (2) La peine est de deux à dix ans d'emprisonnement en cas de corruption. (3) La juridiction peut prononcer les déchéances énumérées à l'article 30 du présent Code* ».

publics de l'État trouve son origine dans l'organisation et le fonctionnement des institutions de poursuite des auteurs d'infractions pénales. Or, force est de constater qu'une telle affirmation ne peut en réalité prospérer en droit camerounais, car il existe plusieurs structures juridictionnelles compétentes en matière répressive. Comment se présentent-elles ? Comment fonctionnent-elles ? Voilà autant de questions qui vont retenir notre attention dans les développements suivants.

TITRE II :

La présence d'un arsenal institutionnel diversifié

Plusieurs institutions sont chargées de sanctionner les infractions pénales commises par les agents publics. De manière générale, lorsqu'un agent public est l'auteur d'une infraction, sa responsabilité pénale est engagée devant les juridictions répressives[1]. Une distinction utile peut être opérée entre les juridictions répressives ordinaires, qui s'occupent de la répression suivant les règles de droit commun, et les juridictions spécialisées qui, suivant une procédure spéciale, répriment les délits spécifiques.

Pour A. D. OLINGA, cette option du législateur est fort appréciable car, « pour la traque des comportements portant atteinte à la fortune publique, rien n'est de trop, si harmonie et cohérence cohabitent : allongement souhaité des délais de prescription des poursuites pénales, échec aux immunités diverses, usage modéré du principe de l'opportunité des poursuites, gel, saisie et confiscation du produit de la corruption, levée du secret bancaire, compétence pénale à tendance universelle, etc. »[2].

Il convient, d'étudier, d'une part, la responsabilité pénale des agents publics devant les institutions judiciaires ordinaires (chapitre I), et, d'autre part, la responsabilité pénale des agents publics devant les institutions judiciaires spécialisées (chapitre II).

---

[1] Confère l'article 3 de la loi n°2006/015 du 29 décembre 2006 portant organisation judiciaire.

[2] (A.D.) OLINGA, « convention des Nations unies contre la corruption : une convention à la merci des États », *in Les Cahiers de Mutations*, février 2007, p. 13. Vol. 042.

CHAPITRE I :

LA MISE EN ŒUVRE DE LA RESPONSABILITÉ PÉNALE DES AGENTS PUBLICS DEVANT LES JURIDICTIONS JUDICIAIRES ORDINAIRES

La répression judiciaire de droit commun est le fait d'un certain nombre d'acteurs. En règle générale, lorsque l'ordre social a été troublé par la commission d'une infraction, il apparaît nécessaire de rechercher ses auteurs, en l'espèce, les agents publics, afin d'intenter contre eux, devant les juridictions pénales, l'action publique. La répression est alors le fruit d'une collaboration étroite entre les acteurs principaux que constituent les juridictions répressives (Tribunaux, Cours d'appel et Cour suprême), et les acteurs secondaires : les autorités de police judiciaire.

Les autorités de police [1] interviennent réellement à la phase précontentieuse du procès pénal. Leur contribution se traduit par la constatation et la recherche des infractions[2]. Dès lors, l'on ne peut prétendre cerner l'efficacité du dispositif répressif ordinaire (Section II), sans toutefois au préalable apporter quelques éclairages sur la phase précontentieuse, c'est-à-dire sur les procédures préparatoires au procès pénal (Section I).

---

[1] Lorsqu'on exclut les procureurs de la République et leurs substituts, qui sont des officiers de police judiciaire supérieurs, l'on distingue les autorités de police judiciaire à compétence générale et les officiers de police judiciaire à compétence limitée.

[2] L'idée ici est de dire que les autorités de police judiciaire recherchent les éléments de preuves qui accablent ou acquittent un agent public.

SECTION I :
La procédure préparatoire au procès

De manière générale, il s'écoule toujours un temps entre la réalisation d'une infraction pénale et son jugement définitif[3]. Au Cameroun, cette étape est primordiale dans la mesure où elle commande très souvent l'issue du procès. Les procédures préparatoires au procès pénal oscillent entre la mise en mouvement de l'action publique (Paragraphe I) et l'enquête de police (Paragraphe II).

Paragraphe I : La mise en mouvement de l'action publique

L'action publique peut être définie comme l'action conduite au nom de la société en vue de réprimer une infraction pénale. Elle est engagée au nom de la société puisqu'elle vise à réprimer un trouble à l'ordre public et non à réparer un préjudice personnel[4]. Au Cameroun, la mise en mouvement de l'action publique peut-être initiée soit par le ministère public (A) soit par la victime[5] (B). Nous n'aborderons pas les questions liées aux conditions de recevabilité tenant à la personne du requérant[6] et celles relatives à l'organisation du contentieux.

A- La mise en mouvement par le ministère public

Le ministère public[7], après sa saisine par une dénonciation ou une plainte[8], peut décider de classer sans suite ou d'ouvrir une information

---

[3] Il faut dire que cette situation est due au fait qu'il faut mettre le litige en état d'être jugé.

[4] Cette définition permet de distinction l'action publique de l'action civile.

[5] Article 60 du CPPC dispose que : « *L'action publique est mise en mouvement et exercée par le Ministère Public. Elle peut aussi être mise en mouvement par une administration ou par la victime, dans les conditions déterminées par la loi*».

[6] On distingue les conditions de recevabilité de fond : la capacité des parties (qui peut concerner les personnes physiques ou morales), l'intérêt et la qualité pour agir ; des conditions de recevabilité de forme : les délais de recevabilité de l'action en justice, la représentation des parties à l'instance.

[7] Expression par laquelle on désigne l'ensemble des Magistrats qui dans une juridiction sont chargés de défendre les intérêts de la collectivité nationale. On dit aussi le « Parquet ».

[8] Article 135 alinéa (a) du CPPC dispose que : « Le procureur de la République est saisi soit par : une dénonciation écrite ou orale ; une plainte ; un procès-verbal établi par une autorité compétente ».

judiciaire pour les faits portés à sa connaissance ; il est donc juge de l'opportunité des poursuites[9]. Ce pouvoir d'appréciation est consacré par le CPPC, aux articles 64[10] et 141[11].

Le ministère public est libre de poursuivre ou non une infraction en fonction des données qu'il apprécie « parfois » souverainement sur chaque affaire. L'article 64 alinéa 1 du CPPC dispose que « Le Procureur Général près une Cour d'Appel peut, sur autorisation écrite du ministre chargé de la Justice, requérir par écrit puis oralement, l'arrêt des poursuites pénales à tout stade de la procédure avant l'intervention d'une décision au fond, lorsque ces poursuites sont de nature à compromettre l'intérêt social ou la paix publique ».

L'article 141 du même CPPC ajoute que « le Procureur de la République saisi, dans les conditions prévues aux articles 135, 139 et 140**, peut**... c) décider du classement sans suite d'une affaire et le faire notifier au plaignant; copie de toute décision de classement sans suite est transmise dans le mois au Procureur Général près la Cour d'Appel... ». Ce dispositif nous paraît laconique et lacunaire.

Nous le trouvons laconique parce qu'il peut se heurter à l'hypothèse où les poursuites ne sont possibles qu'à la suite d'une plainte d'une administration, ou de la victime[12]. Dans pareille situation, le pouvoir d'appréciation du procureur se trouve très limité[13]. De plus, il n'est pas absolu. Toutes les victimes ont la possibilité de former un recours devant le Procureur Général de la Cour d'appel en cas de classement sans suite du procureur de la République[14]. En outre, il n'est pas exclusif. Le CPPC, en son article 42 dispose à cet effet que «la partie civile qui met en mouvement l'action publique par voie de citation directe... ». C'est

[9] En d'autres termes, toute infraction poursuivable n'est pas forcément poursuivie.

[10] Article 64 du CPPC dispose « le Procureur Général près une Cour d'Appel peut, sur autorisation écrite du ministre chargé de la Justice, requérir par écrit puis oralement, l'arrêt des poursuites pénales à tout stade de la procédure avant l'intervention d'une décision au fond, lorsque ces poursuites sont de nature à compromettre l'intérêt social ou la paix publique ».

[11] Article 141 du CPPC dispose « le Procureur de la République saisi, dans les conditions prévues aux articles 135, 139 et 140, peut: c) décider du classement sans suite d'une affaire et le faire notifier au plaignant; copie de toute décision de classement sans suite est transmise dans le mois au Procureur Général près la Cour d'Appel ».

[12] Article 60 CPPC « *L'action publique est mise en mouvement et exercée par le Ministère Public. Elle peut aussi être mise en mouvement par une administration ou par la victime, dans les conditions déterminées par la loi* ».

[13] Le procureur ne peut dans une telle situation porter une appréciation autonome.

[14] Article 141 c du CPPC.

dire en d'autres mots que la victime a la possibilité de déclencher l'action publique.

Nous qualifions ce dispositif de lacunaire parce que la loi ne définit pas les critères déterminant le procureur de la République à poursuivre un individu ou à abandonner les poursuites contre cet individu. De même, elle ne définit pas les critères du choix du mode de poursuite. Partant, il y a un risque de nature à remettre en cause l'égalité des citoyens devant la loi. Pire encore, l'article 64 alinéa 1 précité, en requérant l'autorisation du ministre chargé de la justice pour l'arrêt des poursuites, est de nature à compromettre l'indépendance de la justice dans la mesure où le ministre de la justice garde des sceaux est nommé par le Président de la République. Enfin, ce pouvoir n'est pas « toujours » définitif. L'article 64 al 4 du CPPC dispose que : « (4) L'arrêt des poursuites n'empêche pas leur reprise lorsque celles-ci se révèlent nécessaires ». C'est dire que le classement sans suite n'exclut pas la possibilité d'une réouverture du dossier. Mais, à quelles fins ? C'est bien là une porte ouverte à l'arbitraire.

Après avoir décidé en toute liberté de l'opportunité de poursuivre, le Procureur de la République dispose d'une diversité d'actions ; il peut procéder par le biais d'un réquisitoire introductif d'instance, ou par une citation directe. En tout état de cause, l'option d'un procédé dépend de la complexité d'une affaire. Il va de soi que si l'affaire est difficile, elle nécessitera une instruction préparatoire; et si elle est au contraire assez simple, elle peut être directement transmise à la juridiction de jugement. L'instruction est obligatoire en matière de crime et facultative en matière correctionnelle ou contraventionnelle[15]. Pour saisir le juge d'instruction, le ministère public le fait au moyen d'un réquisitoire introductif d'instance[16]. L'article 143 alinéa (1) du CPPC qui dispose que : « sous réserve des dispositions de l'article 157, le Juge d'Instruction ne peut ouvrir une information judiciaire que s'il est saisi par un acte du procureur de la République. (2) L'acte par lequel le procureur de la

[15] Article 142 (1) « *L'information judiciaire est obligatoire en matière de crime, sauf dispositions contraires de la loi.*

[16] Le réquisitoire introductif est, en droit camerounais, une pièce de la procédure pénale par laquelle le ministère public (le parquet) saisit le juge d'instruction. Il s'agit de l'un des moyens pour le procureur d'engager l'action publique, avec notamment la citation directe.

République saisit le Juge d'Instruction s'appelle réquisitoire introductif d'instance »[17].

La citation directe est la saisine directe des juridictions pénales de jugement par la victime d'une infraction pénale. Cette procédure vise à citer à comparaitre le présumé coupable des faits infractionnels[18]. Cette disposition, bien que critiquable dans la mesure où elle n'informe pas sur les modalités de la procédure de citation[19], est partagée par la doctrine pénale qui estime que dans les affaires complexes, l'instruction préparatoire est obligatoire[20].

B- La mise en mouvement par la victime

Pour J. PRADEL, « la victime, en mettant en mouvement son action civile[21], action qui a pour objet la réparation par la juridiction répressive du préjudice causé par l'infraction (allocation de dommages-intérêts), met implicitement mais certainement, l'action publique en mouvement »[22]. C'est dire que la constitution de partie civile entraîne automatiquement la mise en mouvement de l'action publique si le ministère public n'a pas encore déclenché celle-ci. En droit camerounais, la victime dispose de deux procédés pour mettre en mouvement l'action publique : la citation directe ou la plainte avec constitution de partie civile[23]. L'usage de ces procédés n'est pas général. La partie lésée peut

---

[17] Cet acte daté et signé comporte les faits et leur qualification pénale (crime, délit contravention et visa des textes qui les sanctionnent). Il peut être, si au cours de l'instruction, le juge découvre des faits nouveaux susceptibles d'être utiles au procès, suivi par un réquisitoire supplétif. Notons néanmoins, une fois que le parquet a opté de saisir le juge d'instruction ou de saisir directement une juridiction de jugement, ce choix est irrévocable.

[18] Elle est consacrée pour les affaires simples, à l'article 40 alinéa 1 du CPPC dispose que «La citation est une sommation à comparaître devant une juridiction ».

[19] Comment se déroule-t-elle ? Qu'elle est sa durée ? Qui peut engager une telle procédure ?

[20] (F) DESPORTES, (L) LAZERGES-COUSQUER, *Traité de procédure pénale*,, 2012, p. 796, 2ème éd.

[21] Article 61 du CPPC dispose que : *« L'action civile peut être exercée en même temps que l'action publique devant la même juridiction lorsque les deux résultent des mêmes faits. Elle peut aussi être exercée séparément de l'action civile. Dans ce cas, la juridiction saisie de l'action civile sursoit à statuer jusqu'à décision définitive sur l'action publique »*.

[22] (J) PRADEL, *procédure pénale,* Cujas, 2000, n° 567.

[23] Article 157 alinéa 1 du CPPC dispose que : « *Toute personne qui se prétend lésée par un crime ou par un délit peut, en portant plainte, se constituer partie civile devant le*

seulement utiliser en matière de crime, la plainte avec constitution de partie civile ; et en matière de délit, elle peut opter pour les deux procédés[24].

De ce qui précède, la mise en mouvement de l'action publique peut être l'œuvre du ministère public ou de la victime. C'est une procédure préparatoire au procès, au même titre que les enquêtes de police.

Paragraphe II : L'enquête

L'article 116 alinéa 1 du CPPC dispose que «Les officiers de police judiciaire (**OPJ**) et agents de police judiciaire procèdent aux enquêtes préliminaires soit sur leur initiative, soit sur instructions du procureur de la République... ». Dans ce but, les OPJ vont agir différemment selon que l'infraction est flagrante ou pas ; et leurs pouvoirs vont également varier.

A- Les modes d'enquête

Les pouvoirs de coercition sont beaucoup plus étendus lorsque les enquêteurs OPJ agissent dans le cadre de l'enquête de flagrance, que lorsqu'ils agissent dans le cadre d'une enquête préliminaire.

L'enquête de flagrance peut-être définie comme étant « le cadre juridique qui autorise une administration coercitive de la preuve, après qu'a été constaté un crime ou un délit dont la commission est d'une antériorité récente »[25]. C'est dire que le fondement de l'enquête de flagrance est l'urgence qu'il y a à requérir les preuves encore existantes indispensables à la manifestation de la vérité d'une infraction qui vient de se dérouler.

L'article 103 alinéa 1 du CPPC dispose qu' « est qualifié crime ou délit flagrant, le crime ou le délit qui se commet actuellement ou qui vient de se commettre. (2) Il y a aussi crime ou délit flagrant lorsque:

Juge d'Instruction compétent. (2) La plainte avec constitution de partie civile met en mouvement l'action publique ».

[24] Article 157 alinéa 3 du CPPC dispose que : « *La règle édictée à l'alinéa (1) n'est applicable ni aux contraventions, ni aux infractions dont la poursuite est réservée au seul Ministère Public* ».

[25] (S) GUINCHARD ET (J) BUISSON, *procédure pénale*, LexisNexis, 2014, p. 503. 10ème éd.

après la commission de l'infraction, la personne est poursuivie par la clameur publique; dans un temps très voisin de la commission de l'infraction, le suspect est trouvé en possession d'un objet ou présente une trace où indice laissant penser qu'il a participé à la commission du crime ou du délit. Il y a également flagrance lorsqu'une personne requiert le Procureur de la République ou un officier de police judiciaire de constater un crime ou un délit commis dans une maison qu'elle occupe ou dont elle assure la surveillance ». En clair, il y a délit ou flagrance lorsque l'infraction vient de se commettre. À la lecture de ce dispositif, on tire deux conséquences majeures ; la première vise le champ d'application de cette infraction et la seconde, vise l'autorité en charge de l'enquête.

S'agissant du champ d'application, il ne s'applique qu'aux crimes et aux délits. Il faut souligner que l'article 103 du CPPC n'est pas allé aussi loin. En France, le législateur français a non seulement limité la flagrance aux crimes et aux délits ; mais s'agissant de délits, il a retenu uniquement ceux qui sont passibles des peines d'emprisonnement[26]. C'est l'idée que soutien R. GAUZE quand il affirme que « il faut en déduire que ce type d'enquête concerne tous les crimes et leurs tentatives, tous les délits punis d'emprisonnement et leurs tentatives si elles sont légalement réprimées. Sont donc exclus du champ d'application de cette enquête, toutes les contraventions, ainsi que les délits punis d'amende comme l'outrage à personne chargée d'une mission de service public... »[27].

S'agissant des autorités chargées de mener l'enquête de flagrance, le législateur insiste sur la présence d'un OPJ. Aucune critique particulière n'est à relever à ce niveau. On comprend que c'est au regard de leur formation, et de leur soumission au parquet (article 85 alinéa 5 du CPPC) que la loi a retenu cet agent.

L'enquête préliminaire a pour finalité d'obtenir les premiers renseignements sur une infraction, hors les cas ci-dessus, afin de permettre au ministère public de prendre une décision sur l'opportunité des poursuites. Elle est définie en droit camerounais par l'article 116 alinéa 1 du CPPC qui dispose que « Les officiers de police judiciaire et agents de police judiciaire procèdent aux enquêtes préliminaires soit sur leur initiative, soit sur instructions du procureur de la République ». Ainsi définie, il convient de dégager ses caractéristiques essentielles.

---

[26] L'article 56 à 66 du Code de procédure pénale français.

[27] (R) GAUZE, Enquête de flagrance, *Dalloz- Rép. pr. pén*, juin 2001.

L'enquête préliminaire obéit à un certain nombre de caractéristiques qu'il est nécessaire de rappeler. D'abord celle-ci est **conditionnée** à l'assentiment de la personne mise en cause[28]. En d'autres termes, l'OPJ doit obtenir l'acceptation de la personne visée pour exécuter l'enquête. Notons que cette acceptation est irrévocable. C'est-à-dire qu'une fois obtenue elle ne peut être retirée. Ensuite, les articles 92[29] et 93[30] du CPPC laissent apparaître une coercition qu'on pourrait qualifier **d'ordinaire**. Il faut néanmoins rappeler que l'enquête préliminaire ne peut être menée si la saisine du juge d'instruction a déjà eu lieu. Que dire des pouvoirs des enquêtes ?

B- Les pouvoirs des enquêteurs

Deux situations doivent être prises en compte ici : les pouvoirs des OPJ pendant l'enquête préliminaire et les pouvoirs des OPJ pendant l'enquête de flagrance.

S'agissant des pouvoirs des OPJ pendant l'enquête préliminaire, on note qu'il peut entendre toute personne dont les déclarations lui paraissent utiles à la manifestation de la vérité[31]. Si la personne convoquée ne comparaît pas, l'officier de police judiciaire en informera le procureur de la République afin que celui-ci puisse décerner un mandat d'amener contre le suspect[32].

En plus des perquisitions, visites domiciliaires et autres saisies reconnues par la loi, l'officier de police judiciaire peut procéder à la garde à vue, requérir des experts et requérir aussi tout moyen de

---

[28] (S) GUINCHARD et (J) BUISSON, *Procédure pénale,* Litec, 2000, p. 356.

[29] L'article 92 alinéa 2 du CPPC dispose que : « *L'officier de police judiciaire peut : procéder à des perquisitions, visites domiciliaires et saisies dans les conditions prévues aux articles 93 à 100 ; procéder à la garde à vue dans les conditions prévues aux articles 119 et suivants ; requérir tout expert et éventuellement toute personne susceptible de l'assister pendant une opération déterminée; requérir par écrit, avec effet immédiat, tout passage dans tout véhicule ou moyen de transport maritime, ferroviaire, terrestre ou aérien, public ou privé. L'original de la réquisition doit être laissé au transporteur* ».

[30] L'article 93 alinéa 1 du CPPC dispose que : « *Les perquisitions et les saisies sont effectuées par l'officier de police judiciaire muni d'un mandat de perquisition* ».

[31] Article 92 alinéa 1 du CPPC.

[32] Le mandat d'amener est l'ordre donné aux officiers de police judiciaire de conduire immédiatement devant son auteur, la personne y désignée. Dès que le concerné lui est présenté, le signataire du mandat l'auditionne aussitôt et le mandat d'amener cesse de produire ses effets à la fin de l'audition.

transport public ou privé pour l'exercice de ses fonctions[33]. Il peut, d'après la même disposition, sur autorisation écrite du procureur de la République, intercepter, enregistrer ou transcrire des correspondances émises par voie des télécommunications et procéder à des prises de vue dans les lieux privés. Outre ces précisions, d'après l'article 116 du CPPC, les officiers de police peuvent procéder aux enquêtes préliminaires, soit à leur propre initiative, soit sur instruction du procureur de la République.

S'agissant des pouvoirs des OPJ pendant l'enquête de flagrance, ils sont accrus en cas d'enquête pour crime ou délit flagrant, ou de mort suspecte[34]. De manière générale, l'OPJ peut, en cas de crime ou délit flagrant, perquisitionner dans tous les lieux, sauf au cabinet d'un avocat, sans attendre le mandat de perquisition du procureur de la République. Il peut aussi saisir tous les objets ou documents qui ont servi ou devraient servir à la commission de l'infraction ou qui apparaissent comme le produit de ce crime ou délit flagrant ; il peut prendre des mesures de conservation des indices et de tout ce qui peut servir à la manifestation de la vérité.

En définitive, il apparaît clairement que le législateur national a bien encadré les procédures préparatoires au procès pénal. Les dysfonctionnements ou les critiques de ce dispositif tiennent aux inévitables faiblesses humaines qu'aux structures elles-mêmes.

SECTION II :
Les structures juridictionnelles ordinaires

Deux systèmes ont coexisté un laps de temps pendant la période coloniale : celui de l'unité du contentieux dans l'ex-Cameroun méridional et celui de la dualité dans l'ex-République du Cameroun de tradition francophone. La survie du système du contentieux unique dans l'ex-Cameroun méridional sera brève. Dans cette partie jadis sous domination de la Grande-Bretagne, il n'existait pas de dualité des juridictions. Le juge de droit commun était juge de l'administration et en même temps juge des particuliers dans leurs litiges avec

[33] Article 92 alinéa 2 du CPPC.
[34] Articles 104 à 115 du CPPC.

l'administration[35]. En revanche, l'évolution du système de résolution des litiges dans la République du Cameroun autrefois sous administration française se fera largement sous l'inspiration du modèle français de dualité des juridictions de l'ordre judiciaire et des juridictions administratives. C'est ce modèle qui a survécu après les indépendances.

S'agissant spécialement de l'ordre judiciaire, il n'existe pas, en matière pénale, une procédure ou des instances[36] spécifiques aux agents publics[37]. Ceux-ci sont jugés dans les mêmes instances et selon les mêmes règles qu'un citoyen ordinaire[38]. La loi a simplement prévu, comme nous l'avons vu plus haut, des sanctions sévères pour les agents publics auteurs d'une d'infractions pénales. Ceci étant, il faut dire que l'ordre judiciaire ordinaire national est composé des juridictions inférieures (Paragraphe I) et des juridictions supérieures (paragraphe II).

Paragraphe I : Les juridictions ordinaires d'instance

La loi n° 2006/015 du 29 décembre 2006 s'inscrit dans une grande réforme de l'organisation judiciaire amorcée par les ordonnances du 26 août 1972[39] et par la loi n° 89/019 du 29 décembre 1989. La récente loi modifie et complète singulièrement ses devancières. Une vision globale de celle-ci indique deux orientations dans les innovations : la recherche d'une meilleure répartition de compétence d'attribution entre le Tribunal

---

[35] L'article 46 de la Constitution fédérale de 1961 déclarait que, « pour tout ce qui n'est pas contraire aux dispositions de la présente constitution, la législation antérieure des États fédérés reste en vigueur ».

[36] Précisons quand même que pour certains agents publics comme le président de la République, les ministres et autres membres du gouvernement la loi à créer la haute Cour de justice de l'État.

L'article 53 de la Constitution du 18 janvier 1996 dispose que : « la Haute Cour de Justice est compétente pour juger les actes accomplis dans l'exercice de leurs fonctions par : le Président de la République en cas de haute trahison ; Le Premier Ministre, les autres membres du Gouvernement et assimilés, les hauts responsables de l'administration ayant reçu délégation de pouvoirs en application des articles 10 et 12 ci - dessus, en cas de complot contre la sûreté de l'État ».Précisons également qu'il n'existe pas au Cameroun des distinctions comme Tribunal de police, Tribunal correctionnel…

[37] « La loi pénale s'impose à tous ». Article 1 du CPC.

[38] Cette réalité nationale est une garantie crédible à l'égalité des citoyens devant la justice.

[39] L'ordonnance n°72/4 portant organisation judiciaire de la république Unie du Cameroun et l'ordonnance n° 72/7 portant organisation de la haute cour de justice.

de Grande Instance (TGI) et le Tribunal de Première Instance (TPI) (A) et la présentation plus rationnelle des procédures devant les tribunaux d'instance (B).

A- La répartition de la compétence en matière répressive

La loi n° 2006/015 du 29 décembre 2006 maintient la distinction entre le TGI et le TPI[40] en reconnaissant l'autonomie des TGI et en faisant, en ce qui concerne la compétence d'attribution, une différenciation nette entre la compétence en matière répressive, et en matière non répressive. Un effort certain de répartition de compétence apparaît clairement, même si les difficultés ne sont pas complètement résolues.

S'agissant des compétences propres au TPI, la loi n° 2006/015 du 29 décembre 2006 portant organisation judiciaire dit clairement que le tribunal de première instance est la juridiction compétente pour connaitre en matière pénale, entre autres, des infractions qualifiées de délits ou de contraventions. Elle ne connait pas du crime de détournement de la fortune publique[41].

L'article 289 alinéa 1 du CPPC dispose que « Le Tribunal de Première Instance est compétent pour connaître des délits et contraventions tels que définis à l'article 21 (1) b) et c) du Code Pénal ». Il est également « compétent pour statuer de toute sur toutes les exceptions soulevées par les parties à l'exclusion des exceptions préjudicielles »[42]. Une précision doit être apportée à savoir que les compétences sont générales et seules échapperaient les infractions expressément soumises par la loi à un régime particulier. C'est le cas des infractions militaires[43].

S'agissant des compétences propres au TGI, le tribunal de grande instance est compétent pour connaître des crimes et, le cas échéant, des délits et contraventions connexes[44]. Il a une plénitude de juridiction pour juger les accusés renvoyés devant lui[45]. L'article 408 du CPPC dispose

---

[40] Tribunal de grande instance et tribunal de première instance.

[41] Avec toutefois cette précision que s'agissant des infractions constitutives d'atteintes à la fortune publique, cette juridiction ne peut connaître que des délits de corruption et autres infractions assimilées, tel que prévu par le Code pénal.

[42] Article 296 et suivant du CPPC.

[43] L'article 5 de l'ordonnance n° 72/5 du 26 août 1972

[44] Article 407 du CPPC.

[45] Article 407 alinéa 2 du CPPC.

que « les règles de compétence territoriale du Tribunal de Grande Instance sont celles fixées à l'article 294 du présent Code ». C'est-à-dire que c'est celle du lieu de commission de l'infraction, du lieu du domicile et du lieu de l'arrestation du prévenu. Notons que dans les zones reculées ou les zones rurales, ce sont les mêmes juges qui assurent le service des audiences civiles, pénales et administratives. Cela pose le problème non seulement de la spécialisation mais aussi celui du manque de personnel chargé d'animer les juridictions.

B- La procédure devant les juridictions d'instance

La lecture des dispositions de la loi n° 2006/015 pré citée nous amène à opérer une distinction entre la procédure devant les TPI et celle devant le TGI. La loi de 2006 dispose clairement que le tribunal de première instance est saisi des infractions de sa compétence soit par le renvoi qui lui est fait par la juridiction d'instruction, soit par la citation délivrée directement au prévenu et à la personne civilement responsable de l'infraction[46]. De manière générale, l'audience devant cette instance est publique et si le tribunal estime que le fait constitue une contravention, il prononce la peine et statue s'il y a lieu sur l'action civile. S'il estime au contraire que le fait constitue un crime, il se déclare incompétent. S'il estime enfin que les faits ne constituent pas une infraction ou que le fait n'est pas établi, ou qu'il n'est pas imputable au prévenu, il renvoie celui-ci des fins de la poursuite[47].

Selon l'article 410 du CPPC, le TGI est saisi des infractions de sa compétence soit par la citation directe, soit par l'ordonnance de renvoi du Juge d'Instruction ou l'arrêt de renvoi de la Chambre de Contrôle de l'Instruction.

L'article 420 du CPPC dispose que « La procédure devant le Tribunal de Grande Instance est celle suivie devant le Tribunal de Première Instance telle que définie aux articles 307 à 389 ». Toutefois, lorsqu'à raison d'un crime, plusieurs ordonnances de renvoi ont été rendues contre différents accusés, le Tribunal peut, soit d'office, soit sur réquisitions du Ministère Public, par jugement avant-dire-droit, ordonner la jonction des procédures[48]. La jonction peut être également ordonnée

---

[46] Article 385 du CPPC.

[47] Article 307 et suivants du CPP.

[48] Dans le droit procédural, lorsqu'il y a intérêt à ce que deux affaires puissent faire l'objet d'un seul et même jugement et qu'il existe un lien suffisant entre elles, la

quand plusieurs ordonnances de renvoi ont été rendues contre un même accusé pour des infractions différentes.

En définitive, il apparaît, et ceci en dépit des multiples critiques et aléas qui ont pu être descellés, que le législateur a bel et bien prévu des structures d'instance pour poursuivre tout citoyen, sans distinction, qui se rend coupable d'une infraction pénale. Il a également prévu des juridictions supérieures afin de garantir le double degré de juridiction qui est un élément essentiel d'une bonne administration de la justice et donc de l'État de droit.

Paragraphe II : Les juridictions supérieures

Au Cameroun, il existe deux juridictions ordinaires supérieures à savoir : la Cour d'appel et la Cour suprême. Compte tenu de l'ampleur de la réforme de 2006, seule la Cour suprême sera abordée dans le cadre de ce travail.

L'Ordonnance n° 57-86 du 17 décembre 1959, en son article 35, crée la Cour suprême du Cameroun français en remplacement de la Cour de cassation française qui jouait le rôle de juridiction suprême. Plus tard, la naissance de l'État fédéral en 1961 va transformer la Cour suprême en Cour fédérale de justice[49]. En 1972, le passage du Cameroun de l'État fédéral à l'État unitaire va entrainer le retour de la Cour suprême.

Deux textes de loi vont ainsi intervenir pour définir le régime juridique général de la haute juridiction ; il s'agit de l'ordonnance n° 72-6 du 26 août 1972 organisant la Cour suprême et la loi n° 75-16 du 08 décembre 1975 fixant la procédure et le fonctionnement devant la Cour suprême. Dans sa version de 72, la Cour suprême était à la fois juge suprême dans l'ordre judiciaire et juridiction administrative d'un genre particulier[50]. Car, il y avait, d'une part, une chambre administrative juge d'instance et une assemblée plénière juge d'appel au sein d'une même juridiction ; et d'autre part, il n'existe pas, non seulement, de mécanisme

---

juridiction peut, soit à la demande des parties, soit d'office, ordonner la « *jonction* » des instances dont elle est saisie.

[49] La loi constitutionnelle du 1 septembre 1961. Les la loi n°65/LF/29 du 29 novembre 1965 et du 14 juin 1969 vont façonner le visage de cette instance.

[50] Cf. : ordonnance n° 72/6 du 26 août 1972 fixant l'organisation de la Cour suprême, modifiée par les lois n°75/16 du 8 décembre 1975 et n° 76/68 du 14 décembre 1976.

de règlement des litiges[51], mais aussi, de spécialisation des juges. Ceux-ci expliquent la réforme de cette juridiction en 2006[52].

On s'attendait, qu'une réforme en profondeur vienne évacuer les multiples interrogations liées à l'organisation et au fonctionnement de cette juridiction. Mais, au lieu de cela, c'est plutôt à la loi n°2006/016 du 29 décembre 2006 fixant l'organisation et le fonctionnement de la Cour suprême que l'on a eu droit. À la lecture de l'exposé des motifs du projet de loi, on peut y voir qu'il : redéfinit et précise la nomenclature des structures internes de la Cour suprême, leur organisation, tout en déterminant les responsables chargés de les animer ; définit les compétences des chambres de la haute juridiction, leur mode de saisine ainsi que les procédures applicables devant elles ; détermine les différentes formations des structures internes de la Cour suprême, ainsi que les matières qui ressortissent à leurs compétences ; précise les cas d'ouverture à pourvoi ; aligne l'année judiciaire sur l'année civile. C'est dire que ladite loi a tenu à assurer une « cohérence du fonctionnement de la haute juridiction avec les juridictions inférieures » de tous les ordres mais aussi des structures internes que sont les chambres[53]. Jamais, avant l'intervention de cette loi, l'institution n'avait connu pareil changement. Son organisation (A) et son fonctionnement (B) ont été revus afin de garantir une justice de qualité aux citoyens et plus loin, poursuivre l'édification d'un véritable État de droit.

A- L'organisation de la Cour suprême

L'article 38 de la constitution du 18 janvier 1996 dispose que : « (1) la Cour suprême est la plus haute juridiction de l'État en matière judiciaire, administrative et de jugement des comptes.(2) Elle comprend : **une chambre judiciaire** ; une chambre administrative ; une chambre des comptes... ». Cette disposition nous paraît fort intéressante dans la mesure où elle permet à la Cour d'exercer un rôle unificateur de la jurisprudence en examinant la conformité des jugements et arrêts à la loi. Aujourd'hui, la Cour suprême présente un double visage ; sa

---

[51] L'article 2 de la loi n°61-12 du 20 juin 1961 disposait que « *elle assure le respect de la compétence de celui-ci par les autres juridictions* ».

[52] Loi n°2006/016 du 29 décembre 2006 fixant l'organisation et le fonctionnement de la Cour suprême.

[53] Exposé des motifs de la loi n°2006/016 du 29 décembre 2006.

substance juridique oscille entre une nouvelle composition (1) et une nouvelle architecture (2).

1- Composition de la Cour suprême

L'article 4 de la loi n°2006/016 du 29 décembre 2006 fixe la composition de la Cour suprême[54]. Ce qui est frappant dans cette disposition est la création de nouveaux postes et fonctions; mais également la qualité des membres.

S'agissant des nouveaux postes et fonctions, il faut observer, contrairement à la rédaction de l'Ordonnance n° 72-06 du 26 août 1972[55], qu'on note deux innovations au siège ; d'une part l'instauration du poste de Premier Président de la Cour et la suppression du poste de Conseillers titulaires ou suppléants[56], et d'autre part, la création du poste de Greffier en chef. À notre avis, ces innovations participent de la balkanisation de la Cour suprême qui a pour conséquence la fragmentation du contentieux. En d'autres termes, le législateur a cherché à assurer une certaine harmonie et une cohérence dans le travail de cette juridiction. L'innovation majeure au parquet est la suppression du poste de Substituts du Procureur Général par celui d'Avocats généraux.

S'agissant de la qualité des membres, il faut noter, et ceci toujours en comparaison avec l'Ordonnance n° 72-06 du 26 août 1972[57], que les nouveaux magistrats sont désormais régis par le statut général de la magistrature. Cela, à notre avis, pose le problème de la spécialisation des magistrats. Comment comprendre que dans une institution spécialisée les mêmes juges, généralement de formation privatiste, siègent sur d'autres domaines ? Pire encore, l'article 26 alinéa 1 de la même loi

[54] « *La Cour suprême est composée : a) au siège : d'un Premier Président, Président de la Cour Suprême; de Présidents de Chambre; de Conseillers; de Conseillers Maîtres ; de Conseillers Référendaires ; du Greffier en Chef de la Cour Suprême; de Greffiers en Chef de Chambre; de Greffiers; b) au parquet général : d'un Procureur Général; d'un Premier Avocat Général; d'Avocats Généraux* ».

[55] La Cour suprême était composée : d'un président ; des présidents de Chambre ; des Conseillers titulaires ou suppléants ; d'un Procureur Général ; des Substituts du Procureur Général ; d'un Greffier en chef et des greffiers.

[56] Les juges officiants à la Cour suprême sont désormais soit Conseillers, soit Conseillers Maîtres, soit Conseillers référendaires.

[57] L'article 2 alinéa 2 dispose que : « *Sous réserve des dispositions relatives à la composition de ladite Cour en matière administrative, toute affaire soumise à la Cour est jugée par trois magistrats membres de la Cour* ».

dispose que « les Conseillers à la Cour suprême sont répartis dans les chambres par ordonnance du Premier Président, après avis du Bureau. Toutefois, en cas de nécessité, un Conseillers d'une Chambre peut être désigné pour compléter une autre Chambre ». C'est dire que le premier président peut basculer un conseiller d'une chambre à une autre. Observons que si ce pouvoir accordé au premier président de changer de chambre aux conseillers a pour but de pallier au manque du personnel, il n'est pas pour autant un gage absolu d'efficacité. L'article 5 alinéa 2 de la même loi dispose que : « toutefois, pour les besoins du service, peuvent être nommés Conseillers ou Avocats Généraux en service extraordinaire à la Cour Suprême, en matière administrative ou des comptes: a) les professeurs de rang magistral en droit ou en économie des Universités ayant exercé comme enseignants pendant au moins 15 années consécutives ; b) les Avocats inscrits au Barreau du Cameroun et ayant exercé leurs fonctions pendant au moins 20 années consécutives; c) les fonctionnaires de la catégorie A, et les cadres contractuels d'administration titulaires d'une maîtrise en droit ayant exercé leurs fonctions pendant au moins vingt (20) années consécutives ». Cette disposition nous paraît dangereuse. Car, elle n'informe pas sur la durée de la présence de ce personnel extraordinaire dans la Cour suprême, elle reste également muette sur leur statut[58].

2- Les structures de la Cour suprême

La Cour suprême comprend : « une Chambre Judiciaire ; une Chambre Administrative ; une Chambre des comptes ; une formation des Chambres Réunies ; une Assemblée Générale ; un Bureau ; un Secrétariat Général ; un Greffe. » ; chaque Chambre comprend : « des Sections ; une formation des Sections réunies. »[59]. C'est dire, à la différence du personnel que cette institution est spécialisée.

S'agissant de la chambre judiciaire elle est composée de : « d'un président ; de conseillers ; d'un ou plusieurs Avocats généraux ; d'un Greffier en chef ; et de greffiers »[60]. L'article 37 de la même loi pose d'ailleurs les compétences de cette chambre. À la lecture de cette disposition on remarque qu'elle est composée de 5 sections et que chaque section connaît des appels et des pourvois en cassation relatifs

---

[58] Seront-ils rattachés au statut général de la magistrature ? Resteront-ils soumis aux règles qui déterminent le fonctionnement et l'organisation de leur profession ?...

[59] Article 7 de la loi de 2006.

[60] Article 12 de la loi de 2006.

aux matières qui relèvent de sa compétence. Cette option du législateur est à saluer dans la mesure où il aurait été incongru voire saugrenu que la section civile statue en matière traditionnelle. Notons que la loi n° 2006/016, apporte des précisions sur la composition des formations de travail. « Chaque Section est composée : d'un président ; de deux conseillers au moins et d'un ou plusieurs Avocats généraux »[61]. Dans tous les cas, la formation de jugement des sections est toujours impaire[62]. La loi du 21 avril 2006 apporte d'autres détails sur la composition des formations au sein de la Chambre des comptes ; laquelle diffère de celle des Formations Réunies.

S'agissant des Formations Réunies, elles ont été instituées par le législateur au sein de la haute Cour. Il s'agit de la formation des Chambres Réunies et de la formation des Sections Réunies. À quoi servent réellement ces formations ? L'article 15 de la loi de 2006 énonce que : « la formation des Chambres Réunies est composée : du Premier Président ; des Présidents de Chambres ; des Présidents de Sections. Toutefois, compte tenu de la nature de l'affaire, le Premier Président peut, par ordonnance, désigner un ou plusieurs Conseillers pour siéger au sein de cette formation ». La formation de jugement des Chambres Réunies est toujours impaire. Cette formation est présidée par le Premier Président ou, en cas d'empêchement, par le Président de Chambre le plus ancien dans le grade le plus élevé[63]. « Elle ne peut siéger que si tous les membres qui la composent sont présents »[64].

L'article 41 de la loi de 2006 dispose que : « (1) La formation des chambres Réunies connaît: des règlements de juges; de l'action en récusation d'un membre de la Cour Suprême ou d'un Président de Cour d'Appel; des procédures portant sur des questions de principe s'il y a risque de solutions -divergentes, soit entre les juges du fond, soit entre les Chambres; des demandes de renvoi d'une juridiction à l'autre pour cause de suspicion légitime ou de sûreté publique; de toute autre affaire prévue par un texte particulier.(2) a) La formation des sections réunies connaît des affaires renvoyées devant elle, soit par ordonnance du Premier Président, soit par arrêt d'une section...». L'on ne peut, à la lecture de ce qui précède, réfuter que la présence d'une telle formation était nécessaire. Car, il existe des questions qui sont d'une délicatesse et

---

[61] Article 11 de la loi de 2006.

[62] Article 11 alinéa 2 de la même loi.

[63] Article 16 de la même loi.

[64] Article 17 de la même loi.

d'un certain intérêt qu'une bonne solution ne peut venir que d'une formation rassemblant le maximum d'expérience pour y apporter la solution.

La formation des Chambres Réunies permet de mettre fin aux divergences de solutions face à une question donnée. Elle permet d'éviter des solutions contradictoires et contribue à assurer l'unité d'interprétation du droit. C'est pourquoi, « les décisions de la Cour suprême statuant en Chambres Réunies s'imposent aux juridictions inférieures sur tous les points de droit tranchés ». Qu'en est-il des Sections Réunies ?

L'article 71 de la loi de 2006 détermine la valeur juridique des arrêts de la formation des sections réunies[65]. À l'analyse, on pourrait se poser la question de savoir : est-ce que ces décisions ne devraient-elles pas s'imposer à chacune des sections prises individuellement ? La loi est muette à ce niveau. Mais, l'on verrait très mal une Section statuer dans un sens contraire à une décision des Sections Réunies. Ce serait se désavouer elle-même puisqu'elle fait partie des Sections Réunies.

S'agissant enfin de l'assemblée générale, il faut dire que c'est un organe consultatif de la Cour suprême. La présence, de cet organe a un intérêt certain. Le F. ANOUKAHA, estime à cet effet qu'au-delà de son rôle consultatif, « l'Assemblée générale peut être un cadre d'échange et d'enrichissement mutuels pour les membres appartenant à une même juridiction. Elle peut permettre à certains conseillers de sortir de l'isolement des dossiers surtout dans les cas où la collégialité n'est pas de mise»[66].

B- Structure matérielle de la Cour suprême

La protection juridictionnelle des particuliers ne peut s'opérer que dans le respect d'un certain nombre de règles et formalités. En général, la procédure s'entend comme l'ensemble des règles d'organisation d'une juridiction, de compétence, d'instruction des procès, d'exécution des décisions de justice. En réformant l'institution, le législateur camerounais n'a pas éludé cet aspect. Ainsi, la loi de 1975 et l'ordonnance n°72 /6 précitées ont été remplacées par celles de 2006/022 et 2006/016. Ce qui traduit tout le dynamisme de la politique

---

[65] « *Les décisions de la Chambre judiciaire statuant en Sections réunies s'imposent aux juridictions inférieures en matière judiciaire, sur tous les points de droit tranchés* ».

[66] Observations (F) ANOUKAHA, *périodique* n° 26. pp. 45-47.

processuelle du pays. Deux innovations majeures sont perceptibles dans la nouvelle loi : l'accès des justiciables à la Cour suprême et les conditions du traitement des affaires.

La nouvelle loi a non seulement simplifié la forme des pourvois mais a aussi précisé les cas d'ouverture à cassation.

S'agissant de la forme des pourvois, l'article 42 de la loi de 2006 dispose que : « en matière judiciaire, le pourvoi est formé, à peine d'irrecevabilité, par déclaration au Greffe de la juridiction dont émane la décision ». C'est dire que la déclaration serait désormais l'unique forme du pourvoi devant la Cour suprême. L'article 43 de la même loi ajoute qu' « elle est faite, soit par le demandeur en personne ou par son conseil (avocat), soit par un mandataire muni d'une procuration spéciale dûment légalisée ». Cela n'a pas toujours été ainsi. En effet, la loi n° 89/018 du 28 juillet 1989 portant modification de la loi n° 75-16 du 08 décembre 1975 précitée en son article 6 conditionnait le pourvoi à trois formes : la requête, la déclaration et la lettre. Il apparait donc clairement que la nouvelle loi a simplifié la procédure de pourvoi [67]. Néanmoins, l'institution de la déclaration comme unique forme du pourvoi suscite deux interrogations majeures.

La première est celle de savoir s'il est possible d'imaginer une déclaration par téléphone qui est bien sûr une forme d'oralité mais sans présence physique du déclarant. En matière judiciaire, la réponse paraît être négative puisque, suivant la jurisprudence, « (...) le pourvoi fait sans comparution personnelle du déclarant au greffe de la juridiction doit être déclaré irrecevable comme ne répondant pas aux formes prescrites par la loi» ; à moins que le coup de fil ne soit consolidé dans le délai de prescription par une déclaration en personne[68].

---

[67] Notons que la loi n° 2005-007 du 27 juillet 2005 portant CPPC prévoit plusieurs formes de pourvoi. L'article 480 (1) dispose que : « *le pourvoi est formé, à peine d'irrecevabilité, par la partie intéressée, soit en personne, soit par son conseil, soit par un mandataire muni d'une procuration dûment légalisée. Il est fait par déclaration au greffe de la Cour suprême ou de la Cour d'appel qui a statué, par télégramme avec récépissé, par lettre recommandée avec accusé de réception ou par tout autre moyen laissant trace écrite et ayant date certaine. Il est adressé au Greffier en chef de l'une de ces juridictions* ».

[68] L'article 43 (2), « *la déclaration est signée par le greffier et le demandeur ou son représentant. Si le déclarant ne peut signer, il appose son empreinte digitale sur la déclaration ; et s'il ne peut signer ni apposer son empreinte digitale, mention en est faite par le greffier sur cette déclaration* ».

La deuxième quant à elle est de se demander si les déclarations faites par une personne autre que le demandeur et non munie d'une procuration spéciale dûment légalisée sont-elles recevables ? La haute juridiction nationale a eu à trancher la question. Elle estime que « le défaut de pouvoir spécial, s'il n'est assorti d'aucune sanction prévue par la loi, constitue néanmoins une formalité substantielle dont l'inobservation entraîne la nullité de la déclaration de pourvoi »[69].

S'agissant des cas d'ouverture, on note que le pourvoi en cassation est une voie de recours extraordinaire. Il s'inscrit dans le souci d'assurer une interprétation harmonisée du droit. La Cour suprême assure par cette voie une certaine unité de la jurisprudence et un certain contrôle sur les juges de fonds. C'est donc compte tenu de l'importance de cette voie de recours que ses contours doivent être préalablement et rigoureusement définis.

La loi n° 2006/016 apporte une meilleure précision sur les moyens de cassation. En effet l'article 35 alinéa 1 dispose que les cas d'ouverture à pourvoi sont : « l'incompétence, la dénaturation des faits de la cause ou des pièces de la procédure, le défaut, la contradiction ou l'insuffisance de motifs, le vice de forme[70], la violation de la loi, la non réponse aux conclusions des parties ou aux réquisitions du Ministère Public, le détournement de pouvoir, la violation d'un principe général de droit, le non-respect de la jurisprudence de la Cour Suprême ayant statué en Sections Réunies d'une Chambre ou en Chambres Réunies ».

La loi n°2006/016 a innové, en ce sens qu'elle a accéléré le traitement des dossiers ; à travers la mise en place d'un mécanisme de filtration et la possibilité de cassation sans renvoi.

S'agissant de la mise en place d'un mécanisme de filtrage des recours, l'article 58 de la loi de 2006 précité dispose que : «.... Lorsque le pourvoi apparaît suffisamment fondé, la Cour rend un arrêt

---

[69] Précisons toutefois que cette position de la Cour n'est pas celle du législateur qui estime en effet que « *cette déclaration est valable à condition que le demandeur, par la suite, régularise lui-même son recours, notamment en constituant avocat, ou en introduisant une demande d'assistance judiciaire dans les délais prévus par l'article 46 (1)* ».

[70] La nouvelle loi ajoute à ce niveau « … *Sous réserve des dispositions de l'article 470 (1) du code de procédure pénale, lorsque la décision attaquée n'a pas été rendue par le nombre de juges prescrit par la loi ou l'a été par des juges qui n'ont pas siégé à toutes les audiences; lorsque la parole n'a pas été donnée au Ministère Public ou que celui-ci n'a pas été représenté; lorsque la règle relative à la publicité de l'audience, sous réserve des exceptions prévues par la loi, n'a pas été observée...* ».

d'admission de pourvoi non motivé. Lorsque le pourvoi apparaît manifestement mal fondé, la Cour rend un arrêt de rejet motivé. La Cour peut également, suivant le cas, déclarer le pourvoi irrecevable ou le demandeur déchu de son recours. ... »[71]. Notons que cette disposition, bien que consacrant les audiences d'examen du pourvoi ou alors bien que cherchant à améliorer les pourvois en cassation[72], soulève quand même une interrogation majeure ; peut-on imaginer un arrêt de rejet ou d'admission sans motivation ? Cette interrogation est d'une grande importance dans un contexte comme celui du Cameroun, marqué par l'intrusion du politique dans la sphère judiciaire. À notre avis, le législateur aurait pu imposer l'obligation de motivation à la haute Cour pour éviter tout dérapage[73]. Que dire de la cassation sans renvoi ?

S'agissant de la « cassation sans renvoi », on remarque que jadis, la haute juridiction statuait toujours par un arrêt motivé. Le processus pouvait avoir deux facettes. Dans un Premier cas, la Cour pouvait estimer que les juridictions d'appel avaient correctement appliqué la loi ; dans ce cas elle rejetait le pourvoi et la décision conservait l'autorité de la chose jugée. Dans un second cas, la Cour pouvait estimer que le pourvoi était fondé. Dans ce cas elle rendait un arrêt de cassation, annulant la décision attaquée et renvoyant l'affaire devant une autre juridiction du même degré que celle ayant rendu la décision cassée.

Observons que le scénario pouvait se compliquer dans cette deuxième hypothèse. En effet, la juridiction de renvoi, n'étant pas liée par la décision de la haute Cour, pouvait valider ou invalider la décision de cassation. Dans ce cas, il y avait un risque de conflit entre la haute juridiction et les juridictions de renvoi[74]. C'est donc dans l'optique de corriger les lacunes du passé que la loi de 2006 précitée, confère à la haute juridiction le pouvoir d'évocation, qui lui permet le cas échéant de

[71] Il s'agit de l'instauration des audiences d'examen du pourvoi.

[72] Jadis la haute juridiction se caractérisait par un encombrement excessif, du aux délais de traitement des dossiers, au manque de personnels, à l'éloignement géographique…

[73] Certains auteurs estiment que ce mécanisme permet d'écarter les recours fantaisistes et par voie de conséquence permet de gagner du temps. (R) NJEUFACK TEMGWA, Le droit d'évocation reconnu aux juridictions de cassation statuant en matière civile : le cas de la Cour suprême du Cameroun, *Civil Procedure Review*, sep./dec., 2010, pp. 3-27, v.1, n.3.

[74] Dans la plus grande partie des cas, cette situation avait pour conséquence immédiate d'allonger les délais de la procédure.

casser sans renvoyer l'examen de la cause à une Cour d'appel[75]. À notre avis, une telle disposition est une reculade dans la construction de l'État de droit car, elle remet en cause un des grands principes du droit processuel à savoir « cassation-renvoi »[76].

Une partie de la doctrine estime que le renvoi n'a pas disparu car l'article 137 de la loi de 2006 dispose que « en cas de cassation, la Cour suprême annule la décision frappée de pourvoi, évoque et statue si l'affaire est en état d'être jugée au fond ». C'est dire que la haute juridiction qui a cassé l'affaire pourra la juger au fond. Il se dégage là un certain nombre d'interrogations essentielles à savoir : la haute juridiction peut-elle être crédible et objective dans son jugement au fond après une cassation ? À notre avis, la réponse à cette question est négative, car ce serait se dédire si la Cour, après avoir annulé une décision, estimait qu'en réalité cette dernière était fondée. Notons quand même qu'une telle situation est envisageable si des faits nouveaux apparaissent dans le dossier.

La haute juridiction est-elle devenue un troisième degré de juridiction ? Précisons ici, et ceci contrairement à une partie de la doctrine[77], que la réponse nous semble affirmative. Dans la mesure où la haute Cour, dans cette hypothèse, possède les attributions d'une juridiction inférieure. Notons quand même que, même si la haute juridiction a des compétences énormes dans ce cas, son pouvoir d'évocation n'est pas absolu ; il connait des restrictions. Ces restrictions tiennent au fait qu'il obéit aux principes qui établissent l'office du juge de cassation.

---

[75] L'article 67 (2) dispose que : « *lorsque la Chambre casse et annule la décision qui lui est déférée, elle évoque et statue si l'affaire est en état d'être jugée au fond.* ».

L'article 137 (1) renchérit : « *en cas de cassation, la Cour suprême annule la décision frappée de pourvoi, évoque et statue si l'affaire est en état d'être jugée au fond* ».

[76] Peut-on renvoyer une affaire devant la même juridiction ? Comment les juges qui ont annulé une décision peuvent-ils en toute impartialité se dédire plus tard ?

[77] Pour (R) NJEUFACK « *les règles qui gouvernent le sort de la décision querellée devant le juge de cassation ne connaissent aucune évolution. Le pourvoi n'est pas suspensif d'exécution et n'a pas d'effet dévolutif. Ce qui est déféré à la Cour suprême, c'est seulement la solution du procès, contenu dans le dispositif, et non le procès lui-même. Ainsi, la Cour suprême ne peut pas instruire le fond de l'affaire. Il faut qu'elle accepte le fait tel qu'il résulte des énonciations du jugement querellé*». (R) NJEUFACK TEMGWA, Le droit d'évocation reconnu aux juridictions de cassation statuant en matière civile : le cas de la Cour suprême du Cameroun, *Civil Procedure Review*, sep./dec., 2010, pp. 3-27, v.1, n.3.

Nos développements ci-dessus portaient sur les juridictions ordinaires. Au terme de notre analyse, il apparait que le législateur a prévu des instances capables de préserver l'ordre public et l'État de droit à travers la répression de tout citoyen, en l'espèce agent public, qui se rend coupable d'une infraction pénale. Précisons que ces structures « ordinaires » statuent selon les règles générales sur toutes les infractions. D'où l'option fort appréciable du législateur, face à la montée en puissance de certains comportements dangereux tels que la corruption, le détournement de fond public, le terrorisme..., de créer des structures spécifiques ou spécialisées capables de lutter ou d'endiguer ces infractions ou agissements (chapitre II).

CHAPITRE II :

LA MISE EN ŒUVRE DE LA RESPONSABILITÉ PÉNALE DES AGENTS PUBLICS DEVANT LES JURIDICTIONS SPÉCIALISÉES

Les juridictions spécialisées sont des instances dont un texte spécial prévoit la répartition des compétences. Leur rayon d'action est généralement moins large ou limité. Au Cameroun, il existe plusieurs juridictions spécialisées [1] . Certaines ont un domaine d'action qui s'apprécie par rapport aux personnes susceptibles d'y être jugées : c'est le cas du Tribunal militaire ou de la haute cour de justice... D'autres ont un rayon d'action lié au montant ou à une infraction précise ; c'est le cas du tribunal criminel spécial (TCS) qui est, selon la loi n°2012/011 du 16 juillet 2012 modifiant et complétant certaines dispositions de la loi n° 2011/028 du 14 décembre 2011 portant création d'un tribunal criminel spécial, « compétant pour connaître, lorsque le préjudice est d'un montant minimum de cinquante millions (50 000 000) de francs CFA, des infractions de détournement de biens publics et des infractions connexes prévues par le Code pénal et les conventions internationales ratifiées par le Cameroun »[2]. Dans le cadre de cet ouvrage, seuls seront étudiés le tribunal criminel spécial (Section I), la Cour des comptes et le Tribunal militaire (Section II).

---

[1] Au Cameroun il existe des juridictions spécialisées telles que la haute Cour de justice, la chambre des comptes, le tribunal criminel spécial… à noter que la spécialisation s'apprécie par une restrictions qui peut porter soit sur les personnes, soit sur les biens ou matières…

[2] Article 2 de la loi précitée.

SECTION I :
Le tribunal criminel spécial

L'efficacité a toujours été un impératif majeur de la justice répressive. Cette efficacité est souvent appréciée à travers la forte probabilité d'être pris et sanctionnés, pour tous les agents publics qui seraient susceptibles de commettre des infractions[3]. Or, l'architecture jadis instituée a montré des failles pour lutter efficacement contre la corruption et les infractions voisines. D'où l'urgence de créer un tribunal qui pourra pallier les lacunes du passé. Cette institution était non seulement nécessaire, mais aussi, sa composition et sa compétence devaient apporter une certaine efficacité dans le traitement des dossiers.

Paragraphe I : Composition et compétence du TCS

La mise en cause des agents publics pour des faits de malversations constitue depuis deux décennies l'un des traits marquants de l'actualité camerounaise[4]. Face à l'ampleur de la corruption et/ou de l'impunité généralisée des agents publics[5], les pouvoirs publics ont créé une institution qui, en raison de son importance, s'est dotée d'une composition particulière afin de répondre efficacement à ces multiples dérives.

A- La composition du TCS

En instituant le TCS, la loi du 14 décembre 2011 n'a véritablement pas innové. Pareille institution existait déjà au lendemain des indépendances[6]. De plus, cette institution n'est pas une originalité

---

[3] (M) SANDA OUMAROU, « Avancée et reculades *», in les cahiers de mutations*, janvier 2008, Vol. 049, p. 16. Sur ce divorce.

[4] Voir la grande campagne judiciaire lancée par le Premier ministre (E) INONI en 2004 sous le nom d'opération *« épervier »*.

[5] L'ONG Transparency International classait le Cameroun comme 40e pays le plus corrompu à l'échelle mondiale et deuxième sur le plan africain. «*Une manière de dire que la corruption reste la marque de fabrique du système camerounais*», indique le quotidien Émergence du 29 décembre 2015.

[6] Loi n° 62/10 du 09 novembre 1962 portant répression des infractions relatives à la fortune publique, laquelle institue également en son article 5, un tribunal criminel spécial pour punir, de travaux forcés à perpétuité, *« quiconque, même percepteur*

camerounaise. En Espagne par exemple, la Cour nationale (audiencia national) créée en 1997 connait des infractions relatives aux fausses monnaies, des fraudes et machinations faites pour altérer le prix des choses, s'il en résulte un gros préjudice pour l'économie nationale[7]. En Afrique du sud, 56 tribunaux spéciaux ont été créés à la veille de la coupe du monde de 2010, que le pays organisait, pour connaître des crimes et délits liés à l'organisation et au déroulement de ladite compétition[8].

Au Cameroun, cette institution a vu le jour avec l'ampleur des infractions financières. Pour S. H. NNANGA : « infractions financières sont sans nul doute des fléaux qui minent plus les finances des États africains » [9]. Les atteintes à la fortune publique freinent le développement social et économique et accroissent la pauvreté car elles détournent les investissements nationaux et étrangers des secteurs où ils sont le plus nécessaires[10]. À l'occasion du Conseil ministériel du 12 septembre 2007, le président de la République Paul Biya insistait sur le fait que « c'est la corruption qui, pour une large part, compromet la réussite de nos efforts. C'est elle qui pervertit la morale publique. Chacun... doit se sentir responsable de ce combat dans son domaine de compétence. Le détournement de l'argent public, quelle qu'en soit la forme, est un crime contre le peuple qui se voit privé de ressources qui lui reviennent. Il doit donc être sanctionné avec la plus grande sévérité »[11].

À la lecture de l'article 4 de la loi du 14 décembre 2011 portant création du tribunal criminel spécial, on peut lire que « le Tribunal est composé : **au siège**, d'un président, d'un ou plusieurs vice-présidents, d'un ou plusieurs conseillers, d'un ou de plusieurs juges

---

commis à une perception, dépositaire ou comptable public, aura, par quelque moyen ou artifice que ce soit, détourné ou escroqué ou recelé des deniers publics » voir également, (F.-X.) MBOUYOM, op cit, pp. 16-19. C'est ce texte qui recevra application jusqu'à l'entrée en vigueur en 1967 du Livre II du Code pénal qui instituera un article 184 qui sert aujourd'hui, à titre principal, de base à la répression des atteintes à la fortune publique au Cameroun.

7 Article 65 de la loi organique sur le pouvoir judiciaire espagnol. Lire également les articles 704 et 706-75-1 CPP espagnol.

8 Voir, le journal Cameroon Tribune du 20 décembre 2011, p.6.

9 (S. H.) NNANGA, « La protection juridictionnelle des finances publiques africaines », RASJ, n°1, vol.6, 2009, p. 227

10 Ibid., p. 214.

11 Communication spéciale de S.E. Paul BIYA, Président de la République du Cameroun, à l'occasion du Conseil Ministériel du 12 septembre 2007.

d'instruction ;**au parquet**, d'un procureur général, d'un ou de plusieurs avocats généraux, d'un ou de plusieurs substituts généraux ». À l'observation, on constate une réelle innovation par rapport à l'institution de 1961. La nouvelle juridiction est autonome en ce sens qu'elle n'est pas constituée d'un personnel d'emprunt comme sa devancière[12].

La loi de 1961 disposait que : « en attendant la désignation des magistrats de la chambre des comptes de la Cour suprême et l'installation de cette haute juridiction, le président du tribunal criminel spécial sera désigné parmi les magistrats du siège de la Cour suprême, du tribunal d'État ou de la cour d'appel de Yaoundé, par décret pris sur la proposition du Conseil supérieur de la Magistrature. Les deux membres du tribunal criminel spécial seront choisis dans les mêmes formes, l'un parmi les magistrats du siège de la Cour suprême ou d'une cour d'appel, l'autre, après avis des ministres intéressés, parmi les membres de l'inspection de finances, les directeurs du ministère des Finances, le directeur du trésor ou le trésorier central de Yaoundé ». Si ce dispositif peu crédible se justifiait par la nécessité de rassembler les personnes à même de traiter des affaires très complexes, il était tout aussi aisé de croire que l'immixtion dans un organe judiciaire de membres appartenant à l'appareil politique et administratif était de nature à compromettre le fonctionnement et la crédibilité de cet organe.

La nouvelle loi, dans son article 7 alinéa 3 dispose à cet effet qu'un corps spécialisé d'officiers de police judiciaire placé sous l'autorité du Procureur général est chargé de diligenter les enquêtes en cette matière et d'exécuter les commissions rogatoires[13]. On peut observer qu'aucune allusion n'est faite aux juges ou aux spécialistes des questions financières.

Cette situation est de nature à entraîner le mauvais traitement des dossiers du fait de la méconnaissance, par le nouveau personnel du TCS, des questions financières. Il aurait fallu que le législateur autorisât la désignation des spécialistes (professeurs d'université et avocats) dans le TCS pour un résultat plus objectif[14]. Soulignons, néanmoins, que la

---

[12] L'article 2 de la loi de 1961 portant organisation et fonctionnement du tribunal criminel spécial.

[13] Décret n°2013/131 du 3 mai 2013 portant création, organisation et fonctionnement du corps spécialisé d'officiers de police judiciaire du tribunal criminel spécial.

[14] En ce sens et parlant du droit français, V. (F) DESPORTES ET (L) LAZERGES-COUSQUER, *traité de procédure pénale*, 2009, Economia, n° 686.

En ce sens également et traitant du droit comparé, V. (J) PRĄDEL, *droit pénal comparé*, op. cit. , pp. 200 et suivants. L'auteur indique clairement, parlant de ce type de

gestion de ce personnel non soumis au statut général de la magistrature est susceptible de créer des problèmes de gestion très importants, dans la mesure où l'article 5 dispose que « les magistrats et greffiers affectés dans cette juridiction ainsi que les officiers de police judiciaires visés à l'article 7 de la présente loi demeurent soumis aux lois et règlements qui régissent leurs professions ».

L'autre difficulté perceptible concerne l'instruction préparatoire. Le décret portant nomination des magistrats du siège au TCS prévoit seulement quatre juges pour une juridiction dont la sphère de compétence recouvre tout le territoire national. Au regard de la quantité de dossiers à ce niveau de la procédure, le nombre 4 nous paraît très insignifiant et est de nature soit à engorger le tribunal de piles de dossiers, soit à voir plusieurs dossiers classés sans suite.

De plus, on imagine mal quatre magistrats, au regard de la pile de dossiers qu'ils auront à traiter, constituer une collégialité[15]. L'on doit à ce niveau prédire un travail solitaire, car le nombre ne permet pas d'envisager un travail de groupe, sauf dans l'hypothèse où on crée un seul groupe. Or, pris individuellement, beaucoup d'erreurs sont à mettre au passif des juges chargés des dossiers. Pour R. PERROT « le système du juge unique ne peut fonctionner correctement que si, au moment de son entrée en fonction, le juge a déjà une formation professionnelle consommée et une maturité d'esprit suffisante pour être en mesure de statuer seul sur des problèmes complexes »[16]. Ce qui est rare, et, contrairement aux dispositions fixant les modalités de nomination des magistrats au TCS, l'ancienneté dans une formation n'est pas synonyme de maturité d'esprit. Quoiqu'il en soit, c'est de l'étude de la compétence du TCS qu'apparaît la nécessité d'une spécialisation.

---

juridiction qu'il s'agit de juridiction devant connaître des affaires supposant de la part des juges des connaissances particulières, liées à une formation propre.

[15] La commission d'enquête parlementaire sur l'affaire dite d'OUTREAU avait proposé l'instauration de la collégialité ; car l'estimant nécessaire. *« La collégialité doit être comprise comme la volonté d'instituer le plus en amont possible de la procédure pénale un travail d'équipe, pour faire échec le plus tôt possible à tout risque d'erreur ».* Article 5 des propositions.

[16] (R) PERROT, *Institutions judiciaires*, 2006, Montchrestien, Précis Domat, pp. 399-400, 12e éd ; n° 500.

B- La compétence du TCS

En matière pénale, la répartition des affaires ne se fait pas de manière abstraite ou arbitraire. Trois critères essentiels sont pris en compte pour déterminer la compétence des juridictions pénales. Le critère lié à la situation personnelle de la personne poursuivie ; le critère lié à la nature ou la gravité de la faute ou l'infraction ; et afin le critère lié à la situation géographique de l'infraction. Si le premier critère, c'est-à-dire celui qui a trait à la situation personnelle de la personne poursuivie, ne pose pas de problème spécifique dans notre loi, dans la mesure où le TCS est compétent pour juger toute personne poursuivie pour avoir commis l'une des infractions qu'elle énumère, dès lors que le montant du préjudice est supérieur ou égal à 50000000 FCFA, il n'en est pas des deux autres.

En droit, on entend par conséquence l'aptitude légale reconnue par les textes à pouvoir connaître d'un litige. Le droit pénal général a longtemps retenu comme compétence matérielle la classification tripartite des infractions. Le législateur camerounais a repris cette règle dans l'article 21 du CPC qui dispose que : « (1) Les infractions sont classées en crimes, délits et contraventions selon les peines principales qui les sanctionnent... ».

Si la nature d'une infraction demeure le critère de compétence déterminant, beaucoup d'auteurs s'accordent à reconnaître aujourd'hui que la multiplication récente du nombre de juridictions spécialisées dans les domaines multiples et variés, édulcore cette conception classique des choses[17].Désormais, la qualification des faits et le degré de complexité des affaires sont des critères essentiels pour la détermination de la compétence d'une juridiction spécialisée. À ce titre, les règles dérogatoires aux règles de droit commun peuvent être édictées par le législateur.

Le législateur national a retenu pour le TCS la détermination sur la base de la qualification des faits infractionnels et du montant du préjudice. L'article 2 de la loi créant le TCS qui dispose que « le Tribunal est compétent pour connaître, lorsque le préjudice est d'un montant minimum de 50000000 FCFA, des infractions de détournement de deniers publics et des infractions connexes prévues par le code pénal et les conventions internationales ratifiées par le Cameroun ». Ce dispositif nous paraît critiquable.

---

[17] (T) TAURAN, *Petites Affiches*, 25 juillet 2000, n°147, p.10.

D'abord, la loi fait appel à la notion de connexité dont la définition se trouverait dans le Code pénal. Or, ce mécanisme est inhérent à la procédure pénale. En droit processuel camerounais, elle est une cause de jonction et non de disjonction de la procédure[18]. Du coup, on peut s'interroger sur la place de cette notion dans cet article. À moins que la notion de connexité soit synonyme des infractions de détournement et des infractions de corruption[19].

Ensuite, on peut s'interroger sur le critère du montant du préjudice qui doit être supérieur ou égal à 50000000 de francs CFA. Ce critère nous paraît obscur. Le recours à ce critère paraît d'ailleurs curieux car la notion de préjudice subi renvoie à la réponse à apporter à l'action civile qui n'est que l'accessoire de l'action publique. En effet, le préjudice compte parmi les notions les plus familières du droit civil, même si les régimes de réparation sont aujourd'hui en pleine expansion. C'est d'ailleurs ce qui fait dire à Y. MAYAUD que « tout en étant pas indifférent aux disciplines répressives, le préjudice se veut fuyant indécis, souvent sans consistance. Le modèle pour le droit pénal, qui intègre difficilement la notion, accusant ainsi une double résistance à ce qu'elle représente, tant substantielle que formelle »[20].

De ce qui précède, on peut à juste titre penser que c'est par erreur que la loi du 14 décembre 2011 a fondé la compétence d'une juridiction sur le montant du préjudice.

L'article 3 de la loi portant création du TCS, n'appelle aucune interrogation ; car elle fixe le siège du TCS à la capitale Yaoundé et

---

[18] La connexité est prévue à l'article 6 CPPC qui dispose que *« la jonction de procédure est obligatoire dans le cas d'indivisibilité et facultative dans les cas de connexité... »*. L'article 3 précise à cet effet qu'il y a connexité :

a) lorsque les infractions ont été commises au même moment par plusieurs personnes agissant ensemble ;

b) Lorsque des infractions ont été commises par différentes personnes même en différents temps et divers lieux, mais par suite d'une conspiration; c) Lorsqu'une infraction a été perpétrée, soit pour faciliter la commission d'une autre, soit pour assurer l'impunité de celle-ci ; d) Lorsqu'il y a recel ; e) Dans tous les cas où il existe entre les infractions des rapports étroits analogues à ceux énumérés au présent alinéa.

[19] Il résulte de ce qui précède que la détermination des infractions devra être faite dans l'optique de retenir non seulement les infractions de détournement et de corruption, mais aussi les infractions assimilées. Lire (D) FLORE, l'incrimination de la corruption, les nouveaux instruments internationaux, la Charte, *Revue de droit pénal et criminologie*, 1999, p.188.

[20] (Y) MAYAUD, la résistance du droit pénal au préjudice, *in les droits et le droit, Mel. B. BOULOC*, *Dalloz*, 2007, pp. 807 et suiv.

établit sa sphère de compétence sur toute l'étendue du territoire national. Cette disposition nous paraît critiquable. En effet, lorsqu'on connait les difficultés qu'il y aura à enquêter, à instruire et à faire juger certaines affaires très loin du lieu de commission, on ne peut qu'y attirer l'attention des pouvoirs publics[21].

À défaut de pouvoir instituer ou créer une juridiction spécialisée dans chaque région ou département, on pouvait s'inspirer du système institué par la loi française de 2004 relative au jugement de la criminalité organisée[22] pour instaurer des juridictions interrégionales spécialisées. Au plan national, on se serait alors inspiré de l'évolution des tribunaux militaires ou administratif pour procéder à un découpage conférant la compétence territoriale d'un tribunal criminel spécial à plusieurs régions[23].

Paragraphe II : La finalité du TCS

La lenteur des juridictions nationales constitue la caractéristique essentielle du système judiciaire camerounais [24]. Ce grief s'est néanmoins aggravé dans les affaires de détournement et il est possible d'affirmer aujourd'hui que, les procédures dans le cadre de « l'opération épervier » sont marquées par leur lenteur. Cette question de lenteur a

---

[21] Le législateur de 1961-1962, a d'ailleurs songé à ce problème, et a imaginé la possibilité de tenir des audiences foraines en dehors de la capitale.
L'article 2 de la loi de 1961 disposait *que «* le tribunal criminel spécial siège à Yaoundé. Il peut siéger en audience foraine en cas de nécessité, en tel lieu assigné par son président sur proposition du ministère public ». L'article 6 de la loi de 1962 reprend identiquement cette disposition.

[22] Loi ayant donné naissance à l'article 706-75 qui dispose que : « La compétence territoriale d'un tribunal de grande instance et d'une cour d'assises peut être étendue au ressort d'une ou plusieurs cours d'appel pour l'enquête, la poursuite, l'instruction et le jugement des crimes et délits entrant dans le champ d'application des articles 706-73, à l'exception du 11°, ou 706-74, dans les affaires qui sont ou apparaîtraient d'une grande complexité. Cette compétence s'étend aux infractions connexes. Un décret fixe la liste et le ressort de ces juridictions, qui comprennent une section du parquet et des formations d'instruction et de jugement spécialisées pour connaître de ces infractions ».

[23] Loi n° 2008/015 du 29 décembre 2008 portant organisation judiciaire militaire et fixant les règles de procédure applicables devant les tribunaux militaires.

[24] (A) MINKOA SHE, op. cit. p. 177.

d'ailleurs été réaffirmée par les prévenus[25] qui ont saisi la justice pour obtenir leur libération[26]. Compte tenu de cela, le législateur, par la loi de 2011, a aménagé une procédure rapide dans certaines hypothèses et dans d'autres l'arrêt des poursuites.

A- La recherche de la célérité

La nécessité de rendre les verdicts le plus rapidement possible a fait dire à J. PRADEL que : « le temps qui passe, c'est la vérité qui s'enfuit (...). Justice tardive équivaut à injustice (...). « Justice delayedisdenied »[27].Précisons que la justice pénale doit être rendue avec célérité. Mais, il ne faut pas confondre célérité et précipitation ; car comme le soulignait J. SPENCER, « jamais n'est la justice autant en danger que quand elle se rend trop vite ». [28] En clair, il faut faire attention. Si la célérité est nécessaire, la précipitation est un grand mal. Il faut du temps malgré tout pour que certaines affaires soient bien jugées[29]. Autrement dit, il faut chercher à atteindre le juste milieu entre excessive rapidité et lenteur à caractère dilatoire[30]. Ce principe de célérité est consacré dans divers instruments internationaux.

L'article 7 de la charte africaine rappelle « le droit d'être jugé dans un délai raisonnable... ». Ce droit d'être jugé dans un délai raisonnable figure aux articles 9 et 14 du pacte international relatif aux droits civils et politiques de 1996. Le principe étant consacré, il ne reste plus qu'à montrer, comment le législateur a entrepris de s'y conformer. À l'analyse des textes, le législateur a, à côté d'autres techniques, recouru à des délais chiffrés.

---

[25] Ces personnes ne comprenaient pourquoi les procès les concernant durent « *plus longtemps qu'il n'est nécessaire* ».

[26] L'on fera d'ailleurs observer que presque toutes les personnes poursuivies ont tenté d'obtenir leur libération en passant par la procédure d'habeas corpus ; pour les procédures plus ou moins récentes, V. affaire (J.M.) ATANGANA MEBARA C/MP, Ord. n° 11/HC du 10 mars 2009, inédit ; Affaire (L) YEN ÉYOUM C/MP, Ord. n° 33/HC 27 mai 2010 ; Affaire (N) NDONG C/MP, Ord. n° 07/HC du 05 mars 2011 inédit.

[27] (J) PRADEL, op. cit. n° 377.

[28] (J) SPENCER, in la célérité de la procédure pénale, séminaire organisé à Syracuse (Italie), 11-14 septembre 1995, rapport anglais, p. 431.

[29] (M.A.) FRISON-ROCHE, in le temps dans la procédure, sous la direction de (J.M) COULON et (M.A) FRISON-ROCHE, *Dalloz*, 1996, p.13.

[30] (J) PRADEL, la célérité et les temps du Procès pénal, *in Le Champs pénal, Mel. (R) OTTENHOF*, *Dalloz*, 2003, pp. 251 et suiv.

1- L'instauration des délais chiffrés

La lecture de la loi du 14 décembre 2014 fait apparaître le souci du législateur d'aménager des délais bien chiffrés. Cette démarche apparaît à tous les niveaux de la procédure judiciaire.

Aux termes de l'article 7 alinéa 1 de la loi portant création du TCS, « toute plainte, dénonciation ou toute requête relative aux infractions visées à l'article 2 doit faire l'objet d'une enquête judiciaire ordonnée par le procureur général près le Tribunal ». Il résulte de cette disposition qu'en cas de plainte émanant de la victime, le procureur général près le tribunal est tenu d'ordonner l'ouverture d'une enquête judiciaire. Cette enquête est diligentée par un corps spécialisé d'officiers de la police judiciaire qui est sous l'autorité directe de ce dernier, l'enquête préliminaire doit être clôturée dans un délai de 30 jours renouvelable deux fois. C'est dire que la phase de police dure au maximum 90 jours. Deux critiques sont possibles à ce niveau.

La première a trait à la représentativité. Le tribunal, ne pouvant pas s'assurer de la représentation du suspect, peut bâcler les procédures, de sorte qu'elles puissent tenir dans les jours légaux de la garde à vue. La deuxième critique découle du fait que, ce délai peut être source de problème dans la mesure où les affaires poursuivies sont généralement des crimes. Dans ce cas la tentation à recourir à la garde à vue pour assurer la représentation de la personne mise en examen, sera plus grande. Pour J. M. TCHAKOUA un bémol s'oppose; il découle de l'encadrement des délais de la garde à vue par le code pénal[31]. Dans cette logique, il est à craindre que le système créé par la loi ne soit favorable à la fuite du suspect ou au retrait de ses pièces officielles pour assurer sa représentativité.

La loi est silencieuse en ce qui concerne le délai imparti au procureur général pour décider de la suite à donner à l'affaire. Le texte dispose simplement que « dès la réception des procès-verbaux d'enquête », il faut soit « classer la procédure sans suite en l'état », soit « requérir l'ouverture d'une information judiciaire ». À l'analyse, il aurait été judicieux que le législateur fixât un délai chiffré pour agir. C'est justement ce qu'il a fait à l'information judiciaire.

---

31 (J.M.) TCHAKOUA (Dir), *les tendances de la nouvelle procédure pénale camerounaise*, PUA, 2007, pp. 55-104, Vol. 1. Voir également du même auteur, *la police judiciaire au Cameroun*, PUA, 2009.

L'article 9 de la loi créant le tribunal criminel spécial dispose à cet effet que, « dès réception du réquisitoire introductif d'instance, le président du tribunal désigne le juge chargé de l'instruction de l'affaire ». L'article 9 alinéa 2 ajoute qu' « un délai de quarante-huit heures est imparti au juge d'instruction et au ministère public pour traiter des demandes de mises en liberté provisoire ».

Mais, l'innovation principale concerne la durée de l'information judiciaire qui ne saurait excéder 180 jours après le réquisitoire introductif d'instance. Au terme de ce délai le juge devra, soit libérer l'inculpé, conséquence logique d'une ordonnance de non-lieu, soit le renvoyer devant la juridiction de jugement ; c'est en tout cas ce que consacre l'article 9 alinéa 3[32]. Aucune observation particulière n'est possible à ce niveau ; car, si l'on se réfère au CPPC, concernant la détention provisoire, ce délai nous paraît très raisonnable.

L'article 10 alinéa 1 dispose que « le président du tribunal doit, en concertation avec le procureur général, fixer la date de l'audience qui doit impérativement intervenir dans un délai de trente (30) jours maximum ». Pour ce qui est du jugement de l'affaire, le tribunal dispose de six (6) mois, délai pouvant être prorogé de trois (3) mois. En clair, neuf (9) mois suffisent au tribunal pour donner son verdict. Cet encadrement des délais à ce niveau de la procédure nous apparaît très satisfaisant. Il apporte au problème de la lenteur du procès un souffle nouveau et crédible[33]. Toutefois, on peut regretter à tort ou à raison que le législateur ne soit pas allé loin dans la résolution du problème des lenteurs devant les juridictions de jugement. Il aurait pu sanctionner même pénalement les juges auteurs d'un débordement excessif au lieu de retenir la simple sanction disciplinaire[34].

---

[32] L'article 9 alinéa 3 de loi n°2012/011 du 16 juillet 2012 modifiant et complétant certaines dispositions de la loi n° 2011/028 du 14 décembre 2011 portant création d'un tribunal criminel spécial dispose que « *l'information judiciaire est clôturée par le juge d'instruction dans un délai maximum de cent quatre-vingt (180) jours, soit six (06) mois après le réquisitoire introductif d'instance, compte tenu des délais prévus par l'article 13 alinéa 4 ci-dessous. Le juge d'instruction notifie son ordonnance de clôture au Ministère public et aux parties, dans un délai de quarante (48) heures à compter de ladite clôture* ».

[33] Précisons toutefois que dans la pratique ces délais ne sont pas souvent respectés.

[34] L'article 17 dispose *que « le non-respect des délais de traitement prévus peut entraîner à l'égard du contrevenant l'ouverture de poursuites disciplinaires ».*

2- Les autres aménagements

En marge de l'encadrement des délais, la loi a retenu d'autres mécanismes pour résoudre le problème de la lenteur du procès devant le TCS. On peut citer à cet effet comme exemple : la déclaration d'incompétence, l'exclusion des voies de recours et la consécration du droit d'évocation.

S'agissant premièrement des déclarations d'incompétence, l'article 8 alinéa 1 dispose que : « toute juridiction saisie des faits relevant de la compétence du tribunal doit d'office se déclarer incompétente ». La solution retenue dans cet article permet de gagner du temps dans la procédure. Elle est d'ailleurs enrichie par alinéa 2 du même article qui évite que le procureur soit attentiste. En effet, à la lecture de cet alinéa, on note qu'il est permis au procureur général de revendiquer une procédure relevant de sa compétence. Cette solution a certes le mérite d'éviter les cas d'incompétence, mais elle peut aussi être à l'origine d'une certaine rivalité entre la juridiction d'exception et la juridiction de droit commun. L'autre aménagement a trait à l'exclusion des voies de recours.

S'agissant ensuite de l'exclusion des voies de recours, l'article 9 dispose que « l'exception d'incompétence soulevée devant le juge d'instruction est déféré au Tribunal en cas de clôture par une ordonnance de renvoi ». En clair, il est question d'une mesure tendant à éviter des contestations prématurées dans les instances supérieures. La formule la plus perceptible est « la jonction des incidents au fond ». Logiquement, même si cela n'est pas automatique, les incidents de procédure donnent lieu à des décisions avant dire droit. Celles-ci sont le plus souvent contestées par les parties qui n'hésitent pas à intenter des voies de recours. Leur résolution prend alors un temps qui a pour effet de retarder le prononcé de la décision finale. Voilà pourquoi le législateur camerounais a institué l'article 10 alinéa 5 qui dispose que : « les exceptions de procédure, y compris celles relatives à la compétence, soient jointes au fond ». Il en découle que cette décision de joindre l'incident au fond devra être prise comme une décision administrative ; ce faisant, elle sera inattaquable[35]. Dans l'affaire ÉTONDE ÉKOTO, SIYAM SIÉWE et Cie, la Cour d'appel du littoral a refusé de retenir

---

[35] (J) SPENCER, op.cit. p. 431.

cette solution, car elle a considéré que ces actes étaient des actes juridictionnels[36].

B- L'arrêt des poursuites

L'article 18 de la loi du 14 décembre 2011, bien qu'ayant retenu l'expression « arrêt des poursuites », a consacré l'accélération des procédures. Ladite loi instaure un procédé difficilement réalisable : la transaction.

1- La consécration de la transaction

L'article 18 dispose que « en cas de restitution du corps du délit, le procureur général près du tribunal criminel spécial peut, sur autorisation écrite du ministre chargé de la justice, arrêter les poursuites engagées avant la saisine de la juridiction de jugement... toutefois, si la restitution intervient après la saisine de la juridiction de jugement, les poursuites peuvent être arrêtées avant toute décision au fond... »[37].Cette disposition se rapproche de l'article 64 du CPPC[38].

À l'observation de ces deux dispositions, on constate qu'il s'agit d'un arrêt des poursuites ordonné par le ministre chargé de la justice et que cet arrêt doit intervenir avant la saisine de la juridiction de jugement. Les deux articles n'ont pas le même fondement. Le premier a pour fondement « la restitution du corps du délit »[39] ; le second a pour fondement « l'intérêt social ou la paix publique ». Est-il possible d'envisager une transaction en matière pénale ? L'article 2044 du Code civil définit la transaction comme « un contrat par lequel les parties terminent une contestation née, ou préviennent une contestation à

---

[36] Jugement n° 434/crim des 12 et 13 décembre 2007 ; C.A Littoral, Arrêt n° 38/ Crim du 11 juin 2009 ; CS, Ch. Judiciaire, Arrêt n° 26/P du 22 janvier 2007 ; CS/Ch. Réunies, Arrêt n° 27/P du 09 avril 2009.

[37] L'expression « *arrêt des poursuites* » nous renvoi à la *Nolleprosequi* (On nomme non-lieu l'abandon d'une action judiciaire en cours de procédure, par le juge d'instruction, qui survient lorsque les éléments rassemblés par l'enquête ne justifient pas une action plus avant) du système anglo-saxon, aujourd'hui étendu sans délimitation de son domaine par le CPPC.

[38] « *le procureur général près une cour d'appel peut, sur autorisation écrite du ministre chargé de la justice, requérir par écrit, puis oralement, l'arrêt des poursuites pénales à tout stade de la procédure avant l'intervention de la décision au fond, lorsque ces poursuites sont de nature à compromettre l'intérêt social ou la paix publique* ».

[39] Cet arrêt de poursuite est similaire à la transaction pénale. L'article 18 de la loi de 2011.

naître ». On se rend vite compte que le dispositif ne semble pas intéresser le droit pénal qui se caractérise par le principe d'indisponibilité. Autrement dit, en droit pénal, au-delà de son pouvoir d'opportunité qui autorise le parquet à classer sans suite, le ministère public ne peut, une fois les poursuites déclenchées, les arrêter ou y renoncer : c'est la conception originelle du procès pénal[40].

De nos jours, cette conception du procès pénal a évolué et on admet désormais la transaction en matière pénale. Pour F. DESPORTES ET L. LAZERGES-COUSQUER « l'institution est présentée comme un accord entre la personne susceptible de faire l'objet de poursuites pénales et une autorité légalement investie du droit d'engager celles-ci, aux termes duquel l'acceptation et la réalisation des mesures proposées par la seconde à la première éteint l'action publique »[41]. Cette affirmation se rapproche de l'article 18 de la loi de 2011 et entre dans le vaste mouvement de « contractualisation du droit pénal »[42]. Reste néanmoins que cette solution consacrée nous semble difficilement réalisable.

2- La complexité de l'opération

Ces difficultés de réalisation de la transaction se trouvent dans les obligations incombant à chaque partie dans le procès. D'abord les obligations incombant à la personne poursuivie. Il est à noter qu'en matière de transaction, la première obligation qui incombe ou qui pèse sur la partie poursuivie est la reconnaissance de sa culpabilité[43]. La seconde condition, celle qui est consacrée en droit camerounais à l'article 18 de la loi de 2011 créant le TCS, est plus complexe. Elle pose le principe de la « restitution du corps du délit ». Mais, comment cerner ce groupe de mots ?

---

[40] (C) AMBASSA, le fameux « qui paye sort » ou une renonciation à l'action publique par le ministère public : le pragmatisme contre la lettre, *Miroir du droit*, avril-mai 2010, p. 10, n° 002.

[41] (F) DESPORTES ET (L) LAZERGES-COUSQUER, *Traité de procédure pénale*,, 2012, 2ème éd.

[42] (F) ALT-MAES, la contractualisation du droit pénal : mythe ou réalité ?, *RSC*, 2002, pp.501 et suiv.

[43] (V.S.C.) THAMAN, l'auto condamnation dans la procédure pénale : la dialectique entre l'aveu et la reconnaissance de culpabilité, in le droit pénal à l'aube du troisième millénaire, *Mel. (J) PRADEL*, op.cit. ; pp. 939 et suiv.

Le corps du délit est perçu comme « la chose qui porte en elle-même la trace de l'infraction dont elle a été l'objet et qui peut être saisie comme pièce à conviction »[44]. Si une telle définition est validée, on est tenté de se poser la question de savoir : que représente « le corps du délit » en matière de détournement ou de corruption? On peut légitimement croire que le législateur a voulu parler de « montant du détournement ». Une telle vision est en effet en phase avec l'article 184 du CPC. Toutefois, le problème reste entier car, l'infraction de détournement est une infraction très complexe, impliquant non seulement de nombreuses personnes, mais aussi des techniques sophistiquées, au point où il y aura toujours un fossé entre la somme détournée et le montant réellement encaissé par le suspect, tant il est vrai que l'*iter-criminis* est très long et très coûteux. Quoiqu'il en soit, même si le suspect est en possession de la somme détournée, voudra-t-il réellement la rembourser ?

Dans le cadre de la transaction posée à l'article 18, on constate que les obligations de la partie poursuivie sont connues. Qu'en est-il des obligations incombant au procureur général. F. TERRE, P. SIMLER ET Y. LEQUETTE, définissent la transaction comme un contrat commutatif[45], c'est-à-dire un contrat dans lequel les parties connaissent en avance ce qu'elles ont à gagner ou à perdre.

L'article 18 précité n'est pas clair sur les obligations incombant au ministère public. Il dispose qu'en cas de restitution du corps du délit, le procureur général ***« peut... ».*** C'est dire que rien ne contraint la partie poursuivante à abandonner les charges. Cette solution est de nature à décourager ce qui souhaite restituer le « corps du délit », et surtout que dans la pratique, le TCS, dans le cadre de deux restitutions du corps du délit, a prononcé la libération pour une personne[46]. Les nombreuses observations qui viennent d'être faites renforcent l'idée que le TCS est une juridiction critiquable.

---

[44] (G) CORNU. op.cit.

[45] *« Un contrat à titre onéreux dans lequel la contrepartie que chaque contractant reçoit est d'ores et déjà certaine et déterminée, les parties connaissant dès la conclusion de l'acte l'étendue des prestations qu'elles doivent et avantages qu'elles retirent ».* . (F) TERRE, (P) SIMLER ET (Y) LEQUETTE, *droit civil, les obligations*, Dalloz, 2009, 10ème éd. n° 69.

[46] Affaires (Y.M.) FOTSO et (H) DAMA. Libération pour la seconde et condamnation pour le premier.

SECTION II :
Le tribunal militaire et d'autres juridictions

La bonne administration de la justice repose sur une organisation pertinente des structures administratives permettant la bonne marche de la juridiction. Dans cette perspective, le législateur a prévu différentes structures juridictionnelles dont la finalité est de réprimer les atteintes aux biens publics. La responsabilité pénale des agents publics peut, à des degrés différents, être portée devant les juridictions répressives spécialisées. Il s'agit du Tribunal militaire (Paragraphe I), de la Cour des comptes[47] et de la Haute Cour de justice (Paragraphe II).

Paragraphe I : Le tribunal militaire

Le Tribunal militaire est compétent, même si cela peut être discuté, en matière d'infractions commises par le personnel civil.

A- La Compétence du Tribunal militaire

La loi n° 2017/012 du 12 juillet 2017, consacre en son article 8, la compétence du Tribunal militaire pour les infractions commises par les agents publics en disposant que : « La possibilité de mettre en cause les agents publics devant le tribunal militaire découle de l'article 8 de la loi n° 2017/012 du 12 juillet 2017 portant code de justice militaire. En effet, on peut lire que : « le Tribunal militaire est seul compétent pour connaitre : a- des infractions militaires et des crimes de guerre ; b- des crimes contre l'humanité et du crime de génocide ; c- des infractions relatives aux actes de terrorisme et à la sûreté de l'État ; d- des infractions de piraterie et actes illicites contre la sûreté de la navigation maritime et des plates-formes ; e- des infractions de toute nature commises par des militaires ou par le personnel civil en service dans les forces de défense, avec ou sans coauteurs, complices civils soit à l'intérieur d'un établissement militaire soit dans l'exercice de leurs fonctions ; f- des infractions à la législation sur les armes de 1ère, 2ème, 3ème et 4ème catégorie telles que spécifiées dans la loi portant régime général des armes et munitions au Cameroun ; g- des infractions de toute nature commises à l'aide d'armes des catégories visées au paragraphe f

[47] Cette responsabilité est plus pécuniaire que pénale.

ci- dessus ; h- du vol avec port d'armes à feu ; i- les infractions de toute nature où se trouve impliqué un militaire ou assimilé, perpétrées en temps de guerre ou dans une région soumises à l'état d'urgence ou d'exception ; j- des infractions de toute nature commise par des personnes civiles dans un établissement militaire et ayant porté atteinte soit aux équipements ou installations militaires, soit à l'intégrité physique d'un militaire, ou ayant troublé le fonctionnement du service ; k- des infractions relatives à l'achat, l'importation, la vente, la confection, la distribution, le port, la détention d'effets ou d'insignes militaires tels que définis par la réglementation en vigueur ; l- de toutes les infractions connexes à celles visées ci-dessus ». C'est dire que la loi reconnait explicitement l'existence de personnel non militaire affecté dans les services militaires. Ceux-ci sont des agents publics qui peuvent au regard de la loi, en cas d'infractions pénales, voir leur responsabilité engagée devant le Tribunal militaire.

B- Les limites de la compétence du Tribunal militaire

En Espagne et en Belgique les tribunaux militaires son incompétents pour juger des civils, et, en outre, dans le modèle belge, c'est le tribunal civil qui juge les militaires en cas de coparticipation pour un même crime. En Argentine, les tribunaux militaires sont, depuis fort longtemps et bien avant la dernière dictature, dépourvus de la compétence pour agir contre les civils. Au Cameroun, si le législateur national lui a reconnu cette compétence pour agir contre les civils, il convient de dire que celle-ci est discutée.

Pour une grande partie de la doctrine, « les juridictions militaires ne peuvent en aucune circonstance, juger les civils »[48]. Cet avis est repris par les Directives et principes sur le droit à un procès équitable et à l'assistance judiciaire en Afrique adoptés par la Commission africaine des droits de l'homme et des peuples en 2005[49]. Dans l'affaire M. TANEBI contre Commissaire du Gouvernement, la Cour suprême du

[48] (R) GARRETON, « La compétence des tribunaux militaires et d'exception », rapport de synthèse » in sous dir Abdelgawad, juridictions militaires, tribunaux d'exception, perspectives comparées et internationales, Ed. des archives contemporaines, PUF, Paris, 2007, p. 451.

[49] Directives et principes sur le droit à un procès équitable et à l'assistance judiciaire en Afrique adopté par la Commission en 2005. Article 184 alinéa 6 du code pénal : « le présent article n'est pas applicable aux détournements et recels d'effets militaires visés aux codes de justice militaire ».

Cameroun souligne que : « (...) la compétence du tribunal militaire, juridiction d'exception, ne saurait être prorogée à l'égard de (...) qui n'étant pas militaire ou assimilé à un militaire et prévenu d'une infraction de droit commun doit être renvoyé devant ses juges naturels ». Autrement dit, la compétence personnelle de cette juridiction doit se limiter aux militaires et la compétence matérielle doit se limiter aux seules infractions purement militaires. À titre d'illustration, le 21 septembre, un tribunal militaire a condamné quatre soldats à dix ans et un autre à deux ans de prison pour le meurtre brutal de deux femmes et de deux enfants en 2015. Bien que ces condamnations rompent avec l'impunité généralisée pour des abus commis par des militaires, l'impact potentiel quant à un meilleur respect des normes de procès équitables a été compromis, car le procès et l'annonce du verdict se sont déroulés à huis clos et ont manqué de transparence. Pour L. MUDGE : « refuser l'accès d'observateurs au procès n'est pas seulement une atteinte à l'équité de la procédure pour les accusés, mais prive également le public d'une connaissance et d'une compréhension vitales du procès »[50].

Paragraphe I : La haute cour de justice et la cour des comptes

A- La responsabilité pénale des agents publics devant la Haute cour de justice

En France, selon les dispositions de l'article 68 de la Constitution de la Cinquième République, dont la rédaction actuelle date de 2007, et dans une loi organique promulguée en 2014, le Parlement, réuni en Haute Cour, est chargé de prononcer la destitution du président de la République, « en cas de manquement à ses devoirs manifestement incompatible avec l'exercice de son mandat ». Au Cameroun, créée par l'article 34 de la Constitution du 2 juin 1972, modifiée par la loi n°84/1 du 4 janvier 1984 elle-même modifiant l'ordonnance 72/7 du 26 août 1972, la Haute Cour de Justice a une compétence, une composition et une procédure spéciales. Paradoxalement, ni l'ordonnance n°72/4 du 26 août 1972 portant organisation judiciaire au Cameroun, ni la loi

[50] Déclaration de (L) MUDGE, directeur pour l'Afrique centrale chez Human Rights Watch en 2015.

n°90/058 modifiant la loi n°89/01 du 29 décembre 1989 ne la cite comme juridiction rendant justice.

Sa compétence se limite aux actes de haute trahison commis par le président de la République, aux complots contre la sûreté de l'État (crimes et délits contre la sûreté intérieure et extérieure de l'État tels que définis par le Code Pénal), commis par des Ministres, secrétaires d'État et leurs complices [51]. Pour une grande partie de la doctrine, sa compétence est limitée pour au moins deux raisons : d'une part, elle est compétente uniquement pour les faits commis par certains agents publics et d'autre part, elle connait essentiellement de la haute trahison et du complot contre la sûreté de l'État[52].

Une polémique s'est développée sur l'étendue de la responsabilité pénale du chef de l'État : peut-on la mettre en cause, en cours de mandat, pour des crimes et délits antérieurs à l'entrée en fonction du président ? Le soumettre au droit commun mettrait le président dans une situation moins favorable que les parlementaires ou les ministres, l'empêcherait d'assumer son rôle constitutionnel de gardien des institutions, et donc romprait avec le principe de la séparation des pouvoirs. À l'inverse, préserver le chef de l'État par l'immunité absolue dont il bénéficie peut retarder jusqu'à la fin du mandat présidentiel des procédures judiciaires en cours. La révision constitutionnelle du 23 février 2007 a clarifié le statut du président de la République et ses responsabilités pénale, civile et administrative. Le Président « n'est pas responsable des actes accomplis en cette qualité ».

L'irresponsabilité présidentielle, telle que posée par l'article 67 de la Constitution modifié par la loi constitutionnelle de février 2017, est absolue et permanente :

- elle est valable à la fois dans les domaines politique, pénal, civil et administratif ;

- aucune action ne peut être engagée contre le chef de l'État pour des actes accomplis en qualité de Président, même après la fin de son mandat.

---

[51] Article 53 alinéa 2 de la loi n°2008/001. Alinéa 3 : les actes accomplis par le Président de la République en application des articles 5, 8, 9 et 10 ci-dessus, sont couverts par l'immunité et ne sauraient engager sa responsabilité à l'issue de son mandat

[52] (G) JEZE, Les principes généraux du droit administratif, op. cit., p. 37

Cette irresponsabilité connaît cependant deux exceptions :

- le chef de l'État peut être poursuivi devant la Cour pénale internationale pour crimes contre l'humanité[53];
- il peut éventuellement être soumis à une procédure de destitution en cas de manquement à ses devoirs manifestement incompatible avec l'exercice de son mandat[54].

Soulignons néanmoins que pour les actes du chef de l'État qui ne relèvent pas de l'exercice des fonctions présidentielles, le Président ne peut faire l'objet d'une procédure judiciaire ou administrative pendant la durée de son mandat[55].

B- Le cas particulier de la Cour des comptes

La directive CEMAC n°01/11-UEAC-190-CM-22 du 19 décembre 2011 relative aux lois de finances en son article 72 alinéa 1 dispose que : « le contrôle juridictionnel des opérations budgétaires et comptables des administrations publiques est assuré par une Cour des comptes qui doit être créée dans chacun des États membres ». C'est dire que la Chambre des comptes de la Cour suprême et les tribunaux régionaux des comptes ne devraient plus connaitre des comptes publics.

Dans le même sens, l'article 74 de la directive n°01/11-UEAC-190-CM-22 relative aux lois de finances dispose que : « en cas de faute de gestion..., tous les ordonnateurs encourent, en raison de l'exercice de leurs attributions, les responsabilités que prévoit la Constitution de chaque État, sans préjudice des sanctions prononcées par la Cour des comptes. Les contrôleurs financiers peuvent également être poursuivis et sanctionnés si les infractions commises par l'ordonnateur auprès duquel ils sont placés ont été rendues possibles par une défaillance des contrôles dont ils la charge. Toute personne appartenant au cabinet d'un membre du Gouvernement, tout fonctionnaire ou agent d'un organisme public, tout représentant, administrateur ou agent d'organismes soumis à un titre quelconque au contrôle de la Cour des comptes et toute personne à qui est reproché un des faits énumérés à l'article 75 de la présente directive, peut être sanctionné pour faute de gestion »

[53] L'article 53-2 de la Constitution

[54] L'article 68 de la Constitution

[55] Il bénéficie d'une "inviolabilité", dont les parlementaires étaient jusqu'alors les seuls à disposer (article 26 de la Constitution)

Or, la loi n° 2003/005 du 21 avril 2003 fixant les attributions, l'organisation et le fonctionnement de la Chambre des comptes de la Cour suprême, notamment à l'alinéa 1 qui dispose que : « la Chambre des comptes contrôle et juge les comptes ou les documents en tenant lieu des comptables publics patents ou de fait : de l'État et de ses établissements publics ; des collectivités territoriales décentralisées et de leurs établissements publics ; des entreprises du secteur public et parapublic ». Les alinéas 2 et 3 du même article prévoient qu'elle statue souverainement sur les décisions rendues en dernier ressort par les juridictions inférieures des comptes. Elle connaît de toute autre matière qui lui est expressément attribuée par la loi[56]. L'article 39 de loi n° 2006/16 du 27 décembre 2006 fixant l'organisation et le fonctionnement de la Cour suprême dispose également que : « la Chambre des comptes est compétente pour : contrôler et juger les comptes de l'État et des entreprises publiques et parapubliques ; statuer souverainement sur les décisions rendues en dernier ressort par les juridictions inférieures des Comptes ».

En définitive, la répression des infractions commises par les agents publics est effective au Cameroun, car il existe, non seulement un arsenal normatif cohérent, mais également des structures de poursuite et de sanction efficaces. Pourtant, les résultats obtenus sont mitigés.

---

[56] Article 2 de la loi n° 2003/005 du 21 avril 2003 fixant les attributions, l'organisation et le fonctionnement de la Chambre des comptes de la Cour suprême

TITRE III :

LES PESANTEURS ET SOLUTIONS À L'OPTIMISATION DE LA RESPONSABILITÉ PÉNALE DES AGENTS PUBLICS

La mise en jeu de la responsabilité pénale des agents publics est un parcours de combattant au Cameroun. Il existe plusieurs entraves à sa réalisation parfaite. Ces entraves sont d'ordre normatif, c'est-à-dire qu'elles concernent la production, la qualité et même l'existence de la norme pénale ; et d'ordre institutionnel. Pourtant, l'article 7 alinéa 1 de la Charte Africaine des droits de l'Homme (C.A.D.H.P) dispose que : «toute personne a droit à ce que sa cause soit entendue équitablement, publiquement et dans un délai raisonnable, par un tribunal indépendant et impartial... ». Aucune personne ne doit faire l'objet d'une injustice qui découle de la qualité de la norme pénale ou du mauvais fonctionnement de l'appareil judiciaire de l'État.

Cette conception est celle qui sous-tend la définition de l'État de droit. En effet, si jadis l'État de droit était un État où il y avait une règle de droit : peu importe sa finalité, son essence[1], de nos jours, un État sera perçu comme tel, si son droit et ses institutions sont justes[2]. Dans les

---

[1] L'État de droit se veut l'opposé de la notion d'État fondée sur l'utilisation arbitraire du pouvoir (Obrigkeitsstaat) et il est très étroitement lié au respect de la hiérarchie des normes, de la séparation des pouvoirs et des droits fondamentaux.

[2] L'état de droit suppose le **respect de la hiérarchie des normes** pour H. KELSEN la notion d'État de droit suppose un « *État dans lequel les normes juridiques sont hiérarchisées de telle sorte que sa puissance s'en trouve limitée* ». L'égalité devant le droit : constitue la deuxième condition de l'État de droit. Celle-ci implique en effet que tout individu, toute organisation, puissent contester l'application d'une norme juridique, dès lors que celle-ci n'est pas conforme à une norme supérieure. L'indépendance de la justice : le principe de l'État de droit suppose l'existence de juridictions indépendantes, compétentes pour trancher les conflits entre les différentes personnes juridiques en appliquant à la fois le principe de légalité, qui découle de l'existence de la hiérarchie des normes, et le principe d'égalité, qui s'oppose à tout traitement différencié des personnes juridiques.

développements suivants, il sera question, de confronter les critères actuels de l'État de droit à la norme et aux institutions en vue de détecter les aléas à l'optimisation de la responsabilité pénale des agents publics et de proposer des pistes de solutions.

CHAPITRE I :

LES PESANTEURS DU DISPOSITIF DE RÉPRESSION DES AGENTS PUBLICS

La mise enjeu de la responsabilité pénale des agents publics, comme exposé plus haut, rencontre un certain nombre de pesanteurs qui empêchent l'optimalisation du système de répression. Ces pesanteurs sont normatives et institutionnelles. Les pesanteurs normatives concernent la norme. Elles sont constituées par l'ensemble des défectuosités constatées dans l'élaboration, la qualité et l'existence du droit pénal. Les pesanteurs institutionnelles concernent l'organisation, le fonctionnement de l'appareil judiciaire.

SECTION I :
Les pesanteurs normatives

En droit, les actes qui entourent l'élaboration des lois sont souvent utilisés pour analyser et connaître l'intention du législateur. Il en est par exemple le cas des débats parlementaires, les exposés des motifs de loi, les travaux en commission... Pour Y. M. MORISSETTE, « avant de s'attarder sur la conduite de la justice, il convient de s'interroger sur la « justice du droit »[1]. Autrement dit, la qualité du droit, sa conception et même sa justesse doivent précéder la qualité de l'institution judiciaire[2].

L'évocation de la préparation, voire de la conception du droit à la justice, s'inscrit dans une logique de préséance pour que «l'homme frustré de sa liberté d'aller et de venir (...) menacé dans ses droits et

---

[1](Y.M.) MORISSETTE, l'accès à la justice comme moyen et comme fin, In l'Effectivité des droits fondamentaux dans les pays de la communauté francophone, colloque International du 29 et 30 septembre, 1er octobre 1993, Port Louis, pp. 263-264.

[2] Un droit mal assis conduira les juridictions ou tribunaux à des mauvais jugements.

libertés fondamentaux... »[3] puisse saisir les instances judiciaires et exiger de ces dernières que la justice lui soit rendue. Concevoir la justice c'est « la mettre dans une disposition favorable au but qu'on veut atteindre »[4] ; en l'espèce l'État de droit, le respect de l'ordre public, l'égalité... Dans la législation nationale, des pesanteurs sont perceptibles aussi bien dans l'élaboration du droit (paragraphe I) que dans l'existence du droit pénal (paragraphe II).

Paragraphe I : L'élaboration incohérente du droit pénal

Une analyse rigoureuse de l'évolution de notre droit pénal montre que si ce dernier fait l'objet de nombreuses critiques, c'est, entre autres du fait, de son contenu. Les infractions y sont formulées de manière très imprécise, ouvrant ainsi grandement les portes à toutes formes d'interprétations, lesquelles peuvent parfois conduire à une application rétroactive de la loi, car sanctionnant des incriminations non expressément visées par le droit positif. Cette négligence du législateur est de nature à entrainer des abus (A) et ce d'autant plus que le système répressif pose également le problème de la nécessité des peines (B)[5].

A- La qualité de la règle pénale

L'exigence de la qualité de la règle pénale renvoie à l'obligation faite au législateur de formuler les infractions de manière claire et précise[6]. En effet, il ne suffit pas que les infractions émanent de la volonté du législateur ; Encore faut-il que celles-ci présentent certaines qualités que sont la clarté et la précision[7] ; qualités sans lesquelles le principe de la légalité criminelle serait vidé de son contenu. Le silence des textes répressifs sur la qualité de la norme est de nature à entrainer l'arbitraire

---

[3] (J) RIDEAU, (sous la direction de) le droit au juge dans l'Union Européenne, LGDJ, 1998, p.2, n° 1798.

[4] Définition du petit Larousse, encyclopédie illustrée, Larousse BORDAS 2015.

[5] Nombreux furent les recours que nous pouvons qualifier d'inopportuns ou du moins de disproportionnés, au regard des infractions concernées

[6] OCDE, « *recommandation du conseil de l'OCDE concernant l'amélioration de la qualité de la réglementation et document de références adoptées le 9 mars 1995* ». OCDE/S (95) 17, p.3.

[7] Idem. p.3.

dans la mesure où certaines dispositions peuvent être interprétées dangereusement.

1- L'incertitude de la qualité des règles pénales

La qualité de la norme occupe une place importante dans le monde contemporain. Jadis, le principe de la légalité criminelle fut conçu pour mettre un terme à l'arbitraire en matière pénale. Car, l'individu n'était pas seulement sanctionné pour la violation d'une interdiction légale, mais aussi pour s'être comporté d'une manière similaire à celle prohibée par la loi. Le principe de la légalité exige que le constituant élabore des textes de lois précis, délimitant nettement les actes interdits ou imposés sous menace de sanctions pénales.

La doctrine estime que le constituant doit se cantonner au principe légaliste. Pour J.-A. SERVAN « les lois criminelles ne sauraient être trop étendues et trop précises : précises pour séparer les objets, étendues pour développer chacun d'eux ; car les détails trop superflus dans les autres lois sont indispensables dans les lois criminelles... »[8].

Cette vision est partagée par PORTALIS quand il affirmait qu': « en matière criminelle, il faut des lois précises et point de jurisprudence »[9]. Ces exigences de « précision » et de « clarté» de la loi pénale, furent, pendant des siècles, reléguées au second lieu des préoccupations du pouvoir. Ce qui se justifie ; car, à la suite de la Révolution française de 1789, l'on s'était d'abord efforcé à consolider le principe de la séparation des pouvoirs, insistant ainsi sur le monopole législatif en matière pénale.

De nos jours, cette conception semble avoir montré ses limites. En effet, la doctrine représentée ici par S. SOLER estime qu' « un droit pénal civilisé doit donc être constitué par une série limitée de définitions... qui enferment l'action»[10]. Pour A. VITU, « Le principe de la légalité criminelle, clef de voûte du droit pénal et de la procédure pénale, impose au législateur, comme une exigence logique de sa fonction normative, la rédaction des textes définissant sans ambiguïté les

---

[8] (J.-A.) SERVAN, *Œuvres choisies*, 2012, Les Éditeurs, 1825, Vol. 3.

[9] (M) GAËTAN DI, Le recours aux objectifs de la loi pénale dans son application, *Recueils de jurisprudence du Québec*, 1995, p. 380. Vol. 1.

[10] (S) SOLER, La formulation actuelle du principe *nullum crimen*, *Revue de science criminelle* 1952, p. 15.

comportements qu'ils érigent en infractions»[11]. En clair, il ne suffit pas qu'une norme pénale existe pour que le principe de légalité soit respecté, mais il faut aussi et surtout que cette norme présente certaines qualités en l'absence desquelles le principe de C. BECCARIA serait vidé de toute sa substance[12].

Pour A. VITU : « un droit de qualité sera un droit présentant un degré suffisant de prévisibilité»[13]. Ce n'est que dans cette logique que les fonctions de répression et de prévention assignées au droit pénal pourront atteindre leur objectif, car l'imprécision de la règle pénale c'est l'insécurité totale pour les citoyens, c'est l'arbitraire total et la négation totale des libertés[14]. La loi pénale doit être intelligible et comprise par ceux à qui elle s'adresse, les agents publics qui doivent la faire respecter et les citoyens qui doivent la respecter.

La clarté ou la précision est une caractéristique fondamentale de la loi qui, autrement, ne peut atteindre son objectif qui est de réguler les rapports de droits[15]. Des exemples de cette nature existent encore dans notre CPC. C'est le cas notamment des activités dangereuses[16] qui constituent en réalité un chèque en blanc dans la mesure où la loi ne définit pas l'infraction mais se borne juste à énumérer des cas ; de l'abus de confiance[17] dont on ne sait toujours pas si l'énumération des

[11] (A) VITU, Chronique : Le principe de la légalité criminelle et la nécessité de textes clairs et précis, *Revue de science criminelle et de droit pénal comparé*, 1991, p. 555.

[12] (S.-H.) DELMAS, op. cit., p. 177.

[13] (A) VITU, Idem.

[14] (Y) MADIOT, Qualité du droit et protection des droits fondamentaux, *in Mélanges (J) CAMPINOS, PUF,* 1996, p. 64.

[15] (P) GARANT, Le contrôle juridictionnel de l'imprécision des textes législatifs et réglementaires au Canada, *in Mélanges (G) BRAIBANT, Dalloz*, 1996, p. 275.

[16] L'article 228 du CPC, « (1) Est puni d'un emprisonnement de six jours à six mois celui qui ne prend pas les précautions nécessaires pour éviter à autrui des dommages corporels pouvant résulter de son activité dangereuse. (2) Est puni d'un emprisonnement de trois mois à trois ans et d'une amende de 5.000 à 500.000 francs ou de l'une de ces deux peines seulement celui qui par une imprudence grave risque de mettre autrui en danger :a) En se servant du feu, d'explosifs, de combustibles ou de moyens mécaniques ou électriques, ou ;b) En détruisant, même partiellement, des ouvrages ou édifices habités même s'il en est le propriétaire ; ouc) En donnant des soins médicaux ou chirurgicaux ou en fournissant ou en administrant des médicaments ou autres produits ; oud) En conduisant, arrêtant ou abandonnant un véhicule ou un animal sur la voie publique.(3) Est puni des mêmes peines celui qui conduit un véhicule en état d'ivresse ou d'intoxication ».

[17] L'article 318 du CPC, « (1) Est puni d'emprisonnement de cinq à dix ans et d'une amende de 100.000 à 1.000.000 de francs celui qui porte atteinte à la fortune d'autrui

conditions préalables est limitative ou indicative ; de la sorcellerie[18] où la peine est clairement définie mais les éléments constitutifs de l'infraction ne le sont pas.

Au vu de tout cela, on comprend A. MOUNYOL MBOUSSI lorsqu'il a pu dire qu'au Cameroun les textes ne sont pas suffisamment précis[19]. Cette situation est regrettable car le constituant a, par le biais de la loi constitutionnelle du 18 janvier 1996, consacré des principes comme la non-rétroactivité des lois, le principe de la légalité criminelle[20], mais a omis la qualité de la norme.

Or, comme le soulignaient R. KOERING-JOULIN et J.F. SEUVIC la légalité des temps modernes ne devrait plus se limiter à la production des textes ; elle doit répondre désormais à des «qualités qui tiennent à la prévisibilité pénale »[21]. C'est dire, pour reprendre l'interrogation de R. MERLE et A. VITY : à quoi servirait-il d'affirmer la légalité des délits et des peines si par des formules imprécises, le législateur ouvrait la porte « à un arbitraire judiciaire qu'on prétend empêcher »[22] ?

Le législateur camerounais doit aller jusqu'au bout de son effort. Le véritable problème qui se pose désormais est que la réforme de 1996 ayant fait l'impasse sur l'exigence d'un texte clair et précis, il est à craindre que le contrôle que le juge constitutionnel sera appelé à exercer sur les lois d'incrimination néglige cette exigence capitale qu'est « la qualité de la règle pénale ».

: a) Par vol, c'est-à-dire en soustrayant la chose d'autrui ; b) Par abus de confiance, c'est-à-dire en détournant ou détruisant ou dissipant tout bien susceptible d'être soustrait et qu'il a reçu à charge de le conserver, de le rendre, de le représenter ou d'en faire un usage déterminé ».

[18] L'article 251 du CPC, « l'auteur coupable de sorcellerie peut être puni d'une peine d'emprisonnement de 2 à 10 ans et d'une amende allant de 5.000 à 100.000 FCFA ».

[19] (A) MOUNYOL MBOUSSI : « la sorcellerie devant la justice, le manque de preuve rend le travail des juges difficile », cité par (H) BANGUE, *in africa.com* du jeudi 26 Août 2004.

[20] Préambule de la constitution.

[21] (R) KOERING-JOULIN et (J.F.) SEUVIC, droits fondamentaux et droit criminel, *A.J.D.A,* juillet Août 1998, p.1. n° spécial. (S) OGET, in (A) MINKOA SHE, op cit. , p.44.

[22] (R) MERLE et (A) VITY, *traité de droit criminel, problèmes généraux de la science criminelle droit pénal général*, Cujas, 1997, 5ème éd. n° 155*, in (A) MINKOA SHE*, op.cit. p. 4.

2- L'incertitude du contrôle de la qualité de la règle pénale

La formulation des textes en termes peu lisibles et peu prévisibles, comme présenté plus haut, conduit inéluctablement à l'arbitraire dans la répression. D'où la nécessité pour le Conseil constitutionnel de s'assurer que les infractions soient « clairement » définies dans les textes de loi. Or, cette institution n'existe pas encore et on pourrait d'ailleurs se demander si elle arrivera à jouer un tel contrôle. À notre avis, la réponse à cette question est négative, car contrairement aux juridictions constitutionnelles des pays occidentaux, la haute juridiction camerounaise est placée dans un environnement politico-juridique peu favorable. Il est donc à craindre que l'arbitraire qui résulte des imprécisions de certaines dispositions de notre loi pénale continue.

La doctrine se montre d'ailleurs plus sévère sur la question en estimant que « le conseil constitutionnel n'apportera rien », car non seulement sa saisine mais aussi son contrôle limiteront son efficacité[23].

En effet, le contrôle a priori serait, à la différence du contrôle a posteriori, un contrôle politique qui interférerait avec la procédure législative. Il est vrai que le contrôle préventif intervient dans un contexte politique : « statuant alors que les clameurs du débat parlementaire ne se sont pas encore tues (...), le juge constitutionnel intervient sur le terrain encore brûlant des passions politiques »[24]. Il place face à face deux camps opposés[25]. En tranchant entre deux prétentions opposées, la cour constitutionnelle donne nécessairement « raison » à l'un des deux camps en présence ; elle s'expose ce faisant à une critique tenant au caractère politique de sa décision. En outre, statuant avant la promulgation de la loi, le juge constitutionnel serait censé participer à la confection de celle-ci[26]. Toutefois, le contrôle a priori présente l'avantage de préserver la sécurité juridique puisque la norme inconstitutionnelle, qu'elle trouve sa source dans un traité, une loi ou tout autre texte, n'entrera jamais en vigueur. La disposition inconstitutionnelle ne polluera pas l'ordre juridique ; elle est neutralisée *ab initio* sans avoir produit le moindre effet.

---

[23] Article 47 alinéa 2 de la constitution précité. La grande palabre op.cit.

[24] (P) BON, Dictionnaire constitutionnel (O. DUHAMEL et Y. MÉNY dir.), PUF, 1994, vo « contrôle a priori ».

[25] Majorité et opposition, ou encore pouvoir central et autorités fédérées

[26] (Y) GAUDEMET, « Le Conseil constitutionnel et le Conseil d'État dans le processus législatif », in Conseil constitutionnel et Conseil d'État, LGDJ, Montchrestien, 1988, p. 103.

L'analyse des constitutions de différents pays européens est porteuse de trois enseignements quant à la place que leurs auteurs ont entendu accorder respectivement aux contrôles a priori et a posteriori.

Le premier enseignement est que tous les pays ou presque connaissent des deux formes de contrôle. Le même constat s'impose très largement dans les cours constitutionnelles situées en dehors du continent européen[27].

Deuxième enseignement, et ce n'est pas une surprise, le domaine du contrôle a priori est généralement plus restreint que celui du contrôle a posteriori.

Le troisième enseignement, à la lecture des constitutions, a trait à la portée des décisions. Si, habituellement, les décisions rendues au titre des deux contrôles disposent de la même qualité de décision de justice et bénéficient en conséquence de la même autorité juridique, on découvre néanmoins, avec un certain étonnement, que les décisions rendues au titre du contrôle a priori se voient parfois reconnaître par le constituant une moindre considération.

Le temps est peut être venu pour que le Cameroun se dote d'un contrôle de constitutionnalité mixte.

B- Les peines encourues

L'État, face à des violations diverses de la loi, a la possibilité de recourir à trois actions : la non-intervention, l'intervention limitée c'est-à-dire que la norme renvoie à des matières de droit autres que le droit pénal et l'interdiction. De ces trois possibilités offertes aux pouvoirs publics, seule la première constitue une mesure de principe, les deux autres ne pouvant intervenir que de manière très exceptionnelle.

Le fondement de cet argument découle du fait que les libertés publiques occupent une place primordiale dans les États de droit. En d'autres termes, le législateur, à défaut de s'abstenir, doit prendre des mesures « ***proportionnelles*** » à toute violation du droit par les citoyens.

L'idée qui sous-tend cet argument est que dans tout État de droit, le recours à la législation répressive comme mécanisme de régulation des

---

[27] Voir l'ouvrage Constitutional Courts. A Comparative Study ((A) HARDING et (P) LEYLAND dir.), WILDY, SIMMONDS & HILL PUBLISHING, 2009, spécialement les contributions portant sur l'Afrique francophone ((B) KANTÉ, p. 242-262) et l'Amérique latine ((O) FROSINI et (L) PEGORARO, p. 345-376)

différends doit constituer une exception, et lorsque cette législation est retenue comme mécanisme d'intervention, celle-ci doit se faire de manière limitée et mesurée. Le droit pénal camerounais n'apporte pas suffisamment des garanties permettant de faire du recours aux incriminations une mesure exceptionnelle et proportionnée. Il convient pour s'en persuader de voir les principes de la proportionnalité des peines et de l'opportunité des incriminations.

1- La proportionnalité des peines

La réaction de l'État doit être mesurée, proportionnée, juste face à une violation de la loi par un citoyen. Au Cameroun, le constituant de 1996 a apporté des garanties solides, justes contre le recours à des peines telles que la torture et certains traitements cruels, inhumains ou dégradants[28]. Toutefois, le parcours de certaines incriminations montre qu'il n'existe aucune garantie législative entre la sanction et l'infraction. À titre d'illustration, les ordonnance n° 72/17 du 28 septembre 1972 soi-disant de simplification de la procédure pénale en matière de répression du banditisme et la loi n° 72/16 portant modification de certaines dispositions du CPC, ont accentué les sanctions de certaines formes de banditisme[29]. Pour la doctrine « lorsque le législateur en 1972 punit des mêmes peines le vol d'un yaourt parce qu'on a brisé la vitre d'un magasin au même titre que le fait de tuer le gardien de l'épicerie pour voler le même yaourt, on peut estimer qu'il y a là disproportion entre la faute commise et la peine »[30].

De plus, l'autre difficulté de la proportionnalité des peines réside dans la dissuasion des sanctions susceptibles d'être infligées à un agent public auteur d'infraction pénale. En matière de corruption, on peut s'interroger sur le caractère réellement dissuasif des peines. En effet, le calcul rationnel, entre les avantages de la corruption et les désagréments dus à la peine éventuelle que peut encourir un auteur, n'est pas forcément en faveur de la norme prohibant la corruption, car si un agent

---

[28] Le préambule de la Constitution affirme en effet que *« toute personne a droit à la vie et à l'intégrité physique et morale. Elle doit être traitée en toutes circonstances avec humanité. En aucun cas elle ne peut être soumise à la torture, à des peines ou traitement cruels, inhumains ou dégradants ».*

[29] La répression avait alors conduit à sanctionner de la peine de mort certains comportements de faible gravité.

[30] (S) MELONÉ, Constitution et droit pénal : pistes de recherches après la loi n° 96/06 du 18 janvier 1996, *in La réforme constitutionnelle du 18 janvier 1996 au Cameroun, Aspects juridiques et politiques*, op.cit. p. 66.

de l'État perçoit plusieurs centaines de millions pour la réalisation des travaux publics, est-ce réellement une amende de deux millions ou quelques dix ans d'emprisonnement qui le dissuaderaient ? Pas forcément, à notre avis. Il convient peut être de revoir la législation nationale en adaptant les peines.

En définitive, on peut dire que l'adéquation des peines aux incriminations, corollaire du principe de la légalité criminelle, est loin d'être résolue au Cameroun. Cette situation est d'autant plus inquiétante quand on sait que le conseil constitutionnel n'exerce qu'un contrôle limité au Cameroun[31].

2- L'opportunité des incriminations

L'un des principes du droit pénal est que celui-ci doit être utilisé de manière exceptionnelle. Autrement dit, on doit recourir au droit pénal lorsque la situation à réguler est suffisamment grave et que les autres disciplines juridiques n'offrent pas de solutions satisfaisantes.

S'agissant du droit pénal camerounais, il faut dire que le constituant, bien que n'ayant pas utilisé une formule incitant le législateur à limiter le recours systématique au droit pénal comme mode de régulation des conflits, a adopté une approche conduisant à un résultat similaire. Elle consiste à énumérer des libertés qui, au fur et à mesure qu'elles s'affirmeront, limiteront le recours aux incriminations[32]. La maladresse qui entoure l'affirmation des libertés jumelées aux formules utilisées par le législateur ne constituent pas des garanties adéquates.

---

[31] Le Conseil constitutionnel ne peut pas s'autosaisir. Mis à part les cas de saisine automatique (pour les Règlements des assemblées ou les lois organiques), il exerce le contrôle du respect de la Constitution sur les lois ou les traités uniquement lorsqu'ils lui sont déférés par les autorités habilitées à le saisir. L'alinéa 2 de l'article 47 de la loi constitutionnelle du 18 janvier 1996 dispose que : « *le Conseil Constitutionnel est saisi par le Président de la République, le Président de l'Assemblée Nationale, le Président du Sénat, un Tiers des députés ou un tiers des sénateurs* ». L'article 47 alinéa 3 ouvre le droit de saisine du Conseil constitutionnel aux Présidents des exécutifs régionaux.

[32] (P) PONCELA et (P) LASCOUMES, *Des délits et des peines sous la Constituante*, Archives de politique criminelle, 1989, p. 21, n° 11. « *Vous allez voir disparaître cette foule de crimes imaginaires qui grossissent les anciens recueils de nos lois. Vous n'y trouverez plus ces grands crimes d'hérésie, de lèse-majesté divine, de sortilège et de magie, dont la poursuite vraiment sacrilège a longtemps offensé la divinité et pour laquelle, au nom du ciel, tant de sang a souillé la terre* ».

L'inadéquation découle de la défectuosité de l'énumération des libertés faite dans le préambule de la Constitution. En effet, le constituant commence par affirmer « son attachement aux libertés fondamentales inscrites dans la Déclaration universelle des droits de l'homme, la Charte des Nations unies, la Charte africaine des droits de l'homme et des peuples et toutes les conventions internationales y relatives et dûment ratifiées, "notamment"... » et continue par l'énumération d'un certain nombre des libertés contenues dans les textes auxquels il renvoie. Est-ce à dire que les libertés non énoncées ne sont pas protégées ? À notre avis, la réponse à cette question est affirmative en droit pénal[33]. L'absence de référence au plan national de certaines libertés, jumelée à l'inflation législative dans certains domaines, pose les problèmes des manquements dans l'existence du droit pénal et constitue une entorse à l'État de droit (Paragraphe II).

Paragraphe II : L'existence instable du droit pénal

Le droit pénal, dans son application ou tout simplement dans son existence[34], pose un certain nombre de problèmes dont deux attirent particulièrement notre attention ; il s'agit d'une part de la décodification (A) et d'autre part des vides juridiques (B).

A- La décodification

La « décodification» est un néologisme rare, qui se définit par opposition à la « *recodification* »[35]. C'est un processus qui consiste à œuvrer en faveur de l'inaccessibilité et de l'absurdité du droit, en massacrant le plan d'un code, en insufflant le chaos dans la rédaction des textes ainsi éparpillés et le tout pour assurer la cacophonie du droit. Au Cameroun, la décodification des textes répressifs pose d'énormes problèmes. Il convient de présenter les causes de cette décodification (1) avant d'en observer les conséquences (2).

---

[33] Le principe de la légalité des délits et des peines.

[34] La notion d'existence ici est synonyme à mode de vie, avoir une réalité, déploiement. Il s'agit dans cette partie de dire que soit le législateur légifère trop en droit pénal (décodification) soit il ne le fait pas (vide juridique).

[35] « *Recodification* » : néologisme à l'usage montant qui vise l'opération par laquelle un Code est remodelé, dans le but d'aider à l'accessibilité et à l'intelligibilité de la loi.

1- Les causes de la décodification

La loi pénale, en dépit de ses particularités[36], est influencée par le temps, les mouvances socioculturelles et la mondialisation qui ont pour corollaire une prolifération législative. Pour R. SAVATIER, le monde actuel vivrait une accélération de l'histoire[37]. Les mutations se font ressentir dans tous les domaines de la vie. De telles évolutions expliquent, sans justifier, l'adaptation de toute chose, de toute règle de droit à l'évolution : le droit ne doit pas être dépassé par l'évolution au risque de créer des injustices[38].

Le risque de ces évolutions se trouve dans la modification et de production du droit[39]. Il est certain que l'évolution des sociétés s'accompagne de nouvelles formes d'infractions et de nouvelles règlementations. À titre d'illustration, l'adhésion du Cameroun à des organisations créée des obligations pour les citoyens[40]. Seulement, le droit ne doit pas être dépassé par ces évolutions qui risquent de conduire à une inflation des normes. L'inflation législative peut être définie comme la croissance du nombre des textes de loi. On parle aussi, plus largement, d'inflation normative pour désigner ou pour englober tous les textes juridiques. Plusieurs éléments peuvent expliquer la prolifération des textes de lois. La révision constitutionnelle du 18 janvier 1996[41] a entrainé une pléiade de lois créant souvent des textes hybrides et complexes par leur nature et leur inapplication.

En matière de santé publique, l'absence d'une législation unique conduit les pouvoirs publics à adopter des mesures de secours qui sont entre autres, la prolifération des lois en matière de santé. Ce mécanisme

---

[36] Particularité qui la distingue des civiles, morales, éthiques…

[37] (R) SAVATIER, « Le Droit et l'accélération de l'Histoire », *Dalloz,* 1951, p. 29.

[38] Car l'évolution créée de nouvelles formes de criminalité. Exemple avant l'avènement du système bancaire il n'existait pas d'infractions liées aux banques. Telle que la fraude à la carte bancaire….

[39] La doctrine considère d'ailleurs que c'est un cycle infernal. Cf. d'une manière générale, la codification, forme dépassée de codification ?, XIème congrès international de droit comparé, Caracas, 1982, spéc. (R)SACCO, rapp. Italien, pp. 65 et s.

[40] L'adhésion du Cameroun au processus de Kimberly (PK) apparait comme un levier, à titre préventif, pour la pacification du secteur d'exploitation des ressources diamantifères du pays. Le processus de Kimberley a été, à l'origine, mis sur pied pour empêcher le financement des conflits par la commercialisation des diamants bruts.

[41] Qui précise bien que le Cameroun est une République décentralisée…

de secours ou palliatif est de nature à créer une insécurité juridique dans la mesure où « l'inflation législative est aussi pernicieuse que l'inflation monétaire ; elle conduit à la dévaluation du droit... Personne n'est censé se reconnaître dans cette accumulation de lois »[42].

En matière environnementale, on dénombre un grand nombre de textes :la loi n° 89/27 du 29 décembre 1989 portant sur les déchets toxiques et dangereux ; la loi n° 2000/018 du 19 décembre 2000 portant sur la règlementation de la pharmacie vétérinaire ;la loi n° 2003/006 du 21 avril 2003 relative au régime de sécurité en matière de biotechnologie moderne ; la loi n° 98/005 du 14 avril 1998 portant régime de l'eau ; etc. L'analyse de ces textes fait apparaitre des contradictions et enchevêtrements qui rendent parfois inopérant le droit pénal de l'environnement[43].

Notons qu'il arrive parfois que certaines de ces réformes soient soutenues par des considérations politiques. Pour S.-M. RENAUD DENOIX, pour frapper l'opinion ou répondre aux sollicitations des différents groupes sociaux, l'action politique a pris la forme d'une gesticulation législative[44].

Pour G. CARCASSONNE: « tout sujet d'un vingt heures est virtuellement une loi... il suffit, qu'il soit suffisamment excitant, qu'il s'agisse d'exciter la compassion, la passion, ou l'indignation, pour qu'instantanément se mette à l'œuvre un processus, tantôt dans les rangs gouvernementaux, tantôt dans les rangs parlementaires, qui va immanquablement aboutir au dépôt d'un projet ou d'une proposition »[45]. C'est ainsi, et ceci à titre d'illustration, qu'à la suite des violences urbaines en 2008, le gouvernement a adopté une série de « lois »[46]. Plus loin, c'est également ainsi, qu'à la suite du « vent d'est »[47], le gouvernement a adopté plusieurs lois réhabilitant les libertés dans tous

---

[42] (A) MADELIN, *Quand les autruches relèveront la tête*, Robert Laffont, 1999, p. 209.

[43] Confère section I de ce chapitre.

[44] (S.-M.) RENAUD DENOIX, Trop de lois tuent la loi, entretien au Journal du Dimanche, 21 janvier 2001 en France.

[45] (G) CARCASSONNE, intervention à la conférence « Qui inspire les réformes pénales ? » *Archive*, 23 février 2006.

[46] Loi visant à baisser le prix de vente de l'essence de 6 FCFA (5 FCFA pour le gazole et le pétrole), à revaloriser de 15 % le traitement des fonctionnaires ainsi qu'à supprimer des droits de douane sur un certain nombre de produits de première nécessité

[47] La fin de l'année 1990 marque un point important dans l'histoire du Cameroun. Avec la mise en place de la démocratie et des libertés individuelles.

les domaines de la vie publique[48], instaurant la démocratie[49], et amnistiant plusieurs personnalités politiques accusées d'infraction politique[50]. À l'analyse de ce qui précède, que si certaines de ces lois ont le mérite de faire avancer la démocratie et ou l'État de droit, d'autre par contre altèrent la qualité de la norme pénale[51].

2- Les conséquences de la décodification

La multiplication anormale des textes en matière pénale est source de plusieurs problèmes. En matière environnementale par exemple, l'analyse des multiples textes fait apparaitre des contradictions et enchevêtrements qui peuvent être corrigés par l'adoption d'une législation unique. En effet, compte tenu de l'éparpillement des textes sur l'environnement, il est fréquent de rencontrer des contrariétés dans certaines dispositions pénales. À titre d'illustration, la loi n° 98/005 du 14 avril 1998 portant régime de l'eau au Cameroun dispose en son article 4 que : « sont interdit les déversements, écoulements, jets, infiltrations, enfouissement, épandages, dépôt, direct ou indirect, dans les eaux de toute matière solide, liquide ou gazeuse, en particulier, les déchets industriels, agricoles et atomiques susceptibles : d'altérer la qualité de l'eau de surface ou souterraine ou de l'eau de mer, dans les limites territoriales ;de porter atteinte à la santé publique ainsi qu'à la faune et la flore aquatique ou sous-marine ;de mettre en cause le développement économique et touristique d'une région ».

L'article 16 alinéa 1 de la même loi dispose que : « est puni d'un emprisonnement de 5 à 15 ans de prison et d'une amende de 10 à 20 millions de francs CFA, toute personne qui pollue et altère la qualité des eaux ». Or, l'article 82 alinéa 1 de la loi cadre dispose que : « (1) Est punie d'une amende de un million (1.000.000) à cinq millions

---

[48] La session des libertés de l'AN se tient en novembre 1990 sous la présidence de (L) FONKA SHANG.

[49] (L) SINDJOUN, « *construction et déconstruction locale de l'ordre politique au Cameroun ; La sociogenèse de l'État*», thèse de doctorat d'État en science politique 1994, UYII, p. 438.

[50] Loi n°91/022 du 16 décembre 1991 portant réhabilitation de certaines figures de l'histoire du Cameroun. L'abrogation de la législation anti-subversion (la loi n°90/046 du 19 décembre 1990) et l'amnistie des condamnations politiques (la loi n°91/002 du 23 avril 1991) (sect. 1ère) et enfin par la suppression de la peine de détention (la loi n°90/061 du 19 décembre 1990 portant modification de certaines dispositions du code pénal, modifiée par la loi n°91/007 du 30 juillet 1991).

[51] Confère section I de ce chapitre.

(5.000.000) de FCFA A et d'une peine d'emprisonnement de six (6) mois à un (1) an ou de l'une de ces deux peines seulement, toute personne qui pollue, dégrade les sols et sous-sols, altère la qualité de l'air ou des eaux, en infraction aux dispositions de la présente loi ». C'est dire que pour la même infraction le législateur a prévu plusieurs sanctions. Cette situation n'est-elle pas de nature à remettre en cause le principe d'égalité devant la loi pénale[52] ? La résolution de ce problème se trouve peut-être dans l'harmonisation des lois sur l'environnement[53].

Pour J.-H. ROBERT: « la méthode d'élaboration des textes environnementaux utilisée ces trente dernières années a transformé le droit pénal de l'environnement en un "maquis juridique" dont seuls quelques spécialistes savent débrouiller les pistes »[54]. La législation camerounaise n'échappe pas à ce constat. Il est donc nécessaire que le législateur, pour prétendre à une certaine lisibilité, une cohérence et même une simplicité, élabore un code unique de l'environnement.

De ce qui précède, la décodification est une entreprise juridique peu productive dans la mesure où elle peut déboucher sur des situations d'impunité et d'injustice à travers le maquis juridique qu'elle engendre. Le législateur gagnerait à revoir sa loi pénale car non seulement elle est éparpillée, mais aussi elle possède des vides juridiques qui accentuent l'impunité de ces derniers (B).

B- L'absence ou l'inapplication des incriminations

La répression d'une infraction ou d'une catégorie d'infractions, commises par les agents publics, nécessite la mise en place d'instances et de normes appropriées. C'est le fondement même du principe de la légalité criminelle. En matière répressive, la compétence législative et judiciaire sont liées[55] ; toute violation de la norme pénale est de la

---

[52] La Déclaration des droits de l'homme et du citoyen de 1789 dont les articles 1 et 6 disposent que *« les hommes sont égaux en droit »* et que la « *loi doit être la même pour tous, soit qu'elle protège soit qu'elle punisse. Tous les citoyens étant égaux, sont également admissibles à toutes dignités, places et emplois publics selon leur capacité et sans aucune distinction que celle de leurs vertus et leurs talents* ». Article 1 du CPC « *La loi pénale s'impose à tous* ».

[53] Cet exemple nous amène à inviter le législateur à revoir toute la norme pénale dans l'optique de la rendre plus cohérente.

[54] (J.-H.) Robert, *Droit pénal et environnement*, 1994, A.J.D.A, p.583.

[55] (A) HUET et (R) JOULIN-KOERING, op.cit. p. 199, n° 122.

compétence de la puissance publique[56]. Toutefois, il est des cas où le législateur n'a pas introduit certaines infractions [57] ou a introduit partiellement d'autres dans sa législation[58]. Il est d'autres cas où celui-ci a plutôt évoqué ces incriminations en renvoyant leur sanction soit aux instances pénales internationales, soit aux instances nationales, sans toutefois apporter des clarifications sur le droit applicable devant les instances nationales[59]. Or, il est certain que l'inexistence préalable de certaines règles de droit (1) a des conséquences négatives pour la société (2).

1- L'inexistence de certaines règles de droit

De nombreux vides juridiques viennent conforter l'ambiguïté et l'imprécision de la règle de droit. Il est certain, que le silence de certains textes répressifs favorise l'exécution de mesures de privation de liberté en dehors des locaux pénitenciers[60]. Pour P. NKOU MVONDO « rien n'interdit à l'officier de police judiciaire de mettre le suspect gardé à vue en plein air»[61]. Ce point de vue nous semble largement dépassé, car le CPPC dispose en son article 118 que : « La garde à vue est une mesure de police en vertu de laquelle une personne est, dans le cas d'une enquête préliminaire, en vue de la manifestation de la vérité, **retenue dans un local de police judiciaire**, pour une durée limitée, sous la responsabilité d'un officier de police judiciaire à la disposition de qui il doit rester ». Alinéa 2 du même article va d'ailleurs plus loin en disposant que : « Toute personne ayant une résidence connue ne peut, sauf cas de crime ou de délit flagrant et s'il existe contre elle des indices graves et concordants, faire l'objet d'une mesure de garde à vue »[62].

---

[56] L'alinéa 1er de l'article 1 du Code pénal camerounais dispose que « *La loi pénale de la République s'applique à tous faits commis sur son territoire* ». L'article 2 du Code de procédure pénale prévoit que ses dispositions sont d'application générale.

[57] Génocide et les crimes contre l'humanité, l'État camerounais n'a encore fait aucun effort ni de ratification du statut de Rome.

[58] Les conventions les instituant ont été ratifiées, mais aucun effort d'adaptation de la législation camerounaise n'a été entrepris.

[59] Décret n° 2007/199 du 07 juillet 2007, SOPECAM, Yaoundé.

[60] Dans les chefferies du Noun par exemple certains chefs traditionnels avaient des prisons personnelles.

[61] (P) NKOU MVONDO, op.cit. p. 518.

[62] Notons qu'aujourd'hui encore ce sont des scènes courantes. En effet, pour régler un différend avec un tiers, l'on fait appel à une connaissance faisant partie des forces du maintien de l'ordre. Celle-ci vient procéder sans sommation à l'interpellation de

Cette disposition est une réelle innovation en ce sens qu'en encadrant la durée et les lieux de détentions, le législateur a limité les abus.

De nos jours, la pratique consiste à ratifier les conventions ou à adhérer aux résolutions des Nations unies sans toutefois fois intégrer celles-ci dans l'ordre juridique interne[63]. Le seul effort d'intégration partielle concerne les infractions internationales par le seul mode d'incrimination telles que l'esclavage[64], le trafic des publications obscènes[65], le faux-monnayage[66], le trafic de stupéfiants consacré par la loi n° 97/19 du 7 août 1997 relative au contrôle des stupéfiants, des substances psychotropes et des précurseurs, l'extradition et à l'entraide judiciaire en matière de trafic de stupéfiants, des substances psychotropes et des précurseurs[67], et le travail forcé[68].

Certaines infractions, même lorsqu'elles sont intégrées dans l'ordre internes, sont renvoyées aux instances pénales internationales, où aux instances nationales sans toutefois apporter des clarifications sur le droit applicable devant les instances nationales[69]. Il en est ainsi de l'article 35 du règlement disciplinaire des force armée, concernant le génocide, les crimes de guerre et les crimes contre l'humanité, qui dispose que : « Dans le cadre des prescriptions du présent chapitre, les militaires des forces de défense camerounaises doivent s'imprégner de leur responsabilité quant au respect du droit international humanitaire et du droit des conflits armés: **la violation de ces règles en fait des criminels de guerre justiciables des juridictions militaires nationales et des juridictions pénales internationales.** En outre, toute action répressive perpétrée massivement à l'encontre des populations civiles ou d'une fraction de ces populations est un crime contre l'humanité **justiciable des juridictions pénales internationales**. Toute action répressive commise à l'encontre d'un groupe national, ethnique, racial ou religieux

---

l'intéressé et le « *jette* » dans une cellule de gendarmerie ou de police, parfois sans inscription dans la main courante.

[63] Protocole de Maputo 2003. Le Protocole de Maputo veut établir une légalisation totale de l'avortement. Or, l'article 337 alinéa 1 du CPC dispose que : *« la femme qui se procure l'avortement à elle-même ou qui y consent et le professionnel de santé qui pratique cet avortement »*.

[64] Article 293 du CPC.

[65] Article 265 du CPC.

[66] Article 211 et 215 du CPC.

[67] Journal officiel de la République du Cameroun, 15 août 1997, p. 985 et s.

[68] Article 292 du CPC.

[69] Décret n° 2007/199 du 07 juillet 2007, SOPECAM, Yaoundé.

ou une partie du groupe, avec l'intention de le détruire est un crime de génocide **justiciable des juridictions pénales internationales** »[70].

Enfin, certaines infractions n'existent même pas en droit pénal camerounais. Il en est par exemple le cas de l'infraction d'enrichissement illicite, qui est définie par Convention des Nations unies contre la corruption (CNUCC) du 31 octobre 2003 comme « une augmentation substantielle du patrimoine d'un agent public que celui-ci ne peut raisonnablement justifier par rapport à des revenus légitimes »[71]. Dès lors, comment le législateur peut-il prétendre lutter efficacement contre le détournement de fonds publics, la corruption, bref les infractions économiques commises par les agents publics s'il omet d'incriminer d'autres infractions économiques ? Il en est aussi de certaines infractions en matière de nouvelles technologies.

À titre d'illustration, si un agent public, utilise des drones pour observer, espionner des citoyens dans leurs domiciles[72], n'y aurait-il pas atteinte à la vie privée ou à l'intimité des personnes ? Si oui quel sera le droit applicable ? En l'état actuel des choses, il n'existe pas de règlementation sur la question[73]. Le droit pénal camerounais doit être actualisé.

2- Les conséquences des vides juridiques

La conséquence des vides juridiques est généralement l'arbitraire tant des autorités judiciaires que des autorités administratives.

S'agissant de l'arbitraire des autorités administratives, on peut prendre l'exemple de la loi n° 90/054 du 19 décembre 1990 sur le maintien de l'ordre au Cameroun. Celle-ci a donné lieu à des égarements horribles dans la mesure où elle « s'applique à un individu qui n'a pas encore commis l'infraction soupçonnée et dont on n'est pas sûr qu'il aurait pu le commettre »[74].

---

[70] En règle générale la Cameroun n'extrade pas ses nationaux. Dès lors sur quels fondements les juridictions nationales vont s'appuyer pour condamner un agent public auteur de ces infractions ? Devant quelles juridictions ? Autant de points sur lesquels la loi est restée muette.

[71] Article 20, Résolution 58/4 de l'Assemblée Générale des N.U du 31 octobre 2003.

[72] Il y aura certainement là une atteinte à la vie privée.

[73] Il en est également le cas des écoutes téléphoniques, de la règlementation des achats en ligne… Bref il existe plusieurs vides juridiques en droit camerounais.

[74] (F) ANOUKAHA, op. cit. p 49.

De même, compte tenu de l'imprécision de la notion l'ordre public en droit camerounais, celle-ci peut s'appliquer à des situations qui n'ont rien à voir avec le trouble à l'ordre public. Ainsi en est-il par l'exemple de l'arrêté préfectoral n°336/AP/L11/BC du 06 novembre 1996 portant garde à vue de certaines personnes pour incitation à la grève et trouble à l'ordre public[75]. Précisons que les comportements des agents publics pris en application de cette loi sont en principe couverts et étendus[76]. La doctrine estimait d'ailleurs que « loi est apparemment bonne, mais son application pratique ne manque pas de susciter des remous sociaux, notamment compte tenu de ses dispositions concernant l'atteinte aux libertés individuelles »[77].

S'agissant de l'arbitraire des autorités judiciaires, il peut découler de la peur du déni de justice. En effet, le juge à l'obligation de statuer sur la prétention qu'une ou des parties ont formulée devant lui en faisant usage de leur droit d'action en justice. Selon l'article 4 du code civil, « le juge qui refusera de juger, sous prétexte du silence, de l'obscurité ou de l'insuffisance de la loi, pourra être poursuivi comme coupable de déni de justice ». Il est donc normal qu'un juge, même dans l'hypothèse d'un vide juridique, statue. Or, la loi pénale obéit au principe de la légalité. Comment peut-on, dans cette hypothèse, condamner un agent public ? Sur quel fondement le juge s'appuiera-t-il ? Quelle sera la peine applicable à une situation non prévue par les textes ? Quoiqu'il en soit, la doctrine considère que même dans une situation très complexe, le juge peut s'adapter afin de ne pas faillir à sa mission qui est de rendre la justice au nom du peuple[78]. Le droit pénal, pour une bonne « performance législative » et pour la sauvegarde des libertés individuelles, doit être actualisé en fonction des évolutions de la société[79].

---

[75] (B) KITIO, « La garde à vue administrative pour grand banditisme et respect des droits de l'homme au Cameroun' » Application de la loi n° 90/ 054/ du 19 décembre 1990 sur le maintien de l'ordre, *Juridis périodique, n°30 Avril mai juin* 1997, pp. 47-56.

[76] L'ordre public est défini au sens strict comme une disposition du droit à laquelle il est impossible de déroger. Au sens large, il désigne l'ensemble des règles qui régissent la vie en société édictées dans l'intérêt général.

[77] (B) KITIO, idem, pp.47-56.

[78] (J) KOERING et (J.F) SEUVIC, droits fondamentaux et droit criminel, *A.J.D.A* juillet août 1998 n° spécial p.1 (S) OGET, *in (A) MINKOA SHE*, op. cit. , p.44.

[79] (J) BENOIT et (F) OST, op. cit. , p.9.

En définitive, la législation pénale nationale souffre d'un manque d'actualisation. Cette situation avait déjà été évoquée par S. MELONÉ quand il décriait la désuétude des lois pénales en affirmant que : « le Code pénal camerounais doit être mis au feu et brûlé »[80]. Des décennies après la dernière grande réforme des lois répressives, le débat semble toujours ouvert sur la scène publique ; la réforme des lois pénales s'impose et pourrait d'ailleurs être une solution efficace à l'optimalisation de la responsabilité pénale des agents publics au Cameroun.

SECTION II :
Les lacunes institutionnelles

L'effectivité de la mise en œuvre de la responsabilité pénale des agents publics se heurte, au Cameroun, à des entraves de nature institutionnelle qui accentuent les inégalités et surtout l'impunité de ces derniers. Pourtant, l'objectif de l'action publique est que toute personne soupçonnée d'avoir commis une infraction soit traduite, dans les plus brefs délais, devant les instances judiciaires impartiales et indépendantes[81]. La doctrine estime que : « l'accès à la justice, une fois réalisée, ne suffira pas à lui seul à atteindre l'objectif principal qui est le droit à la justice pour tous »[82]. Pour atteindre cette exigence, l'État doit pouvoir offrir aux citoyens une justice de qualité.

Le constituant de 1996, a justement cherché à moderniser la qualité de la justice à travers le réaménagement du statut juridique des magistrats. Pour D. MOUTOMÉ, le passage de l'autorité judiciaire en « pouvoir judiciaire » permettra de garantir efficacement l'indépendance de la justice[83]. Mais, suffit-il de changer de dénomination pour garantir l'efficacité de l'action publique dans la répression des agents publics indélicats ? La réponse à cette question est négative. Pour A. BADARA

---

[80] (S) MELONÉ op. cit. p. 18.

[81] De même, tout citoyen devrait bénéficier d'un non-lieu si les charges qui pèsent contre lui sont inexistantes ou insuffisantes.

[82] (A) BADARA FALL, « le statut du juge en Afrique », numéro spécial, *revue électronique Afrilex* n° 3/2003, pp. 2-34.

[83] (D) MOUTOMÉ alors ministre de la Justice garde des sceaux, *lex-lata*, n° 23-24, février - mars 1996, p 13, *in (J.C.) ABA'A*, les mutations de la justice à la lumière du développement constitutionnel de 1996, *revue électronique Afrilex,* 2000/ 2001, pp .1- 23.

FALL : « autorité judiciaire ou pouvoir judiciaire, les deux notions ne sont que la volonté de consécration de la théorie de la séparation des pouvoirs de Montesquieu par les pays africains que l'ancienne métropole leur a léguée »[84]. Pour J.C. ABA'A OYONO : « parler de pouvoir judiciaire n'est qu'une technique rédactionnelle qui ne signifie pas nécessairement que son détenteur est plus prépondérant, plus respecté, plus craint et moins invulnérable que ne le serait le détenteur de l'autorité... Autorité et pouvoir ne s'excluent pas de manière significative »[85]. Nous souscrivons entièrement à ces affirmations dans la mesure où l'analyse minutieuse du procès (PARAGRAPHE I) et l'impartialité du juge (PARAGRAPHE II) étouffent tout triomphalisme.

Paragraphe I : Les aléas lies au procès

Le temps et l'équité sont deux éléments essentiels d'une justice crédible et de qualité. L'article 7 alinéa 1 de la Charte africaine des droits de l'homme et des peuples (C.A.D.H.P) dispose à cet effet que : «Toute personne a droit à ce que sa cause soit entendue équitablement, publiquement et dans un délai raisonnable, par un tribunal indépendant et impartial... ». L'article 9 paragraphe 3 du pacte international relatif aux droits civils et politiques s'inscrit dans la même logique en disposant que : « tout individu arrêté ou détenu du chef d'une infraction pénale sera traduit dans le plus court délai devant le juge ou une autorité habilitée par la loi à exercer des fonctions judiciaires et devra être jugé dans un délai raisonnable ou libéré ». Soulignons, et ceci pour lever toute ambiguïté, que le caractère raisonnable du délai doit être apprécié *in concreto*[86]. De manière générale, l'égalité des chances dans un procès (A) et la lenteur de la justice (B) sont incontestablement les principaux griefs adressés par les justiciables aux juridictions.

A- Le procès équitable

La notion de procès équitable est essentiellement mentionnée par des sources supranationales. Elle est reprise par l'article 10 de la DUDH du

---

[84] (A) BADARA FALL, op cit., pp. 2-34.

[85] (J.C.) ABBA'A OYONO, op cit. pp. 1-23.

[86] Toute personne arrêtée ou détenue doit aussitôt être traduite devant un juge ou un autre magistrat habilité par la loi à exercer des fonctions judiciaires et a le droit d'être jugée dans un délai raisonnable, ou liberty pendant la procédure. Article 7 de la C.A.D.H.P.

10 décembre 1948 ainsi qu'à l'article 14 alinéa 1, du Pacte international relatif aux droits civils et politiques du 16 décembre 1966. Notons que c'est la CEDH qui a permis de conférer à la notion de procès équitable le rayonnement qu'elle connaît aujourd'hui[87]. Il résulte de sa jurisprudence que quatre éléments suffisent à eux seuls pour qualifier un procès d'équitable : le droit d'accès au juge, le droit à un bon juge, le droit à une bonne procédure, et l'égalité des armes.

Le premier de ces quatre éléments suppose que toute personne, agent public ou non, a le droit d'accéder à un tribunal afin de pouvoir exposer sa cause[88]. La CEDH a même étendu ce droit d'accès au juge au droit d'obtenir une décision de justice effective, c'est-à-dire une décision exécutée[89]. Le second quant à lui suppose que le juge doit être impartial et indépendant, c'est-à-dire qu'il doit traiter toutes les affaires qui lui sont soumises avec neutralité à l'égard des parties surtout à l'égard des agents publics qui ne peuvent influencer son jugement. Le troisième concerne la procédure. Elle doit être rapide, c'est-à-dire qu'elle doit être rendue dans un délai raisonnable[90]. Le quatrième élément renvoie à l'idée, que toute partie au procès doit pouvoir agir avec la possibilité raisonnable d'exposer sa cause dans des conditions qui ne la désavantage pas par rapport à l'autre partie au procès[91]. Dans le cadre de cet ouvrage, seul le droit d'accès au juge, plus spécialement, la notion de gratuité du service public de la justice (1) et l'égalité des armes (2), seront abordés.

1- La proclamation vertueuse de la gratuité de la justice

L'un des grands principes de la justice moderne est la gratuité[92]. Le Cameroun ne l'a pas consacré comme étant l'un des principes généraux du fonctionnement de la justice. Cette affirmation n'est pas fortuite. En effet, si l'on se réfère aux normes juridiques existantes et à la jurisprudence constante, il apparait un double mouvement de validation et d'atténuation de ce principe.

---

[87] Organe chargée de connaître des violations de la Convention imputables à tout état signataire.

[88] Article 6 de la CEDH et article 8 de la C.A.D.H.P.

[89] CEDH 28 juill. 1999, Ferrari c/ Italie, *RTDH* 2000-43. 531, note KUTY.

[90] CEDH 31 mars 1992, X. c/ France, *RUDH* 1992, série A, no 234-C,. p. 243.

[91] CEDH 8 avr. 2003, Jussy c/ France, *Procédures,* 2003, no 139, obs. Fricero.

[92] En France par exemple ce principe est l'un des acquis de la révolution.

La loi n°2006/015 du 29 décembre 2006 portant organisation judiciaire dispose en son article 8 que : « **La justice est gratuite**, sous la seule réserve des dispositions fiscales relatives notamment au timbre et à l'enregistrement et de celles concernant la multiplication des dossiers d'appel et de pourvoi ». Précisons que cette loi n'est pas une innovation. Elle est une reprise de l'article 6 de l'ordonnance n° 72/4 du 26 août 1972 portant organisation judiciaire, qui était aussi une dérivée de l'article 4 de l'ordonnance n°56/86 du 17 décembre 1959 fixant l'organisation judiciaire de l'État.

De manière générale, la gratuité de la justice s'entend comme le fait pour un justiciable de recourir au service public de la justice sans avoir à débourser des frais. Cette idée n'est pas totalement absurde. En effet, si on se réfère au droit français, on se rend vite compte que les lois des 16 et 24 août 1789 sur l'organisation judiciaire disposaient à l'article 2 que « la vénalité des offices de judicature est abolie pour toujours ; **les juges rendront gratuitement la justice**, et seront salariés par l'État ». En admettant le droit des timbres, droit d'enregistrement et droit des dossiers d'appel et de pourvoi, le législateur camerounais a bel et bien limité le principe de gratuité du service public de la justice[93]. Pourtant, le principe de gratuité consacré par les textes et par la jurisprudence poursuit une double finalité.

D'abord, la gratuité du service public de la justice vise à préserver l'égalité entre les justiciables. Pour L. CADIET, « la gratuité de la justice est l'une des conditions du libres accès de tous aux juridictions »[94].Un service public payant sera limité à tous ceux qui ont une position sociale confortable[95].

Ensuite, le principe de gratuité du service public de la justice vise à faciliter l'accès à la justice à tous les citoyens, quelle que soit leur provenance sociale. Pour M. KAMTO, « la justice souffre dans la plupart des pays africains de l'atteinte à sa crédibilité, minée par la corruption, ce fléau qui gangrène les administrations en Afrique, elle

---

[93] Une telle démarche n'est pas mauvaise. Elle est même d'ailleurs logique. Car, elle vise à limiter la paupérisation de la justice et, dans une moindre mesure, à limiter la dépendance de la justice au pouvoir.

[94] (L) CADIET, « Compte rendu de l'ouvrage de (C) SAMSON et (J) MCBRIDE (sous la direction de), Solutions de rechange au règlement des conflits - Alternative Dispute Resolution », Sainte-Foy, Les Presses de l'université Laval, 1993, *in Revue internationale de droit comparé* 1994, n° 4, pp. 1213-1217.

[95] Au Cameroun, parce qu'ils occupent un emploi permanent et stable, les agents publics ont une position confortable par rapport aux autres citoyens.

n'est plus porteuse de l'idée de justice. On comprend alors le désenchantement et la désaffection des justiciables... peu fortuné, devant cette justice négociable et monnayable qui accrédite très souvent cette maxime du fabuliste français : selon que vous soyez puissant ou misérable les jugements de la cour vous rendront blanc ou noir[96] ». Autrement dit, dans un contexte marqué par une corruption en outrance et par le culte *mamonien*[97] de l'argent roi, la gratuité de la justice permet de préserver l'égalité de chance devant la justice ; elle permet au pauvre de retrouver sa dignité, elle restaure l'État dans sa légitimité d'organe de régulation de la vie.

L'importance des frais de justice jumelée à l'intervention de l'assistance judiciaire constituent les deux grands éléments qui atténuent le principe de la gratuité du service public de la justice au Cameroun. Pour R. SOCKENG, « à quoi bon parler de service public de la justice, si à la longue, la majorité se trouve dans l'impossibilité de faire valoir ses droits pour des raisons d'ordre financier ? »[98].

L'assistance judiciaire réservée aux plus démunis n'atteint pas les objectifs escomptés[99]. Ceci non seulement à cause de l'ignorance des populations des régions reculées du pays ; mais aussi compte tenu du fait que celle-ci ne dispense pas le justiciable du paiement de certains frais de justice [100]. Bref, qu'il s'agisse de l'instance ou de l'appel, la représentation judiciaire est une institution quasiment systématique qui appauvrit d'avantage les justiciables démunis. De même, une requête peut être jugée irrecevable si le justiciable ne s'est pas acquitté des frais de consignation[101].

Dans cette hypothèse, il est logique de continuer à croire que certains agents publics, du fait de la pauvreté de certains justiciables, échapperont à la justice. Il serait peut-être intéressant, pour les pouvoirs publics, de promouvoir d'ordres mécanismes de règlement des litiges moins couteux et surtout proches des justiciables.

En définitive, on peut dire que la gratuité partielle du service public de la justice entraîne inévitablement l'abandon de certains justiciables et

---

96 (J) LA FONTAINE, *Les Animaux malades de la peste*, livre VII.

97 Prénom biblique qui signifie étymologiquement « *celle qui élève* ».

98 (R) SOCKENG, op cit. p.171.

99 L'assistance judiciaire réglementée par décret n ° - J 21 du novembre 1976.

100 Voir article 8 de la loi de 2006 précitée.

101 Jugement n° 126/2009, (M) DJEUDJI contre état du Cameroun (premier ministre) pour défaut de paiement de la consignation *ad litem*.

par voie de conséquence l'impunité des agents publics. Au demeurant, le recours aux modes alternatifs de règlement de litiges, généralement gratuits, ou moins couteux, que la justice d'État, apparaît comme une solution idoine à la lutte contre l'impunité dont bénéficient certains agents de l'État.

2- L'égalité des armes

Le principe de l'égalité des armes ne constitue qu'un aspect de la notion plus large de procès équitable devant un tribunal indépendant et impartial. De manière générale, un procès ne saurait être équitable s'il se déroule dans des conditions de nature à placer injustement une des parties au procès dans une situation désavantageuse. Cela implique que chaque partie doit se voir offrir la possibilité de présenter sa cause dans des conditions qui ne remettent pas en cause l'égalité entre les justiciables[102]. De nos jours on assiste à une extension de cette notion de procès équitable. Elle englobe désormais le droit fondamental au caractère contradictoire de la procédure pénale[103].

Au Cameroun, l'égalité des justiciables devant les juridictions consacrées par divers instruments juridiques est limitée par les atteintes à l'indépendance et à l'impartialité des magistrats[104] et par des contraintes d'ordre physique[105].

Pour A. BADARA FALL, comment un juge peut-il se rendre crédible ? Comment peut-il être impartial ? Bref comment peut-il être « bon » lorsqu'il est « prompt à s'adonner à la séduction des femmes en instance de divorce et venues au tribunal à cet effet »[106] ? Le juge camerounais succombe trop souvent aux pressions exercées par les forces exogènes à l'appareil judiciaire. Pourtant, il devrait faire l'effort de maintenir l'équilibre entre une réelle indépendance à acquérir vis-à-vis du pouvoir politique et une légitimité suffisante permettant à ses décisions d'avoir l'autorité nécessaire pour ne pas être contestées ni par

---

[102] CEDH 23 oct. 1996, Ankerl c/ Suisse, *JCP* 1997. I. 4000, no 1, obs. Sudre.

[103] CEDH 22 juin 1993, Mélin c/ France, *RUDH,* 1993. 383, série A, no 262-A, obs. Sudre.

[104] Cette partie fera l'objet d'un titre particulier compte tenu de l'importance de la question au Cameroun.

[105] Des contraintes d'ordre physique nées de l'éloignement des juridictions et des disparités entre les régions entravent l'accès des justiciables à la justice.

[106] (A) BADARA FALL, op. cit., p 16.

les parties au procès, ni par les tiers[107]. Ces propos méritent d'être dilués car, il n'est pas rare de voir certains juges s'affranchir du joug de l'administration[108].

B- Le délai raisonnable

La notion de « délai raisonnable » est une notion capitale dans la bonne administration de la justice. En effet, les retards excessifs dans le fonctionnement du système judiciaire mettent en cause son efficacité et sont susceptibles de conduire à terme à un déni de justice[109]. Cette pratique n'est pas propre aux systèmes judiciaires africains. F. CHEVALLIER, parlant de la France, avait pu dire que : « la France est régulièrement condamnée à ce titre devant la Cour Européenne des droits de l'homme »[110]. Au Cameroun, les causes et les manifestations de cette pratique sont multiples (1) ; leurs présentations seront précédées par les critères d'appréciation de la durée raisonnable du procès (2).

1- Les critères du délai raisonnable

La CEDH distinction quatre critères d'appréciation de la durée raisonnable du procès à savoir : la complexité de l'affaire, l'attitude du requérant, le comportement des autorités étatiques, et l'enjeu de l'affaire pour le requérant.

S'agissant de la complexité de l'affaire, la CEDH se réfère à une multitude d'éléments, tels que le nombre des accusés[111], des chefs d'accusations ou des audiences tenues[112], le développement de deux procès pénaux, la multiplication ou le nombre des témoins, la médiatisation ou la politisation du litige, la qualification juridique difficile des faits[113]... Pour ce qui est de l'attitude du requérant, la Cour souligne qu'elle ne saurait être imputée à l'État. En d'autres termes les périodes de retard dues au comportement dilatoire ou négligent du requérant ne sont pas prises en compte aux fins de statuer sur la durée

---

[107] Idem. p. 7.

[108](M.-L.) OTEKI OTABELA, op. cit. p. 516.

[109] CEDH 26 avr. 1994, (A) VALLEE c/ France, *RUDH* 1994, série A, no 289-A, p.183.

[110] Elles découlent aussi bien du fonctionnement judiciaire que son organisation.

[111] Il va de soi qu'un procès avec plusieurs accusés mettra toujours plus temps pour être solutionné qu'un procès avec un seul accusé.

[112] CEDH 3 juill. 2001, Romo c/ France, *Dalloz*. 2002. Somm. 689, obs. Perez.

[113] CEDH 31 mars 1992, X. c/ France, *RUDH* 1992. 243, série A, no 234-C.

excessive ou non du procès. Il en va de même pour des retards importants dus à une maladie du requérant[114].

S'agissant du comportement des autorités étatiques, seuls les retards dus au comportement des organes judiciaires sont susceptibles de conduire à un constat de dépassement du délai raisonnable[115]. Pour ce qui est de l'enjeu de l'affaire pour le requérant, la Cour suppose que les tribunaux internes doivent faire preuve d'une rapidité, en tenant pleinement compte de l'importance du facteur temps pour le requérant, combiné à la nature intrinsèque de l'affaire[116].

Le Cameroun a ratifié le Pacte international relatif aux droits civils et politiques et la Charte africaine des droits de l'Homme et des peuples. Ces instruments reconnaissent, à toute personne, le droit d'être jugé dans un délai raisonnable[117]. La loi n° 2006/16 du 29 décembre 2006 portant organisation et fonctionnement de la Cour suprême intègre dans son corps de nombreuses dispositions relatives aux droits de l'homme et particulièrement à l'exigence de la célérité des procès[118]. L'article 44 dispose que « Le délai de pourvoi en matière pénale est de dix (10) jours francs pour les décisions rendues au fond et de sept (7) jours francs pour les décisions avant dire droit. Ce délai est de trente (30) jours en toutes autres matières ».

De plus, le CPPC intègre la notion de délai raisonnable à toutes les phases de la procédure. L'article 221 alinéa 1 du CPPC fixe des délais assez précis que le magistrat doit respecter sous peine de poursuites disciplinaires[119] ; l'article 388 du CPPC dispose que : « le jugement est rendu, soit immédiatement, soit dans un délai de quinze (15) jours après

---

[114] CEDH 21 mars 2000, Gergouil c/ France et Guichon c/ France, *Procédures,* 2000, no 121, obs. Fricero.

[115] CEDH 27 oct 1993, Monnet c/ France, *D*alloz. 1995, série A, no 273-A. Somm. 102, obs. Renucci.

[116] CEDH 26 oct. 1999, Ceriello c/ Italie, *Dalloz*, 2000. Somm. 183, obs. Fricéro.

[117] Article 7 de la C.A.D.H.P : « *le droit d'être jugé dans un délai raisonnable par une juridiction impartiale* ».

[118] Les articles 48, 46, 49, 61 et 61 fixent des délais à chaque étape de la procédure pénale.

[119] Article 221 du CPPC dispose que : « (1) La durée de la détention provisoire est fixée par le Juge d'Instruction dans le mandat. Elle ne peut excéder six (6) mois. Toutefois, elle peut être prorogée par ordonnance motivée, au plus pour douze (12) mois. (2) A l'expiration du délai de validité du mandat de détention provisoire, le Juge d'Instruction doit, sous peine de poursuites disciplinaires, ordonner immédiatement la mise en liberté de l'inculpé, à moins qu'il ne soit détenu pour autre cause. En cas de crime et six (6) mois en cas de délit ».

la clôture des débats. En cas de mise en délibéré de l'affaire, le Président informe les parties de la date à laquelle le jugement sera prononcé ». Précisons que le juge a déjà fait application de cette notion dans de nombreuses affaires[120]. Dans d'autres cas, il a été condamné pour ses retards excessifs dans des procès. Dans la procédure de flagrance, d'aveu de culpabilité, ou d'absence de charges. D. ATANGANA est accusé d'outrage à la pudeur sur personne mineure, suivi de viol et placé sous M.D. le 17 novembre 2006 ; malgré ses aveux à l'enquête préliminaire et à l'instruction, il n'a été renvoyé devant le tribunal que le 10 août 2007 [121]. De même, certaines détentions ont été jugées excessives[122] et parfois, certains, accusés sont acquittés pour faits non établis après de longues détentions[123]. Qu'est-ce qui justifie ou qui est à l'origine des délais irraisonnables au Cameroun ?

2- Les causes de la « durée » du procès

Deux conditions sont particulièrement nécessaires pour qu'une justice soit rendue dans un délai raisonnable. Il s'agit d'une part des ressources humaines suffisantes et bien formées; et d'autre part de la célérité du travail de justice. Il va sans dire que la deuxième condition est une conséquence de la première.

S'agissant des ressources humaines suffisantes et bien formées, on peut dire qu'au Cameroun, l'appareil judiciaire souffre d'un déficit énorme du personnel. Lequel a pour conséquence immédiatement la lenteur de justice. Le pays avait entre 2003 et 2005, 825 magistrats pour 20000000 (20 millions) d'habitants soit 1 magistrat pour 24242 personnes[124]. Un nombre très insuffisant au regard de la population et du nombre d'infractions enregistrées[125].

De plus, pour tout le pays l'école de magistrature ne forme que vingt-cinq (25) magistrats tous les deux ans[126]. Pourtant, chaque année, on

---

[120] TGI Mfoundi, aff c/(A) ESSOMBA, M.D du 22/11/99, 1ère audience le 22/7/02, jgmt n° 454/crim du 25/05/04.

[121] TGI Mfoundi, jgmt n° 153/crim du 11/04/08, aff. (D) ATANGANA.

[122] TGI Mfoundi, aff c/ (A) ESSOMBA, M.D du 22/11/99, 1ère audience le 22/7/02, jgmt n° 454/crim du 25/05/04.

[123] TGI Mfoundi, jgmt n° 157/crim du 11/04/08 ; jgmt n° 314/crim du 22/05/2004.

[124] Institut National de la Statistique : Annuaire Statistique du Cameroun 2010.

[125] Source: MINJUSTICE/Bulletin statistique 2005-2006.

[126] Les élèves magistrats reçoivent deux ans de formation.

enregistre des décès et des départs à la retraite au sein du personnel chargé d'animer la justice. Cette situation créée un véritable vide que les recrutements postérieurs des nouveaux magistrats ne pourront rattraper. La conséquence directe de ce manque en personnel est qu'on assiste à un engorgement du prétoire, au classement sans suite des dossiers du fait de la charge de travail.

Le constat évoqué ci-dessus est également observable dans les autres corps de justice. Le pays comptait entre 2003 et 2005, 620 huissiers de justice dont la moitié seulement était pourvue d'une charge[127] ; pour la même période, 1351 avocats et avocats stagiaires dont 762 (55%) exerçaient dans 2 régions sur 10 que compte le pays[128]. Tout ceci explique la différence entre les affaires enrôlées et les affaires jugées[129] et allongement des délais de traitement des dossiers.

À côté de ce déficit en personnel, se pose le problème de la formation du personnel. Or, pour que la justice siège ou statue rapidement, il faut une bonne formation et des moyens conséquents. Pour R. SOCKENG, le comportement du juge camerounais est empreint du laxisme habituel du fonctionnaire africain. Celui-ci peut décider de classer sans suite et sans motif sérieux, de faire traîner les affaires au préjudice d'un justiciable[130]. Cette situation conduit à ralentir la justice. Cette lenteur se renforce d'ailleurs avec le mode de traitement et de transmission des dossiers. Pour S.R. DEGNI la « transmission du dossier» est source de lenteur et n'est plus adaptée à notre époque[131]. À l'heure des nouvelles technologies, il serait judicieux que le législateur introduise l'usage d'internet dans les communications de justice. Cela pourrait réduire les lenteurs judiciaires et l'éloignement géographique des requérants. Néanmoins, même si cette possibilité technologique est offerte, il n'est pas sûr, qu'elle serve à quelque chose. Les délestages intempestifs en matière d'électricité que subissent les nombreux foyers et entreprises empêchent tout triomphalisme.

Pouvoir rendre la justice effective garantit son efficacité[132]. L'effectivité de la décision de justice demeure la raison d'être, la

---

[127] Source: MINJUSTICE/Bulletin statistique 2005-2006.

[128] Idem.

[129] Affaires enrôlées : 223 636 affaires jugées : 142 613.

[130] (R) SOCKENG, op. cit. p. 114.

[131] (S.R.) DEGNI, op cit. p.45.

[132] (J) BERTRAND, (E) COHENT-BOCHARD, (I) YESNIKIAN, l'exécution de décisions de justice, bilan des activités des cours administratives d'appel, *in AJDA*, octobre 2001, p.864.

justification et la fin de toute action contentieuse. Le procès n'est achevé que si la formule exécutoire se transforme en véritable exécution[133]. Des exemples multiples d'inexécution des décisions de justice par l'administration pullulent en droit camerounais[134]. Tout ceci explique l'allongement dans la durée des procès pénaux au Cameroun.

Paragraphe II : Les aléas liés au juge

La protection des libertés individuelles nécessite une indépendance complète de la justice. C'est dire que celle-ci ne doit pas être perturbée dans son action par des forces endogènes et exogènes. Soulignons d'emblée que les réflexions sur l'indépendance des juges ont fait l'objet de nombreuses publications[135]. Néanmoins, il n'est pas inintéressant de revenir sur cette question ; d'abord parce que c'est un débat constant, du moins toujours renouvelé chaque fois que la justice ou tout au moins son indépendance se trouve menacée. Ensuite, et c'est cela qui donne une dimension inédite et actuelle à cette problématique, cette réflexion est menée dans un contexte marqué par la violation quotidienne du droit par les agents publics[136].

A- La dépendance des juges

L'indépendance de la justice est consacrée par l'article 37 alinéa 2 de la constitution de 1996 dispose que : « le pouvoir judiciaire est (...) indépendant du pouvoir exécutif et du pouvoir législatif (...) Les magistrats du siège ne relèvent que de la loi et de leur conscience »[137]. Le décret n° 95/048 du 8 mars 1995 portant statut de la magistrature, organise, de manière spécifique, en son article 5, l'indépendance de la

---

[133] (M) NGASSI SAQUOUT, *le contrôle juridictionnel de l'administration marocaine, contribution à une étude sociojuridique du contentieux administratif de la Cour suprême*, thèse de doctorat d'État 1982, Paris II, p. 24

[134] Arrêt de la Cour Suprême, Jugement n° 29 du 03 mai 1990, (S) MBARGA contre État du Cameroun ; l'arrêt n° 7/CC du 13 octobre 1994 rendu par la Cour suprême du Cameroun dans l'affaire P.G.C.S (H) MPONDO MOUSSIO contre (S) ESSOME.

[135] (A) BADARA FALL, Les menaces internes à l'indépendance de la justice, *Actes du deuxième congrès de l'Association des Hautes juridictions de cassation des pays ayant en partage l'usage du français*. Dakar – 7 et 8 novembre 2007.

[136] Accès à la justice, actualisation du droit, démocratie…

[137] Article 37 alinéa 2 de la loi n° 96/06 du 18 janvier 1996.

justice[138]. Pour ZBIGNIEW DIME LI NLEP, l'indépendance implique que le juge a une image dans la société caractérisée par la neutralité, l'objectivité, l'impartialité, la loyauté, l'honnêteté, la dignité et l'abnégation[139]. En dépit de ce qui précède, le juge camerounais est caractérisé par une dépendance vis-à-vis de l'exécutif et social.

1- La dépendance envers le pouvoir exécutif

Le juge administratif est par présomption soupçonné de partialité en faveur des agents publics, car comme le soulignait F. CHEVALLIER « les justiciables s'expliquent mal que l'existence de cet ordre de juridiction spécial à l'administration soit totalement étrangère à toute idée de privilège »[140].Le constat posé sur le juge administratif est, avec quelques variables, identique à celui qu'on pourrait poser sur le juge répressif au Cameroun, car à la vérité, qu'il soit du siège ou du parquet, le juge camerounais reste très dépendant du pouvoir politique.

En principe, dans les pays développés, les magistrats du siège, bien qu'agents publics, ne sont pas des fonctionnaires et ne sont par conséquent pas soumis à l'autorité hiérarchique d'un ministre. Ils sont inamovibles, et leurs décisions ne peuvent être contestées que dans le cadre d'un recours préétabli par la règlementation en vigueur.

Au Cameroun, la dépendance du magistrat du siège est évidente malgré son statut[141]. L'article 64 du CPPC consacre de façon très claire une atténuation, en disposant que : « le Procureur Général près une Cour d'Appel peut, sur autorisation écrite du ministre chargé de la Justice, requérir par écrit puis oralement, l'arrêt des poursuites pénales **à tout stade de la procédure avant l'intervention d'une décision au fond**, lorsque ces poursuites sont de nature à compromettre l'intérêt social ou la paix publique ». C'est une intrusion grave de l'exécutif dans le fonctionnement de la justice pénale au Cameroun.

En effet, à la lecture de cette disposition, il apparaît que le ministre de la justice peut à toute étape d'une procédure pénale, demander et obtenir du juge, magistrat du siège, l'arrêt de toute poursuite à l'égard de toute

---

[138] Les magistrats du siège disposent dans leurs fonctions juridictionnelles, que de la seule loi et de leur conscience.

[139] ZBIGNIEW DIME LI NLEP op. cit. p .71.

[140] (F) CHEVALIER, « le droit au juge devant les juridictions administratives », cité par (J) RIDEAU, *le droit au juge dans l'union Européenne*, L.G.D.J., 1998, p 188.

[141] Ceux-ci dépendent dans leur avancement et leur nomination de la décision du CSM qui est dirigé de main de fer par le président de la république.

personne déférée devant lui sous les seules conditions qu'il n'y ait pas eu une décision au fond et que les poursuites soient de nature à compromettre l'intérêt social et la paix publique[142]. Cette disposition est très dangereuse pour la simple raison qu'on pourra toujours trouver des risques à l'intérêt social et à la paix publique pour les procédures engagées à l'encontre des agents publics dit « influents ou puissants »[143].

Pire encore, l'alinéa 3 du même article rend impossible voire difficile toute action au civil, en disposant que : « lorsque l'action publique a été arrêtée en application de l'alinéa 1er, le Juge d'Instruction ou la juridiction de jugement poursuit l'instruction ou l'examen de l'affaire sur l'action civile ». Le législateur ne s'est pas posé les questions suivantes : le juge d'instruction, en l'état actuel du CPPC, a quels pouvoirs pour instruire sur l'action civile indépendamment de l'action pénale ? En instruisant sur l'action civile, devant quelle juridiction va-t-il renvoyer l'affaire par la suite et comment se nommerait sa décision ? La juridiction de jugement usera de quelle stratégie pour poursuivre l'affaire ? Statuera-t-elle comme juridiction civile ou alors va-t-elle envoyer l'affaire devant une autre juridiction civile ?

Au final, quelle que soit l'option choisie, on aperçoit une très grande difficulté, pour le juge du siège, à poursuivre certains citoyens « protégés » après la demande de classement sans suite formulée par le ministre de la justice.

De plus, la dépendance du magistrat du siège peut être visible dans sa désignation. En effet, la loi prévoit que l'affectation, la nomination des magistrats du siège dans les fonctions judiciaires et leurs mutations du siège au parquet ou du parquet au siège nécessitent l'accord du conseil supérieur de la magistrature[144]. Or, en réalité, cet organe, qui sert

---

142 Aucune possibilité n'étant offerte au Juge du siège d'apprécier l'opportunité de la demande qui lui est soumise, ni son fondement et on s'en prend à s'interroger sur la portée d'un tel dispositif.

Pire encore à quoi renvoient les notions d'intérêt social et de paix publique ? Les doctrinaires les plus émérites se sont évertués à apporter une définition claire à ces notions et le seul mérite auquel ils sont arrivés c'est de dire en commun qu'elles n'ont pas de contenu précis.

143 Cela entrainera une certaine immunité ou une certaine impunité pour ces agents publics.

144 L'article 12 dispose que « *le Conseil Supérieur de la Magistrature établit les tableaux d'avancement des magistrats du siège, en vue d'une promotion de grade* ». Loi n°82-014 du 26 novembre 1982 fixant l'organisation et le fonctionnement du Conseil Supérieur de la Magistrature.

d'organe disciplinaire pour les magistrats du siège[145], est dirigé par le président de la République[146].

L'article 1 de la loi n°82-014 du 26 novembre 1982 fixant l'organisation et le fonctionnement du Conseil Supérieur de la Magistrature dispose clairement que « Le Conseil Supérieur de la Magistrature est présidé par le Président de la République »[147]. Il va donc de soi que, certains juges, pour éviter d'être affectés dans les localités reculées, sont obligés de se plier à la volonté et aux caprices de l'exécutif. Pour D. MOUTOMÉ il faut que le personnel de la justice cesse d'être à la solde de ceux qui n'ont rien à voir avec le service public de la justice[148]. Soulignons que le problème de l'indépendance de la justice est plus préoccupant dans les pays ayant encore une faible expérience démocratique[149] qu'il ne l'est dans les États démocratiques occidentaux comme la Belgique, le Canada, la France ou la Suisse.

La situation des Procureurs de la République est encore plus décevante. En effet, selon l'article 3 du décret n° 95/048 du mars 1995 portant statut de la magistrature, ils sont hiérarchiquement subordonnés au ministre de la Justice, garde des Sceaux. On comprend dès lors pourquoi D. MOUTOMÉ affirmait avec regret qu' : « en attendant de changer le système judiciaire, le juge est entièrement indépendant, le magistrat du parquet est tenu à certaines obligations qui atténuent quelque peu son indépendance »[150].

Pour J.C. ABA'A OYONO : « une curieuse manière d'allouer le gardiennage de l'indépendance d'un pouvoir d'État à un autre alors que les deux se valent constitutionnellement »[151]. Nous partageons ces propos. Le législateur camerounais gagnerait à restreindre le rôle de ce dernier dans le Conseil supérieur de la magistrature.

---

[145] L'article 13 (1) dispose que « *le Conseil Supérieur de la Magistrature sert d'organe disciplinaire pour les magistrats du siège* ».

[146] L'article 10 dispose que « *le Président de la République, garant de l'indépendance de la magistrature est assisté, dans cette mission, par le Conseil Supérieur de la Magistrature* ».

[147] Précisons que l'alinéa 2 du même article ajoute que «*Le Ministre chargé de la Justice en assure la Vice-Présidence* ».

[148] (J.C.) ABA'A OYONO, op. cit. pp. 1-23.

[149] L'exemple du Viêt-Nam montre notamment combien l'influence persistante du modèle communiste soviétique est présente encore aujourd'hui dans les institutions du pays. La réforme constitutionnelle de 2002 n'a pas fondamentalement bouleversé l'édifice institutionnel mis en place par la Constitution de 1992.

[150] (J.C.) ABA'A OYONO, op. cit., p.14.

[151] Idem, pp.14 - 15.

Pour M. KAMTO, « l'indépendance du juge camerounais n'est pas menacée par le pouvoir politique »[152]. Ces propos sont fort contestables, car le principe d'inamovibilité qui est un élément essentiel de l'indépendance du juge est inconnu, ce qui expose ce dernier à des pressions extérieures. Même si les magistrats du parquet échappent parfois à l'autorité du garde des Sceaux, au nom de l'adage « la plume est serve et la parole libre », aucune catégorie de magistrats n'échappe à l'emprise du chef de l'État qui est, selon les termes de l'article 37 alinéa 3 de la constitution du 18 janvier 1996, «garant de l'indépendance du pouvoir judiciaire. Il nomme les magistrats. Il est assisté dans cette mission par le Conseil Supérieur de la Magistrature qui lui donne son avis sur les propositions de nomination et sur les sanctions disciplinaires concernant les magistrats du siège...»[153].

2- La dépendance envers social

La rémunération des magistrats et la relation que ces derniers entretiennent avec leur milieu sont les deux points qui intéressent nos développements suivants. S'agissant de la rémunération du personnel de justice, on note que c'est l'une des limites essentielles à l'indépendance de la justice au Cameroun. Cette situation n'est pas propre au Cameroun. Des études réalisées sur les conditions matérielles et financières des juges et des juridictions, notamment dans les pays africains, ont montré des insuffisances notoires pouvant affecter le fonctionnement normal de la justice et entraîner une incapacité du juge à exercer ses missions en toute liberté[154]. Or, pour assurer le bon fonctionnement du service public de la justice, il faut que les juges soient mis à l'abri de toutes pressions et corruption. Un juge placé matériellement dans la pauvreté, ou dans la gêne, sera difficilement indépendant.

---

[152] (M) KAMTO, « Les mutations de la justice à la lumière du développement constitutionnel de 1996 » exposé tenu le 25 Octobre 1999 lors de l'ouverture des journées portes ouvertes de la justice, Extrait du Cameroun tribune du 26 octobre 1999, p 4.

[153] Précisons que le texte emploi les termes assister et proposer. C'est dire que le Président de la République n'est nullement obligé de suivre l'avis ou les conseils du CSM.

[154] Voir entre autres, « L'indépendance des juges et des juridictions », *ACCPUF, OIF*, Bulletin n° 7, novembre 2006 et la synthèse des questionnaires par Mme PAUTI, Secrétaire générale de l'ACCPUF.

Certes, les magistrats camerounais, par rapport aux autres agents de l'administration, sont mieux payés[155]. Néanmoins, cette rémunération contraste avec les revenus opulents de certains agents publics véreux. Pour M.L. ÉTÉKI OTABELA, ces derniers sont obligés de se livrer à des actes de marchandage de leurs services[156]. Pour A. BADARA FALL, « la faible rémunération et le manque de moyens matériels qui en découle les placent dans une situation trop précaire pour qu'ils puissent jouir d'une certaine aisance »[157]. Est-ce qu'on peut concevoir qu'un magistrat vienne partager le même autobus avec un prévenu qu'il vient de condamner[158]. De toute évidence, non. Cela pourrait compromettre sa sécurité.

S'agissant du juge dans son milieu et plus spécifiquement dans ses relations de « famille », au Cameroun, nombreux sont les juges qui font preuve quotidiennement d'une certaine impartialité et d'une certaine crédibilité[159]. Mais, ce n'est pas toujours le cas.

En effet, conscients des garanties et des larges protections dont ils font l'objet, certains magistrats se sont donné des prérogatives ou des libertés incompatibles avec les exigences de leur fonction. Pour B. DJUIDJE, le juge judiciaire « est prisonnier des contraintes liées aux notions de solidarité et de famille élargie que l'on rencontre dans la majorité des sociétés africaines »[160]. Pour M. KAMTO « l'indépendance du juge est davantage menacée par des pressions intempestives, des affinités tribales et des comportements irresponsables de certains citoyens »[161].

Au final, même si le système judiciaire lutte contre ces maux qui affectent l'éthique du magistrat[162], force est de regretter que la justice souffre encore d'un manque notoire d'autorité. Cette situation est aggravée par l'absence du principe d'inamovibilité qui entraîne la naissance d'une justice sous les ordres.

---

155 Article 14 du Décret n° 2004/080 du 13 avril 2004 modifiant certaines dispositions du décret n° 95/048 du 08 mars 1995 portant statut de la magistrature.

156 (M.L.) ETEKI OTABELA, op. cit. p 516.

157 (A) BADARA FALL, op cit. p.15.

158 Idem, p .15.

159 Lors du procès de l'étudiant S. TOKAM, arrêté en 1991.

160 (B) DJUIDJE op cit. p 48.

161 Idem, p 46.

162 Article 52 du décret de 1995 portant statut de la magistrature.

CHAPITRE II :

LES SOLUTIONS SUSCEPTIBLES D'OPTIMISER LA RESPONSABILITÉ PÉNALE DES AGENTS PUBLICS

En France, pour reprendre les termes du groupe d'étude présidée par J. MASSOT, « depuis les rapports DELEVOYE-FAUCHON de 1995 et FOURNIER de 1996 jusqu'aux nombreux amendements parlementaires présentés dans la discussion des projets de réforme de la justice en passant par les propositions de doctrine, des associations d'élus ou des syndicats de fonctionnaires, l'inventaire des solutions possibles est impressionnant »[1]. De toute évidence, il est certain, que les conflits qui opposent des particuliers à des personnes publiques à la suite d'une faute d'un agent public, ne doivent pas nécessairement conduire à la saisine du juge pénal. Cette recherche d'une punition infligée par l'État au nom de la société devrait rester rare, d'autres formes de règlement de conflits étant beaucoup plus adaptées dans la plupart des cas.

Pour le groupe d'étude présidée par J. MASSOT, le recours au juge n'est pas nécessairement la solution la meilleure. Beaucoup de litiges peuvent être résolus d'un commun accord entre les victimes et les agents publics qui acceptent de se reconnaître responsables d'un dommage : l'intervention des assurances est ici déterminante mais ne satisfait pas toujours les victimes[2].

Lorsque le recours à une procédure juridictionnelle s'avère nécessaire à une partie pour établir ses droits, la saisine du juge pénal n'est qu'une des voies possibles. La sanction peut aussi être infligée par l'autorité ou le juge disciplinaire, la réparation relevant, sauf pour la faute personnelle de l'agent public qui sera ici l'exception, du juge administratif[3].

---

[1] Rapport au garde des sceaux, présidé par (J) MASSOT, la responsabilité pénale des décideurs publics, 2000. P.11.

[2] Idem p. 75.

[3] Idem p. 75.

Au Cameroun, plusieurs pistes peuvent être envisagées pour optimaliser la responsabilité pénale des agents publics. Si la réforme pénale nous paraît être un préalable indispensable, il faut dire qu'elle doit être suppléée par l'amélioration d'autres modes de règlement des litiges, car s'il est vrai que le droit pénal corrige les maux, il est tout aussi vrai qu'à lui seul il ne saurait en éradiquer les causes.

SECTION I :
Le renforcement de la protection des agents publics

La mise en examen d'un agent public, à l'occasion de l'exercice de ses fonctions, peut avoir de répercussions graves, susceptibles de perdurer quand bien même il aurait bénéficié d'un non-lieu ou d'une relaxe, dans sa vie personnelle et professionnelle. Elle peut également avoir un effet défavorable auprès de l'opinion publique et ceci nonobstant, d'une part, une modification terminologique qui a fait de l'inculpé un mis en examen et, d'autre part, le principe de la présomption d'innocence, dès lors que la mise en examen connaît des développements médiatiques.

À l'évidence, c'est à travers les décisions qu'il est amené à prendre que l'agent public s'expose le plus souvent au risque pénal. Il est donc opportun, en particulier lorsque sa participation aux faits dont le juge est saisi n'est pas certaine et qu'il conviendrait de susciter des explications, de faire le choix d'une solution alternative à la mise en examen.

Au Cameroun, la protection des agents publics face au risque pénal organisé par l'article 13 alinéa 1 (d) du décret n° 94/199 du 07 octobre 1994 portant Statut Général de la Fonction Publique de l'État Modifié et complété par le décret n° 2000/287 du 12 octobre 2000 et d'autres textes spécifiques nous paraît limitée voire insuffisante. Pour s'en persuader, il convient de présenter le principe de protection actuelle (Paragraphe I) avant de proposer des pistes d'évolutions du régime de protection (Paragraphe II).

Paragraphe I : Le principe de protection des agents publics

L'article 13 alinéa 1 (d) du décret n° 94/199 du 07 octobre 1994 portant Statut Général de la Fonction Publique de l'État Modifié et complété par le décret n° 2000/287 du 12 octobre 2000 dispose que « (1) Nul ne peut être recruté en qualité de fonctionnaire s'il a été l'objet d'une condamnation ferme : pour crime ou délit de probité, notamment pour vol, faux, trafic d'influence, escroquerie, fraude, corruption, détournement de derniers publics ou abus de confiance ; à une peine assortie de l'une des déchéances prévues par le code pénal... ». Or, certaines infractions peuvent entrainer des déchéances et par voie de conséquence la perte de la qualité d'agent public. On peut au regard de tout ce qui précède comprendre l'intérêt de protection des agents publics. La loi garantie deux types de protection à savoir : la protection pénale (A) et les garanties de nature contentieuse (B).

A- La protection pénale des agents publics

De manière générale, on remarque que le décret n° 94/199 du 07 octobre 1994 portant Statut Général de la Fonction Publique de l'État précité pose le principe de protection (1) et le CPC l'aménage (2).

1- L'affirmation du principe de protection des agents publics

L'article 25 du décret n° 94/199 du 07 octobre 1994 portant Statut Général de la Fonction Publique de l'État dispose que : « (1) L'État est tenu d'assurer au fonctionnaire protection contre les menaces, outrages, violences, voies du fait, injures ou infamations dont il peut être victime en raison ou à l'occasion de l'exercice et des fonctions... Il peut également engager des poursuites pénales contre lesdits auteurs et dispose, aux mêmes fins, d'une action directe qu'il peut exercer par voie de constitution de partie civile devant la juridiction pénale ».

L'article 26 du même décret pose le principe de la réparation civile en affirmant que la responsabilité civile de l'État se substitue de plein droit à celle du fonctionnaire condamné pour faute personnelle commise contre un tiers dans l'exercice ou à l'occasion de l'exercice de ses fonctions. Il découle de ces dispositions que le droit à la protection concerne tous les agents publics sans distinction de leur poste ou de leur statut. Précisons quand même que le droit à la protection dont peut bénéficier un agent public connaît quelques limites lorsque la faute de ce dernier est perçue comme une faute personnelle et donc détachable du service.

La première limite concerne le cas où il y a un cumul entre une faute de service et une faute personnelle ; la victime dispose de deux choix :

soit elle poursuit l'agent public devant la juridiction répressive donc civile, soit elle le fait devant la juridiction administrative. La seconde limite concerne le cas où la faute pénale de l'agent public est perçue comme une faute personnelle ; dans ce cas, l'agent peut seul être poursuivi devant le juge judiciaire et supporte seul les conséquences financières de ses actes. La troisième limite concerne le cas où la faute pénale de l'agent public n'est pas dépourvue de tout lien avec son service et où il y a cumul de responsabilités ; la victime qui a le choix entre poursuivre l'administration et poursuivre son agent, préfèrera poursuivra l'administration car elle est plus solvable[4].

Précisons également qu'il est des cas, très rares, où l'agent public décide de poursuivre l'administration pour son manquement au devoir protection. Cette situation est envisageable dans deux cas de figure à savoir : l'agent public est condamné civilement, alors qu'il n'a pas commis de faute personnelle, c'est-à-dire qu'il n'a pas commis de faute détachable du service, l'agent public est condamné pour le tout, alors que le préjudice subi par la victime est pour partie imputable à une faute de service. Quoi qu'il en soit, il faut constater avec regret que le système actuel de protection des agents publics au Cameroun est très insuffisant.

2- L'aménagement de la protection par la Code pénal

Le CPC prescrit d'une manière particulièrement précise, un certain nombre d'infractions dans le but d'assurer la protection des agents publics contre les usagers du service public. Ainsi, exemple, les incriminations comme les outrages aux agents publics sont punis de l'emprisonnement de un à cinq ans et d'une amende de 20.000 à 20 millions de francs ou de l'une de ces deux peines seulement ou de la détention de six mois à deux ans et d'une amende de 20.000 à 20 millions de francs ou de l'une de ces deux peines seulement[5] ; les violations aux agents publics sont punies d'un emprisonnement de 3 mois à 3 ans et d'une amende de 100 000 à 2 000 000 de francs ou de l'une des peines seulement[6] ; les troubles dans un service public sont

---

[4] Sur ce problème de l'action récursoire (V.J.) CHEVALLIER, La technique de l'action récursoire dans le droit de la responsabilité administrative, *JCP* 1970. I.2323 ; (J.-C.) MAESTRE, *La Responsabilité pécuniaire des agents publics en droit public français*, LGDJ, 1962 ; (F.) ROQUES, L'action récursoire dans le droit administratif de la responsabilité, *AJDA*, 1992, p. 75.

[5] Article 153 du CPC.

[6] Article 154 du CPC.

punis d'un emprisonnement de six jours à un mois ou d'une amende de 1.000 à 50.000 francs[7] ; et la crainte de l'agent public est punie d'un emprisonnement de deux à dix ans et d'une amende de 20.000 à 1 million de francs[8]...

Notons que l'article 25 du décret n° 94/199 du 07 octobre 1994 portant Statut Général de la Fonction Publique de l'État précité donne la possibilité à l'administration, de se subroger aux droits de la victime pour obtenir des auteurs des faits incriminés la restitution des sommes versées par lui au fonctionnaire intéressé à titre de dommagement, et de tous autres frais engagés, d'engager des poursuites pénales contre lesdits auteurs et dispose, aux mêmes fins, d'une action directe qu'il peut exercer par voie de constitution de partie civile devant la juridiction pénale.

B- Les garanties de nature contentieuse

Les garanties contentieuses de l'agent public sont relatives, soit à la reconnaissance d'un système d'endossement de responsabilité créant ainsi un système spécial de responsabilité civile, soit à la reconnaissance d'un système éventuel de privilèges de juridiction.

S'agissant des garanties civiles de l'agent public, la jurisprudence a développé un système spécial de responsabilité civile protecteur de l'agent public[9]. Le cas qui retient le plus notre attention, dans le cadre de cet ouvrage, est celui du partage de responsabilité entre l'administration et l'agent. Dans cette hypothèse, il y a substitution de plein droit de la responsabilité de l'agent public condamné pour faute personnelle commise contre un tiers. C'est en tout cas la solution retenue par la jurisprudence dans l'arrêt n°8 du 16 mars 1967, affaire G. BIAU et Compagnie d'assurance générale contre État du Cameroun[10].

S'agissant de l'existence éventuelle d'un système de privilège de juridiction, on note que jadis, l'article 40 de l'ancien statut de la fonction publique camerounaise disposait que « les fonctionnaires exerçant

---

[7] Article 185 du CPC.

[8] Articles 160 et 161 du CPC.

[9] C.F.J, assemblée plénière, Arrêt n° 8 du 16 octobre 1968 Aff. État Fédéré du Cameroun cl (M.K.) NDONGO.

[10] (J) BINYOUM, *Les grands arrêts de la jurisprudence administrative camerounaise*, août 2008, à paraître. Cité par (J) OWONA, *Droit de la fonction publique camerounaise*, l'Harmattan, 2012, p. 220.

certaines fonctions de responsabilité bénéficient d'un régime de privilèges de juridiction conformément à la loi ». Cette disposition semble avoir disparu du décret n° 94/199 du 07 octobre 1994. Néanmoins, elle pourrait réapparaître dans les statuts particuliers de divers corps d'agents publics déterminés par décret du président de la République[11]. La question ici serait de savoir si une telle disposition peut prévaloir sur le statut général de la fonction publique. La réponse à cette question nous semble affirmative, car selon l'article 10 du statut général de 1994 : le statut général ne s'applique : a) aux personnels recrutés et gérés directement par l'Assemblée national ; b) aux agents des collectivités publiques locales, des organismes parapublics et des établissements publics à caractère administratif, culturel, scientifique, industriel et commercial n'ayant pas la qualité de fonctionnaire ; c) aux agents de l'État relevant du code du travail ; d) aux auxiliaires de l'administration ; e) aux magistrats ; f) aux militaires ; g) aux fonctionnaires de la Sûreté nationale et de l'administration pénitentiaire.(2) Toutefois, en cas de silence ou de vide juridique des statuts des personnels visés au (1) ci-dessus, le présent statut général leur est applicable... ». Autrement dit, la loi spéciale l'emporte sur le statut général. Notons, pour finir que l'article 127 (nouveau) de la loi n° 91/007 du 30 juillet 1991, semble créer des immunités pour les membres du gouvernement en disposant clairement que : « est puni d'un emprisonnement de un à cinq ans, le magistrat ou l'officier de police judiciaire qui, contrairement aux lois sur les immunités, poursuit, arrêt ou juge un membre des gouvernements... fédéral ou fédérés, des assemblées fédérales ou fédérées ». Néanmoins, on s'est étonné qu'en 2015 un membre du gouvernant en fonction soit arrêté et détenu une journée par les éléments de la justice camerounaise[12].

---

[11] Article 11 du décret de 1994 dispose que *« sous réserve des textes particuliers, des décrets du Président de la République fixent les statuts particuliers ou spéciaux des divers corps de fonctionnaires régis par le présent décret »*.

[12] (L) BAPES BAPES avait été placé en détention préventive 2015. Le 15 janvier 2016, hospitalisé, le tribunal criminel spécial du Cameroun l'avait convoqué dans une affaire de détournement de 550 millions de francs liée aux primes *et perdiems* impayés aux responsables de l'organisation des examens entre 2005-2009.

Paragraphe II : Les améliorations possibles de la protection des agents publics

Deux points méritent particulièrement notre attention: la mise en place d'un système de renvoi dans l'intérêt d'une bonne administration de la justice(A) et la mise en place des mécanismes visant à limiter les conséquences dommageables d'une mise en examen précoce des agents publics (B).

A- Le renvoi dans l'intérêt d'une bonne administration

Avant l'avènement de la loi n°2005-007 du 27 juillet 2005 portant CPPC, seuls les magistrats bénéficiaient des règles de compétence et de procédure particulière[13]. Depuis l'avènement de cette loi, ce privilège de juridiction a été étendu à d'autres agents publics.

L'article 634 du CPPC dispose à cet effet que « Lorsqu'un Gouverneur de province a commis un crime ou un délit dans l'exercice et même hors de l'exercice de ses fonctions, le Procureur Général près la Cour d'Appel compétent adresse un rapport au Président de la Cour Suprême qui désigne un tribunal compétent, conformément aux alinéas (2) et (3) du présent article. (2) Lorsqu'un Préfet ou tout autre chef de circonscription administrative ou un officier de police judiciaire a commis un crime ou un délit dans l'exercice et même hors de l'exercice de ses fonctions, le Procureur de la République transmet le dossier au Procureur Général pour en saisir le Président de la Cour d'Appel compétente. Celui-ci désigne le parquet chargé de diligenter les poursuites et la juridiction de jugement compétente pour en connaître ». C'est dire que cette procédure s'applique lorsque l'une des personnes nommées plus haut est susceptible d'être inculpée d'un crime ou un délit dans l'exercice et même hors de l'exercice de ses fonctions. Le juge l'a d'ailleurs réaffirmé dans l'affaire MP c/ TOCHÉ KAMGA, commissaire de police, ex-commandant du groupement de la voie publique au commissariat central de Sangmélima, poursuivi pour torture, abus de fonction, séquestration arbitraire. À l'audience du 13 juin 2008, le tribunal s'est déclaré incompétent pour privilège de juridiction[14]. Cette disposition nous paraît injuste sur plusieurs points à savoir : qu'elle peut être source d'impunité de certains agents publics dans la mesure où

[13] Ces règles sont souvent appelées « *privilèges de juridiction* ».

[14] TPI de Sangmelima, Jugement N°211/07 du 06 décembre 2007.

l'assise territoriale des juridictions répressives est parfois à l'origine de la cherté de la justice[15] ; qu'elle peut être source d'une rupture d'égalité entre les agents publics dans la mesure où elle ne concerne qu'une catégorie. Il aurait fallu que le législateur adoptât une solution qui vise à écarter que le juge soit amené à connaître des affaires qui concernent des personnes avec lesquelles il a pu travailler.

Cette solution aurait pu consister à la suppression du privilège de juridiction accordé aux seuls Gouverneur, Préfet, OPJ... et à la mise en place d'une procédure de renvoi pour cause de bonne administration de la justice qui d'ailleurs permet d'assurer à tout justiciable la garantie de l'impartialité de la juridiction saisie.

B- L'institution d'une classe de témoin assisté

Les mises en examen des agents publics, pour des actes commis dans l'exercice de leur fonction, peuvent avoir des répercussions graves sur leur carrière [16]. En effet, même dans l'hypothèse où ces derniers bénéficient d'une décision de non-lieu ou de relaxe, certains agents publics du fait du caractère retentissant de leur procès ne retrouvent plus leur légitimité d'antan[17]. En d'autres termes, les conséquences de la mise en examen des agents publics pour des faits commis dans l'exercice de leur fonction, ne sont jamais complètement effacées même dans le cas où un non-lieu ou une relaxe interviennent plus tard.

S'il est vrai que la mise en examen constitue une garantie essentielle pour l'agent public, dans la mesure où elle permet à ce dernier de connaitre les charges qui pèsent contre lui et de se défendre, il est tout aussi vrai que l'opinion publique les perçoit d'emblée comme des personnes coupables[18].

---

[15] Exemple si une affaire qui s'est déroulé à Sangmélima dans le Sud Cameroun est renvoyées à kousseri dans l'extrême nord du pays. Les victimes peuvent renoncées du fait de l'éloignement et par voie de conséquence du coût que cela pourrait impliquer.

[16] Le CPC comme nous l'avons déjà dit plus haut prévoit qu'une condamnation peut entraîner certaines privations des droits civiques, le droit de vote ou l'éligibilité, la radiation…

[17] Dans l'affaire du sang contaminé, des nombreux agents publics ont perdu leur fonction.

[18] Dans le cadre de l'opération épervier, la plus part des agents publics soupçonnés des faits de malversation sont perçus par les citoyens comme les futur locataires de la prisons centrales de Nkodengui.

La création d'une « classe de témoins assistés » apparaît dès lors comme une garantie contre les effets pervers d'une mise en examens[19]. Précisons que le statut de témoin assisté permet à une personne, « contre laquelle il existe des indices rendant vraisemblable qu'elle ait pu participer comme auteur ou complice » à la commission d'une infraction, de bénéficier de certains droits limitativement énumérés par les textes sans subir la stigmatisation d'une mise en examen[20].

En France par exemple, « le témoin assisté peut demander au juge d'instruction, selon les modalités prévues par l'article 82-1, à être confronté avec la ou les personnes qui le mettent en cause ou formuler des requêtes en annulation sur le fondement de l'article 173 »[21]. Le témoin assisté bénéficie du droit d'être assisté par un avocat qui est avisé préalablement des auditions et a accès au dossier de la procédure[22]...

SECTION II : L'amélioration des modes alternatifs de règlement des litiges

La mise en jeu de la responsabilité pénale des agents publics pour les fautes commises dans l'exercice de leurs fonctions doit rester l'exception. Les justiciables ne doivent saisir qu'exceptionnellement le juge pénal pour les manquements des agents publics, car non seulement une pénalisation accrue pourrait constituer un frein à l'activité administrative[23], mais surtout, beaucoup de conflits peuvent être résolus par d'autres voies qu'on pourrait qualifier de modes alternatifs de règlement des litiges.

---

[19] Notons que la procédure pénale camerounaise connaît deux statuts : la mise en examen et le témoin.

[20] La sémantique a ici son importance : l'art. 80-1 du Code de procédure pénale français réserve la mise en examen aux personnes « *à l'encontre desquelles il existe des indices graves ou concordants rendant vraisemblables qu'elles aient pu participer, comme auteur ou complice à la commission* » d'une infraction.

[21] L'article 173 du Code de procédure pénale a été modifié et inclut le témoin assisté dans son énumération : « *si l'une des parties ou le témoin assisté estime qu'une nullité a été commise...* ». Il est donc désormais possible, pour le témoin assisté, de présenter une requête en nullité.

[22] Conformément aux dispositions des articles 114 et 114-1, Cet avocat est choisi par le témoin assisté ou désigné d'office par le bâtonnier si l'intéressé en fait la demande.

[23] Ceci dans les mesures où les agents publics du fait du risque pénal qu'ils encourent hésiteront à prendre des initiatives qui pourtant pourraient avoir des effets bénéfiques pour leur administration.

L'expression « Modes alternatifs de règlement des conflits », qui sera ici synonyme à « Modes alternatifs de règlement des litiges »[24], est apparue au milieu des années 1990 comme un équivalent français à la notion américaine d'*Alternative Dispute Resolution*[25] *ou* québécoise « *Solutions de rechange au règlement des litiges* »[26]. Elle désigne un ensemble de pratiques placées en regard des systèmes mis en place par les pouvoirs publics impliquant un règlement à la fois juridique et judiciaire d'un différend.

De nos jours, on distingue une diversité de « Modes alternatifs de règlement des litiges». Certains se sont développés devant le juge pénal lui-même, d'autres on dehors. Dans le cadre de ce travail, seuls seront évoqués, les recours au juge administratif (Paragraphe II) et disciplinaire (Paragraphe II).

Paragraphe II : L'amélioration des procédures disciplinaires

L'utilisation fréquente du pouvoir de sanction de l'autorité hiérarchique peut donner satisfaction aux victimes des infractions commises par les agents publics. Autrement dit, la procédure disciplinaire peut s'avérer plus efficace que le déclenchement de l'action publique par les victimes. Deux conditions peuvent garantir cette efficacité : la sévérité (A) et la publicité (B) des sanctions.

A- Le renforcement des sanctions disciplinaire

Les pouvoirs publics doivent utiliser plus fréquemment les sanctions prévues à l'encontre des agents publics par le décret de 1994 fixant le statut général de la fonction publique (1), mais aussi et surtout étendre les cas de sanctions des élus (2).

---

[24] (P) CHEVALIER, (Y) DESDEVISES, (P) MILBURN (sous la direction de), *Les modes alternatifs de règlement des litiges : les voies nouvelles d'une autre justice*, Avant-propos de (P) CATALA et (G) FLECHEUX, La documentation française, 2003.

[25] (L) CADIET, « Compte rendu de l'ouvrage de C. Samson et J. McBride (sous la direction de), Solutions de rechange au règlement des conflits - Alternative Dispute Resolution », Sainte-Foy, Les Presses de l'université Laval, 1993, *in Revue internationale de droit comparé,* 1994, pp. 1213-1217. n° 4.

[26] Loi n° 98-1163, 18 décembre 1998 relative à l'accès au droit et à la résolution amiable des conflits.

1- L'utilisation fréquente des sanctions disciplinaires

Le Décret n° 94/199 du 07 octobre 1994 portant Statut Général de la Fonction Publique de l'État modifié et complété par le décret n° 2000/287 du 12 octobre 2000 énumère un certain nombre de sanctions susceptibles d'être infligées aux agents publics qui commettent une faute professionnelle ou extra professionnelle. L'article 93 définit la faute professionnelle comme un manquement par action, inaction ou négligence, aux devoirs et obligations auxquels est assujetti le fonctionnaire ; et la faute extra professionnelle, comme la résultante notamment d'un manquement, d'une attitude ou d'un comportement qui met en cause l'éthique et la déontologie professionnelle ou est de nature à porter atteinte à la moralité ou à l'honorabilité de la fonction publique. L'alinéa 4 du même article dispose que : « lorsqu'il y a présomption de faute, l'administration peut prendre des mesures conservatoires à l'encontre du fonctionnaire en cause ». Ces mesures peuvent aller jusqu'à des sanctions disciplinaires si la faute est avérée[27].

Il existe quatre sanctions disciplinaires d'après l'article 94 du décret à savoir : « les sanctions du premier groupe : l'avertissement écrit ; le blâme avec inscription au dossier » ; les sanctions du second groupe : « le retard à l'avancement pour une durée d'un an ; l'abaissement d'un ou de deux (2) échelons au plus » ; les sanctions du troisième groupe : « l'abaissement de classe ; l'abaissement de grade ; l'exclusion temporaire du service pour une durée n'excédant pas six (6) mois » ; la sanction du quatrième groupe : « la révocation ».

Dans la pratique, on constate que le pouvoir de sanction contre les agents publics auteurs d'infractions est quelque peu utilisé[28]. À titre d'illustration, le commissaire de police F.A. BEKOM ESSOMBA, alors en service au commissariat de sécurité publique de MBALMAYO a été suspendu pour une durée de trois mois en 2007 pour usage abusif d'une arme de service ayant occasionné une mort d'homme. La même mesure a été appliquée à l'officier de police G. MONGOLO ONDOUA, aux inspecteurs de police T. ÉVOUNG NDOUM et A. NDJOCK NANG pour inobservation des consignes dans l'exercice de (leurs) fonctions et indélicatesse grave portant atteinte à la considération de la sûreté

---

[27] Article 94 du décret de 1994.

[28] Rapport de la CONAC 2011. Il y a un fossé entre les infractions signalées et les infractions qui sont réellement poursuivies.

nationale[29]. À l'observation de ces sanctions, on note que les mesures administratives prises à l'encontre des fonctionnaires indélicats ne tiennent pas compte de la gravité de la faute. Ainsi dans la sûreté nationale, la suspension d'une durée de trois mois est la principale sinon la seule mesure administrative utilisée pendant que la mise aux arrêts de rigueur prédomine à la gendarmerie.

Le recours systématique à des mesures aussi légères pour des fautes dont la gravité n'est plus à démontrer au regard du droit international pourrait se justifier, surtout à la Sûreté nationale ou elles font suite à une simple plainte qui n'a pas encore fait l'objet d'une enquête minutieuse.

Les faits n'étant pas encore avérés, de telles mesures ne sont prises qu'à titre de « mesures conservatoires ». Les mesures disciplinaires proprement dites telles que l'abaissement de grade ou d'échelon, la révocation la suspension ou la mise à pied, pour ne citer que celles-là, restent rares.

Si les mesures conservatoires évoquées plus haut ont cependant l'avantage de calmer les ardeurs des victimes et de les soulager sur le plan psychologique, aucune suite administrative ne leur est souvent réservée ; et les bourreaux, à l'expiration de leur période de suspension ou d'arrêts de rigueur, sont purement et simplement réintégrés dans leurs fonctions, ou, au pire des cas, mutés.

Cette situation conduit les victimes à penser qu'il existe une complicité et donc une impunité entre les agents de l'administration et la structure chargée d'appliquer les sanctions disciplinaires. Elle est même à l'origine du recours de ces derniers au juge répressif. Il est donc nécessaire, pour éloigner le risque pénal qui pèse sur les agents publics, que les administrations pratiquent une véritable transparence de leur action et de leurs sanctions disciplinaires. Ainsi, peut-être, elles pourront désamorcer une partie des actions pénales engagées par les victimes. Pour les agents publics, une procédure disciplinaire sera toujours mieux perçue qu'une procédure pénale, car le déclenchement de l'action publique ou tout simplement la sanction pénale infligée à ces derniers les fait passer aux yeux de l'opinion publique pour des voyous voire des délinquants.

---

[29] Rapport 2007 du MINJUSTICE sur l'état des droits de l'homme au Cameroun, op. cit. p.37.

2- L'extension des sanctions des élus

Les élus qui ont la qualité d'agent public peuvent se rendre coupables de faits qui portent atteinte soit à la collectivité dont ils ont la charge soit aux individus. Dans cette hypothèse, ils peuvent se retrouver dans l'incapacité de continuer à exercer leurs missions.

En droit camerounais, ce type de sanction existe dans plusieurs cas ; le cas où le comportement de l'élu représente un danger pour la poursuite de son mandat. Les pouvoirs publics ont l'obligation de prendre toutes les mesures pour écarter ce dernier de la gestion locale. Ces mesures peuvent être : la démission d'office qui est l'acte par lequel un élu, au regard des faits qui lui sont reprochés, décide de mettre un terme à son mandat. Observons que cette hypothèse est quasi inexistante en droit Camerounais.

Les élus attendent généralement d'être révoqués ou suspendus par l'autorité administrative ; la suspension et la révocation sont des mesures disciplinaires prises par les pouvoirs publics contre les maires et ou leur adjoint.

À titre d'illustration, le ministre de l'administration a, par des arrêtés en date du 19 février 2009, suspendu pour 3 mois renouvelable, des élus locaux qui se sont illustrés par leurs agissements indélicats[30]. De même, par un décret du président de la République signé le 2 juin 2008, le maire de la commune de Njombe-Penja a été révoqué[31].

En France, le Conseil d'État admet la légalité des suspensions prononcées en raison d'actes commis en dehors des fonctions, mais qui rendent impossibles la poursuite du mandat local, comme les atteintes à l'honneur, la probité ou aux bonnes mœurs[32]. Le législateur camerounais gagnerait à étendre davantage les sanctions susceptibles d'être infligées aux agents publics. Il pourrait, à titre d'illustration, étendre les cas de suspension en cas d'infractions au Code des marchés publics ou, et surtout, à la législation environnementale. Il pourrait aussi suspendre ou révoquer un agent public condamné pénalement en sursis.

---

[30] Le président du conseil municipal d'Ombessa. Également frappés par les mêmes actes, le maire de Mouanko et celui de Kyé-Ossi.

[31] Précisons que les motifs de ces révocations ont été fixés par la loi n°2004/018 du 22 juillet 2004 fixant les règles applicables aux communes.

[32] Par une décision rendue le vendredi 11 janvier 2008, le Conseil d'État a précisé certains contours en ce qui concerne la notion d'atteinte à l'honneur et à la probité : « Décision n° 271291 ». Légifrance, 14 janvier 2007.

Certes, nous n'ignorons pas qu'une répression sévère peut porter atteinte à l'activité de l'administration, mais ce type de sanction serait davantage meilleur qu'une sanction pénale due à certaines erreurs d'appréciation qu'on peut reprocher à l'élu.

B- La publicité des sanctions disciplinaires

Le recours au juge pénal des victimes d'agents publics trouve sa source dans le fait qu'une condamnation pénale est visible. Si un agent public est condamné pénalement, il purgera sa peine soit en prison, soit dans son portefeuille en ce sens qu'il pourra être condamné pécuniairement. Pourtant, s'il est condamné au plan disciplinaire, surtout pour les sanctions de première catégorie[33], la victime aura l'impression que ce dernier n'a pas été réprimé ou sanctionné par son administration.

La publicité des sanctions disciplinaires prises à l'encontre d'agents publics indélicats pourrait ainsi, aux yeux des victimes, apparaître comme la fin de l'impunité dont bénéficient ces derniers. Cette publicité, à notre avis, pourrait revêtir deux formes à savoir : la publicité des séances des organes disciplinaires avec la possibilité pour les victimes de pouvoir exposer et défendre leur cause ; la publicité des décisions des sanctions elles-mêmes, avec l'objet faite à l'institution disciplinaire de motiver ses sanctions ceci, dans le but de montrer aux victimes que les sanctions disciplinaires sont bel et bien appliquées et respectées.

De ce qui précède, les modes alternatifs classiques de résolutions des litiges apparaissent comme des moyens à privilégier dans les conflits qui opposent agents publics et justiciables. Car, non seulement ceux-ci garantissent l'efficacité de l'administration et de ses agents mais aussi, ils permettent de lutter contre l'impunité[34].

Au demeurant, il reste que ceux-ci ne sont pas les seuls moyens qu'une victime peut utiliser pour être restaurée dans son droit.

---

[33] L'avertissement écrit ; le blâme avec inscription au dossier. L'article 94 du décret précité.

[34] L'idée ici est de dire qu'il n'est pas nécessaire d'envoyer un agent public en prison pour un simplement manquement. Car cela peut avoir des conséquences irréparables pour sa vie et sa famille.

Paragraphe II : L'amélioration du contentieux administratif

Pendant la colonisation, l'appareil juridictionnel administratif en Afrique centrale en général et au Cameroun en particulier portait la marque du Conseil du contentieux administratif siégeant dans chaque territoire. Le Conseil d'État français faisait office de juridiction supérieure. Mais à partir des indépendances, la plupart des pays vont se doter de juridictions plus autonomes qui vont se mouvoir jusqu'à nos jours dans le pluralisme politique.

L'on passera ainsi d'un contexte marqué par une « administration de souveraineté à une administration de gestion » dans lequel les justiciables sont de plus en plus protégés contre l'administration[35]. Soulignons que, même si la loi n°2006/016 du 29 décembre 2006 portant organisation et fonctionnement de la Cour Suprême apporte un profond changement dans la structure organique et matérielle de la juridiction administrative[36], elle recèle plusieurs lacunes qui, à notre avis, méritent d'être revues pour garantir l'efficacité et la crédibilité de l'activité administrative et de ses agents et par voie de conséquence pour améliorer la responsabilité pénale des agents publics.

A- La nécessité de la procédure administrative par rapport à la procédure pénale

Du point de vue du requérant, l'action publique est parfois perçue comme un supplément de l'action civile. En effet, cette situation est possible lorsque pour la victime la satisfaction d'un procès est complète si elle obtient aussi bien les dommages et intérêts que la condamnation de l'agent public responsable du dommage. Par contre, il existe des cas

---

[35] (C) KEUTCHA TCHAPNGA, « *les mutations récentes du droit administratif camerounais* », op.cit. p.80.

[36] La loi n°2006/022 du 29 décembre 2006 créée les tribunaux administratifs. Elle revoit la notion du recours gracieux préalable. L'article 17 dispose que « *Le recours devant le tribunal administratif n'est recevable qu'après rejet d'un recours gracieux adressé à l'autorité auteur de l'acte attaqué ou à celle statutairement habilitée à représenter la collectivité ou l'établissement public en cause* ». Dans le passé, le recours était adressé au ministre compétent ou à l'autorité statutairement habilitée à représenter la collectivité ou l'établissement public en cause. L'expression « *ministre compétent* », jadis employée par le législateur comme autorité « *adressataire* » du recours était de nature à dérouter les justiciables et engendra des difficultés d'interprétation pour le juge.

ou les victimes ne recherchent pas réellement la condamnation de l'auteur d'une infraction pénale, mais sont plutôt attirées par le cérémonial qu'offre le procès pénal (instruction des affaires, système accusatoire...).

Du point de vue de la célérité du procès, les victimes estiment que le juge pénal serait plus rapide que le juge administratif. L'impression de rapidité du juge pénal tient sans doute surtout à la médiatisation de la mise en examen de la personne visée par la plainte, qui donne le sentiment d'une réponse immédiate.

En droit administratif camerounais, malgré la réforme de 2006, les délais de traitement des affaires restent très longs. Dans l'affaire J.P. TCHATCHOUA c/ État du Cameroun, la commission électorale du Littoral, proclama ses résultats le 20 juin 1986, le requérant introduisit son recours le 05 juillet 1986, le juge quant à lui se prononça le 25 mai 1989, c'est-à-dire près de trois (03) ans après la proclamation des résultats par ladite commission électorale[37].

De même, dans le jugement du 28 mars 1991, R. MVONDO TSANGA c / État du Cameroun, la décision du juge est intervenue cinq ans après les élections alors que le mandat à la chambre est de cinq ans[38].L'allongement des délais est plus mal ressenti par les agents publics en matière pénale qu'en matière administrative. Dès lors, il apparait judicieux de dire que l'impression de célérité du procès pénal tient plus à l'écho médiatique que certaines affaires suscitées au sein de l'opinion publique. Au Cameroun, les affaires relatives à Opération Épervier ont eu un écho très retentissant à cause des personnes mises en cause.

S'agissant de l'indemnisation, les victimes gagneraient à saisir le juge administratif dans la mesure où la personne publique sera toujours plus solvable qu'un agent public. Il reste, en dépit de tout ce qui vient d'être dit, que le législateur doit poursuivre la réforme de la juridiction administrative pour la rendre plus crédible aux yeux des justiciables.

---

[37] Décision cité par (B) MOMO, « Le problème des délais dans le contentieux administratif camerounais », A.F.S.J.P, de l'Université de Dschang, Tome 1, Volume 1, 1997, p.145.

[38] Idem.

B- Les améliorations envisageables de la juridiction administrative

L'efficacité de la juridiction administrative passe nécessaire par la réduction de l'éloignement géographique dans l'optique de rapprocher les justiciables des juridictions administratives, le détachement de la juridiction administrative de la juridiction judiciaire et par l'amélioration des procédures d'urgences.

La nouvelle loi a repris la disposition de l'article premier de l'ordonnance n°72/06 du 26 août 1972 qui organisait la haute juridiction, et qui avait institué son siège à Yaoundé. En tant que juridiction statuant en appel et en cassation, l'on ne peut que constater qu'elle est l'unique en la matière [39]. Dès lors, l'éloignement du juge est d'abord géographique avant d'être psychologique.

L'article 74 de la loi du 29 décembre 2006 dispose que « l'appel est fait par déclaration au greffe de la juridiction inférieure». Mais plus loin, l'article 75 ajoute que « dans les quinze jours de la déclaration d'appel, le demandeur dépose contre récépissé son mémoire au greffe de la chambre administrative », et l'article 76 alinéa 2 ajoute que : « Le mémoire et les pièces annexées sont déposées en quatre exemplaires et les pièces annexées sont déposés en quatre exemplaires et accompagnés de trois copies de déclaration de recours »[40]. En un mot, au-delà des autres conditions exigées[41], l'appel ne sera considéré comme ayant été régulièrement fait que si le greffier est saisi d'un mémoire avec toutes les pièces annexées et de la déclaration d'appel en quatre exemplaires. Ce qui signifie que s'agissant de l'appel, la déclaration au greffe de la juridiction inférieure n'est pas suffisante.

L'appel nécessitera le déplacement à Yaoundé du demandeur non satisfait par un jugement rendu par la juridiction inférieure. Pour ce qui est de la cassation, c'est la même procédure qui est prévue.

Dans les deux cas, il faut dire que si ces deux voies de recours ne nécessiteront pas de déplacement en dehors de Yaoundé pour un requérant qui y habite, elles le nécessiteront pour les autres. C'est dire en d'autres mots que le juge administratif sera toujours éloigné si l'on tient

---

[39] Article 9 de la loi n°2006/016 « *Chaque section connaît des appels et des pourvois en cassation relatifs aux matières qui relèvent de sa compétence* ».

[40] Article 76 alinéa 2 de la même loi.

[41] Confère article 76 de la même loi.

compte des distances qui séparent certaines villes de Yaoundé[42], du délai de 15 jours impartis par la loi pour le dépôt de la requête et des difficultés des voies de communications. Il faut souligner que le législateur aurait pu, à l'heure des nouvelles technologies de l'information et de la communication, réduire cette distance géographique en permettant aux requérants de saisir le juge d'appel et de cassation par internet. Or, non seulement la chambre administrative n'est pas pourvue de cet outil moderne de communication[43], mais aussi, les coupures intempestives d'électricité que subissent de nombreux foyers et entreprises rendent difficile l'exploitation de celle-ci.

Au-delà de l'éloignement géographique, l'exploitation des voies d'appel et de cassation ne sera effective que si parallèlement l'éloignement psychologique diminue chez le requérant. En effet plusieurs années après l'accession du Cameroun à l'indépendance, de nombreux camerounais pensent toujours qu'il ne sert à rien de recourir au juge pour obtenir l'annulation des actes de l'administration ou pour poursuivre un agent public « puissant »[44]. Cette situation découle du fait que les rapports entre l'administration et le juge sont encore dominés par la peur et ou la méfiance. Le législateur aurait ainsi pu prévoir des mesures permettant de faire disparaître ce sentiment de peur ou de méfiance du requérant vis-à-vis de l'administration et de ses agents.

Tel n'est pas le cas puisque la loi du 29 décembre 2006 fixant l'organisation et le fonctionnement de la Cour suprême ne fait aucunement allusion à de telles dispositions. On peut certainement arguer sans targuer que la loi en question ne pouvait servir de cadre à ce type de mesures. Mais, il reste que pour éviter de parler du déclin de la fonction contentieuse de la juridiction administrative, il était également souhaitable d'envisager des mesures de nature à encourager les justiciables à saisir le juge et surtout à utiliser effectivement les voies de recours que sont l'appel et la cassation.

---

[42] Quelques distances de certaines villes par rapport à Yaoundé. Garoua-Yaoundé 1174 kms ; Mokolo-Yaoundé 1458 kms ; Tcholliré-Yaoundé 1100 kms.

[43] L'actuelle inexistence d'internet au niveau de la chambre administrative est préjudiciable au développement du contentieux administratif. Il nous semble que l'existence de ce moyen aurait permis au requérant d'envoyer sa requête en greffe par internet, de même, les théoriciens et les praticiens du droit en général, et du droit administratif en particulier auraient plus de facilité d'accéder aux décisions rendues par ce juge.

[44] (A) DADI ET (A) MOYRAND, *in les cours suprêmes en Afrique, tome III, jurisprudence administrative*,, 1988, p. 300.

Sur le plan de l'autonomie, il existe tout au moins une dépendance structurelle et personnelle des tribunaux administratifs par rapport aux tribunaux de l'ordre judiciaire. Au plus structurel, l'article 6 de la loi n° 2006/022 prévoit que, au parquet, « les tribunaux administratifs sont constitués par le procureur général près la Cour d'Appel de la juridiction de l'ordre judiciaire du ressort du tribunal administratif, d'un ou plusieurs substituts du procureur général ». Cette particularité permet de constater sans ambiguïté que cet organe de l'institution est structurellement dépendant du ministère public près ladite juridiction. Pourtant, l'existence de deux ordres de juridiction suppose la séparation de ceux-ci même du point de vue de la structure.

Au plan personnel, l'article 8 alinéa 1 de la loi de 2006/022 prévoit que : « les membres du tribunal administratif et ceux du parquet sont des magistrats relevant du statut de la magistrature ». Le règlement des litiges administratifs de ce point de vue est à nouveau, comme dans l'ordonnance n° 72/06 du 26 août précitée, confié au magistrat de l'ordre judiciaire. L'ensemble de la doctrine attendait beaucoup à ce niveau. En effet, l'on n'a pas cessé de déplorer l'absence de maîtrise du droit du contentieux administratif[45] par ces juges de formation privatiste. Dans la pratique, le juge recourt le plus souvent à des solutions de facilité, qui révoltent les justiciables et justifient leur abdication[46]. De plus, la formation du magistrat dont la connaissance du droit administratif remonte à la deuxième année des facultés des universités explique les lacunes constatées dans ses démarches. De ce point de vue, il continue d'être permis de douter que ces juges aient la compétence requise pour déterminer la voie contentieuse la plus appropriée pour le justiciable[47].

Dès lors, il est clair que les justiciables, du fait des balbutiements de la juridiction administrative, se tourneront vers la juridiction pénale qui à leur yeux pourra répondre efficacement à leur problème. Cette situation soulèvera de multiples problèmes pour le juge pénal. On peut citer, entre

---

[45] (J) BINYOUM, contentieux administratif, cours polycopié, 3ème année de licence, 1992, Université de Yaoundé II, p.17.

[46] (J.C.) ABA OYONO, « les mutations de la justice à la lumière du développement constitutionnel de 1996 », *Juridis périodique*, octobre-novembre-décembre 2000, p. 84. n° 44.

[47] Précisons que cette réalité perdure en dépit de l'ouverture à l'école nationale d'administration et de magistrature d'une section consacrée aux magistrats administratifs. Car, cette école forme en moyenne 10 magistrats chaque année. Or, la demande en matière de contentieux administratif s'est accrue du fait de la décentralisation.

autres, l'engorgement des juridictions répressives qui peut avoir pour conséquences l'allongement des délais de traitement des affaires ou la liquidation rapide et facile du contentieux qui à son tour peut être source d'injustices et d'impunité.

La loi de 2006 sur la juridiction administrative n'a apporté que de « réformettes » en matière de procédure d'urgence au Cameroun. Car, ni le sursis à exécution, ni le référé administratif[48] n'ont réellement été revus. Pourtant, l'amélioration de la procédure administrative peut inciter les justiciables à recourir au juge administratif plutôt qu'au juge pénal. Cette situation pourrait garantir l'efficacité du travail administratif du fait de la réduction du risque pénal, et, bien sûr, réduire significativement l'engorgement des juridictions répressives et, par voie de conséquence, l'impunité dont bénéficient certains agents publics.

---

[48] Par contre en France, comme le rappelle (P) FOILLARD, les procédures d'urgence souffraient des contradictions, ne leur permettant pas de faire obstacle à l'exécution des décisions, ce qui est pourtant leur finalité. De même poursuit l'auteur, les requêtes étaient examinées plusieurs mois après leur dépôt. Cela a amené législateur à travers la loi du 30 juin 2000, entrée en vigueur le 1 janvier 2001, à rénover ces procédures. Cf. (P) FOILLARD, *droit administratif*, Orléans, 2004, p. 131, 8ème éd.

Conclusion générale

Les réflexions sur la responsabilité pénale des agents publics suscite pensions et interrogations, au terme de notre analyse, nous pouvons affirmer, en dépit de quelques pesanteurs, que cette responsabilité est bel et bien effective au Cameroun, car il existe, non seulement, un dispositif normatif étoffé, mais aussi, un arsenal institutionnel diversifié.

Précisions toutefois, comme le souligne E. DESMONS dans la préface du présent ouvrage, que « la question de la probité des agents publics ne saurait se concevoir sans un certain nombre d'exigences déontologiques qui relèvent en dernière analyse non du droit, mais des mœurs : au fond, le sens de l'intérêt général est le meilleur remède à une généralisation des pratiques délictuelles. Il suppose une éducation morale et politique, mais aussi une reconnaissance, qui passe, dans la fonction publique, par un statut et des traitements avantageux ».

Au terme de chaque étude juridique apparaît parfois le sentiment fugace mais désagréable de n'avoir qu'effleuré la surface des choses ou au moins que le travail engagé pouvait déboucher sur d'autres pistes de réflexion ou sur d'autres enseignements, et qu'in fine, l'objet analysé mérite d'être replacé dans un contexte plus large ou plus restreint[1]. C'est donc autant pour éviter les frustrations que pour susciter réflexion du lecteur qu'il est souhaitable de poser ici, sous forme de prolongement de l'ouvrage, ce qui n'est clairement pas exposé. Nos travaux futurs tenteront d'explorer deux thèmes familiers à savoir : d'une part, l'agent public et le devoir de désobéissance, et, d'autre part, la prescription de l'action publique.

[1] (J) RIVERO, *Sur les mesures d'ordre intérieur administratives*, Sirey, 1934, p. 381.

BIBLIOGRAPHIE

OUVRAGES

(A H) SANDIO KAMGA, *La responsabilité des agents de l'administration au Cameroun*, Une responsabilité plurielle l'Harmattan, 2021,

(A) DADI ET (A) MOYRAND, *Jurisprudence administrative*, Économica, 1988

(A) LEVY, (S) BLOCH, (J.-D.) BLOCH, *La responsabilité pénale des collectivités territoriales, de leurs élus, de leurs agents*, Litec, 1995.

(A) MADELIN, *Quand les autruches relèveront la tête*, Robert Laffont, 1999

(A) MINKOA SHE, *Droit de l'homme et droit pénal au Cameroun*, 1999,

(A) PONSEILLE, La faute caractérisée en droit pénal, *RSC*, 2003.

(B) MOMO, *Le problème des délais dans le contentieux administratif camerounais*, A.F.S.J.P, de l'Université de Dschang, Tome 1, Volume 1, 1997

(B) PAUL, *Pour le libéralisme communautaire*, Favre Sa, 1988

(C) AMBROISE-CASTÉROT, *Droit pénal spécial et des affaires*, Gualino, 2012, 3ème éd

(D) BECHTEL, *La Renaissance culturelle juive. Europe centrale et orientale 1897- 1930*; Paris, Berlin, 2002

(D) DEPORCQ, (C) LALU, *La communication des collectivités locales et des candidats en période électorale*, LGDJ-Coll. Politiques locales, 2006

(D) OYONO, *Colonie ou mandat ? La politique française au Cameroun de 1919 à 1946*, Paris, 1992,

(E) ALT ET (I) LUC, *La lutte contre la corruption, « que sais-je »*, PUF, 1997

(E) DESMONS, *La responsabilité pénale des agents publics, Que sais-je?* PUF, 1998.

(E) DREYER, *Droit pénal spécial*, Ellipses, 2012, 2ème éd

(E) FOTSO-NANA, *Droits de l'Homme et Justice : Le délai raisonnable de procédure pénale au Cameroun*, l'Harmattan, 2012.

(E) MVENG, *Histoire du Cameroun*, Paris, 1985, p. 362.

(F) BOTTINI, *La protection des décideurs publics face au droit pénal*, LGDJ, 2008.

(F) DEBOVE, (F) FALLETTI ET (E) DUPIC, *Précis de droit pénal et de procédure pénale*, PUF, 2013

(F) DESPORTES et (F) LE GUNEHEC, *Droit pénal général*, 2011, 17ème éd.

(F) DESPORTES ET (L) LAZERGES- COUSQUER, *Traité de procédure pénale*, Économia, 2009

(F) DESPORTES ET (L) LAZERGES-COUSQUER, *Traité de procédure pénale*, 2012

(F.-X.) MBOUYOM, *La répression des atteintes à la fortune publique au Cameroun*, SOPECAM, 1980

(G) CORNU, *Vocabulaire juridique*, PUF, 2011, 9ème éd

(H) ÉYEBE AYISSI, *La protection de la fortune publique*, Le Kilimandjaro, 2014.

(H) KELSEN, *Théorie générale des normes*, Paris : PUF, 1996

(H) KELSEN, *Théorie pure du droit*, Paris : Dalloz, 1962

(H) REID, *Dictionnaire de droit québécois et canadien*, Montréal : Wilson et Lafleur, 2ème éd., 1996

(J) BENOIT, *Le statut général des élus locaux, Dalloz-collectivités locales*, 1992, 8ème vol

(J) BINYOUM, *Contentieux administratif*, cours polycopié, 3ème année de licence, 1992, Université de Yaoundé II

(J) BINYOUM, *Les grands arrêts de la jurisprudence administrative camerounaise*, août 2008

(J) CARBONNIER, *Droit civil*, PUF, 2004, vol. 2,

(J) LA FONTAINE, *Les Animaux malades de la peste*, livre VII.

(J) OWONA : *Droit de la fonction publique Camerounaise*, l'Harmattan, 2011.

(J) OWONA, *La décentralisation camerounaise*, l'Harmattan, 2011.

(J) PRADEL, *Droit pénal général*, CUJAS, 1996, 11ème éd

(J) PRADEL, *Le préjudice dans le droit civil de la responsabilité*, LGDJ, 1995

(J) PRADEL, *Procédure pénale*, Cujas, 2000, n° 567

(J) RIDEAU, (sous la direction de) *Le droit au juge dans l'Union Européenne*, LGDJ, 1998.

(J) RIVERO *Sur les mesures d'ordre intérieur administratives*, Sirey, 1934

(J) SALMON (dir), *Dictionnaire de droit international public, université francophone*, Bruyant/AUF, 2001

(J) RIDEAU, *Le droit au juge dans l'union Européenne*, L.G.D.J., 1998

(J.-A.) SERVAN, *Œuvres choisies*, 2012, Les Éditeurs, 1825, Vol.3

(J.-C.) MAESTRE, *La Responsabilité pécuniaire des agents publics en droit public français*, LGDJ, 1962 ;

(J.-C.) MAYMAT, *L'élu et le risque pénal*, Berger-Levrault, 1998.

(J.-H.) ROBERT, *Droit pénal et environnement*, 1994, A.J.D.A

(J.M.) BRIGANT, *Contribution à l'étude de la probité*, PU Aix-Marseille, 2012

(J.-M.) CARBASSE, *Histoire du droit et de la justice criminelle*, PUF, 2006

(J-M) DENQUIN, *Les droits politiques (Libertés et droits fondamentaux)*, Montchrestien, 1996

(L) LOBE-LOBAS, *Le droit pénal en schémas*, Ellipses, 2012, 2ème éd.

(M) GAËTAN DI, *Le recours aux objectifs de la loi pénale dans son application*, Recueils de jurisprudence du Québec, 1995, p. 380. Vol. 1

(M) ONDOA, *Le droit de la responsabilité publique dans les États en développement. Contribution à l'étude de l'originalité des droits africains postcoloniaux*, Paris, L'Harmattan, 2010

(M) ONDOA, *Textes et documents du Cameroun (1815-2012)*, Les Éditions le Kilimandjaro, 2013, Vol 1 à 7 ;

(M) TANKEU, *L'administration de la justice au Cameroun : Vers un dépassement de la colonialité,* L'Harmattan Cameroun, décembre 2019

(N) MOUELLE KOMBI, *La démocratie dans la réalité camerounaise, Libertés, légitimité et modernité politique sous Paul Biya*, Dianoïa, septembre 2013

(P) BON, *Dictionnaire constitutionnel,* (O. Duhamel et Y. Mény dir.), PUF, 1994

(P) BONFILS et (E) GALLARDO, *Secret des correspondances*, Dalloz, 2016.

(P) FOILLARD, *Droit administratif,* Orléans, 2004,

(P) KAYSER, *La protection de la vie privée* ;-Puam, 1995, 3ème éd

(P) LE TOURNEAU ET (P) STOFFEL-MUNCK, *Droit de la responsabilité et des contrats*, Dalloz, 2008, 7ème éd. n° 1305

(P) LUCAS DE LEYSSAC, *Répertoire de Droit Pénal et procédure pénale*, « Vol », Encyclopédie Dalloz, no 268

(Q) CICÉRON, *Petit manuel de campagne électorale*, Arléa, 1992.

(R) BERNARDINI, *L'intention coupable*, Thèse, 1976, Nice

(R) CHAPUIS, *Droit administratif général*, Montchrestien, 2001, p. 25, 15ème éd.

(R) MERLE et (A) VITY, *Traité de droit criminel, problèmes généraux de la science criminelle droit pénal général*, Cujas, 1997, 5ème éd.

(R) PERROT, *Institutions judiciaires*, Montchrestien, Précis Domat, 2006, 12ème éd

(R) SOCKENG, *Les institutions judiciaires au Cameroun*, 2ème éd., Douala 1998

(S) GUINCHARD ET (J) BUISSON, *Procédure pénale*, LexisNexis, 2014, p. 503. 10ème éd.

(S) PENAUD, *Contrôle des élus, gestion de fait des fonds publics et ingérence*. Gestion locale (Lyon), 1995

(S) PETIT, *La responsabilité pénale des agents des trois fonctions publiques*, Berger- Levrault, 2001.

(V) BRAULT-JAMIN, *Les élus et fonctionnaires territoriaux devant la justice pénale*, Presse Universitaire de Grenoble, 2001

ANYANGWE (C.), *The cameroonian judicial system*, CEPER, Yaoundé, 1987

ARTICLES

(A) BADARA FALL, « le statut du juge en Afrique », numéro spécial, *revue électronique Afrilex* n° 3/2003

(A) BADARA FALL, Les menaces internes à l'indépendance de la justice, *Actes du deuxième congrès de l'Association des Hautes juridictions de cassation des pays ayant en partage l'usage du français*. Dakar – 7 et 8 novembre 2007

(A) MUNA, « L'action de Transparency International dans la lutte contre la corruption au Cameroun », *in Enjeux*, N°14, janvier - mars 2003, pp 13-15

(A) VITU, Chronique : Le principe de la légalité criminelle et la nécessité de textes clairs et précis, *Revue de science criminelle et de droit pénal comparé*, 1991

(A.D.) OLINGA, « convention des Nations unies contre la corruption : une convention à la merci des États », *in Les Cahiers de Mutations*, février 2007

(A.D.) OLINGA, Considération sur les traités dans l'ordre juridique camerounais, *Revue d'actualité, culture et langue italiennes (RADICI)*, 1996

(A.D.) TJOUEN, « Le médecin et son patient : L'obligation de se taire », *Revue Africaine des Sciences juridiques*, 2000

(B) KITIO, « La garde à vue administrative pour grand banditisme et respect des droits de l'homme au Cameroun' » Application de la loi n° 90/ 054/ du 19 décembre 1990 sur le maintien de l'ordre, *Juridis périodique*, n°30 Avril mai juin 1997

(C) AMBASSA, le fameux « qui paye sort » ou une renonciation à l'action publique par le ministère public : le pragmatisme contre la lettre, *Miroir du droit*, avril-mai 2010

(C) CHANET; La convention des Nations unies contre la torture et les autres peines ou traitements cruels, inhumains ou dégradant, *AFDI*, 1984

(C) MASCALA, Faits justificatifs - Généralités - Ordre de la loi et commandement de l'autorité légitime, *LexisNexis, J.-Cl. Pénal*, 2012, fasc. 20.

(D) AUBERT, « Point de départ du délai de prescription du délit de concussion en cas de congé de fin d'activité », *Dalloz actualité*, 7 sept. 2016

(D) COMMARET, La loi du 10 juillet 2000 et sa mise en œuvre par la chambre criminelle de la Cour de cassation, *GP*, 2002

(D) RIBES « Le comité Balladur, technicien expert du parlementarisme », *Revue française de droit constitutionnel*, 2008/5 (HS n°2) ;

(F) ALT-MAES, la contractualisation du droit pénal : mythe ou réalité ?, *RSC*, 2002

(F) ONANA ÉTOUNDI, « Le respect du droit par les juridictions camerounaises » : *in (D) MAUGENEST et (J.D.) BOUKONGOU ; (dirs)*, Vers une société de droit en Afrique Centrale (1990-2000). Presse de l'UCAC. 2001, pp. 207-218.

(F.) ROQUES, L'action récursoire dans le droit administratif de la responsabilité, *AJDA*, 1992

(F.J.) AÏVO, « la responsabilité pénale des gouvernants dans les régimes politiques africains d'influence les régimes politiques africains d'influence française », in *Revue juridique et politique des États francophones*, jan/mars 2010

(G) CARCASSONNE, intervention à la conférence « Qui inspire les réformes pénales ? » *Archive*, 23 février 2006

(G) HISPALIS, Pourquoi tant de loi (s) ?, *Pouvoirs* 2005/3 (n° 114), pages 101 à 115.

(G) LEVASSEUR, Réflexions sur la compétence, un aspect négligé du principe de la légalité, *in Mélanges HUGUENEY*, 1964

(H) PELLETIER et (J) PERFETTI, note sous article 221-6, Code pénal, *LexisNexis*, 2013.

(J) BERTRAND, (E) COHENT-BOCHARD, (I) YESNIKIAN, l'exécution de décisions de justice, bilan des activités des cours administratives d'appel, *AJDA*, octobre 2001

(J) BINYOUM, Les grands arrêts de la jurisprudence administrative camerounaise, août 2008

(J) KOERING et (J.F.) SEUVIC, droits fondamentaux et droit criminel, *A.J.D.A,* juillet août 1998 n° spécial p.1

(J) KOERING, « la phase préparatoire du procès pénal : Les grandes lignes de la jurisprudence européenne » *in procès pénal et droit de l'homme*, 1992

(J) MONTAIN DOMENACH, L'action administrative face à la responsabilité pénale des décideurs publics, *revue politiques et management public*, Volume 19, n° 1, mars 2001

(J) PRADEL, La célérité et les temps du Procès pénal, in Le Champs pénal, Mel. (R) OTTENHOF, *Dalloz*, 2003

(J) PRADEL, La seconde mort de l'enfant conçu [À propos de l'arrêt de l'assemblée plénière du 29 juin 2001], *Dalloz*, 2001

(J) RIVERO ; cité par (R) GASSIN, La protection des droits de l'homme dans les rapports entre personnes privées, *in (R) GASSIN*, Pédone, 1969

(J.- F.) DE BAYART, « Le modèle unique d' "État en question" », *Revue internationale de politique comparée*, 2006

(J.C.) NCHIMI MEBU « la problématique répression de la corruption en droit camerounais », *in RASJ*, Vol. 4, N°1, 2007

(J.C.) ABA'A, les mutations de la justice à la lumière du développement constitutionnel de 1996, *Revue électronique Afrilex*, 2000/ 2001

(J.C.) NCHIMI MEBU, « la problématique répression de la corruption en droit camerounais », *RASJ*, 2007, p.81.

(J.-F.) MÉDARD, Les paradoxes de la corruption institutionnalisée, *Revue internationale de politique comparée*, 2006

(J.M.) TCHAKOUA (Dir), Les tendances de la nouvelle procédure pénale camerounaise, *PUA*, 2007

(J.N.) ATEMENGUE, « la protection des minorités et la préservation des droits des populations autochtones au Cameroun. Une analyse prospective », *Revue de Droit International et de Droit Comparé (RDIDC)*, 2003

(J.P.S) NKENGUE, L'OPJ : enquête de police et la torture in les tendances de la nouvelle procédure pénale camerounaise, volume 1, *PUA*, 2007

(J.Y.) MARÉCHAL, Élément moral de l'infraction, *J.-Cl. Pénal*, 2010, fasc. 20

(L) CADIET, « Compte rendu de l'ouvrage de C. Samson et J. McBride (sous la direction de), Solutions de rechange au règlement des conflits - Alternative Dispute Resolution », Sainte-Foy, Les Presses de l'université Laval, 1993, *Revue internationale de droit comparé*, 1994

(L) SINDJOUN, « Le président de la république du Cameroun à l'épreuve de l'alternance néo patrimoniale et de la transition démocratique » *in Mommar-Coumba Diop et Mamoudou Diouf.* éd.. Les figures du pouvoir politique en Afrique, des pouvoirs hérités aux pouvoirs élus, 1999

(M) MORIN, Manquement au devoir de probité et délit de concussion, *LPA* 18 oct. 2016

(M) ONDOA, « Le droit administratif français en Afrique francophone : contribution à l'étude de la réception des droits étrangers en droit interne ». *Revue juridique et politique, indépendance et coopération*, 2002-09/12

(M) ONDOA, La dé-présidentialisation du régime politique camerounais, *RAPD*, 2003, vol 2, n°1.

(M) PUECH, De la mise en danger d'autrui, *Dalloz Sirey*, 1994, Chronique

(M) SANDA OUMAROU, « Avancée et reculades », *Les cahiers de mutations*, janvier 2008, Vol. 049,

(M) VERON, « La prescription distincte de faits distincts poursuivis conjointement », *Dr. pén.* avr. 2009

(M.A.) FRISON-ROCHE, Le temps dans la procédure, sous la direction de (J.M) COULON et (M.A) FRISON-ROCHE, *Dalloz*, 1996

(P) CHEVALIER, (Y) DESDEVISES, (P) MILBURN (sous la direction de), Les modes alternatifs de règlement des litiges : les voies nouvelles d'une autre justice, Avant- propos de (P) CATALA et (G) FLECHEUX, *La documentation française*, 2003

(P) CONTE, Le délit d'ingérence, et spécialement sa commission par un maire ou un conseiller municipal ; *Gaz. Palais*, 1992

(P) GARANT, Le contrôle juridictionnel de l'imprécision des textes législatifs et réglementaires au Canada, *in Mélanges (G) BRAIBANT, Dalloz*, 1996

(P) PONCELA et (P) LASCOUMES, Des délits et des peines sous la Constituante, *Archives de politique criminelle*, 1989

(R) CABRILLAC, (M.-A.) FRISON-ROCHE et (T) REVET (dir.), Libertés et droits fondamentaux, *Dalloz*, 2004

(R) DE BOUBÉE, (B) BOULOC, (J) FRANCILLON ET (Y) MAYAUD, Code pénal commenté, *Dalloz*, 1996, p. 697, note 4.

(R) DE CASTELNAU, « Loi du 10 juillet 2000 et pénalisation de la gestion publique, Trompe l'œil ou réelle avancée ? », *Revue administrative*, octobre 2000, n° 10.

(R) GARRETON, « La compétence des tribunaux militaires et d'exception », rapport de synthèse » in sous dir Abdelgawad, juridictions militaires, tribunaux d'exception, perspectives comparées et internationales, Ed. des archives contemporaines, *PUF*, Paris, 2007

(R) GAUZE, Enquête de flagrance, *Dalloz- Rép. pr. pén*, juin 2001

(R) KOERING-JOULIN et (J.F.) SEUVIC, droits fondamentaux et droit criminel, *A.J.D.A*, juillet août 1998

(R) NGANDO SANDJE, « Le traité germano-douala du 12 juillet 1884 : étude contemporaine sur la formation des contrats dans l'ordre juridique intemporel », *Revue québécoise de droit international*, vol. 29, no 1, 2016, 1ère part. (« Études »), étude no 6, p. 131-159

(R) NJEUFACK TEMGWA, Le droit d'évocation reconnu aux juridictions de cassation statuant en matière civile : le cas de la Cour suprême du Cameroun, *Civil Procedure Review*, sep./dec., 2010

(R) SAVATIER, « Le Droit et l'accélération de l'Histoire », *Dalloz*, 1951

(S) BRIMO ET (C) PAUTI, L'effectivité des droits, Mare & Martin, *LPA* 5 déc. 2019, n°245

(S) CORIOLAND, Responsabilité pénale des personnes publiques : infractions intentionnelles, 2016, *Dalloz*, Répertoire de la responsabilité de la puissance publique, n° 194

(S) CORIOLAND, Responsabilité pénale des personnes publiques : infractions non intentionnelles, *Dalloz*, février 2020.

(S) DELIANCOURT ; panorama de la jurisprudence de la chambre criminelle en matière de prise illégale d'intérêt et d'atteinte à la liberté d'accès et à l'égalité des candidats dans les marchés publics ; *BJCL*, 2009

(S) MELONÉ, Les grandes orientations actuelles de la législation pénale en Afrique : Le cas du Cameroun (Réflexion sur les ordonnances pénales récentes), 1975, *Arch. pol. crim.*

(S) SOLER, La formulation actuelle du principe *nullum crimen*, *Revue de science criminelle*, 1952,

(S. H.) NNANGA, « La protection juridictionnelle des finances publiques africaines », *RASJ*, n°1, vol.6, 2009

(S. V.) NTONGA BOMBA, « la protection de la fortune publique camerounaise : une efficacité relative ? », *RASJ*, n°1, vol.7, 2010.

(T) TAURAN, Petites Affiches, 25 juillet 2000, n°147

(V.J.) CHEVALLIER, La technique de l'action récursoire dans le droit de la responsabilité administrative, *JCP*, 1970.

(Y) GAUDEMET, « Le Conseil constitutionnel et le Conseil d'État dans le processus législatif», *in Conseil constitutionnel et Conseil d'État, LGDJ*, Montchrestien, 1988

(Y) MADIOT, Qualité du droit et protection des droits fondamentaux, in Mélanges (J) CAMPINOS, PUF, 1996

(Y) MAYAUD, la résistance du droit pénal au préjudice, *in les droits et le droit, Mel. B. Bouloc*, *Dalloz*, 2007

(Y) MAYAUD, Les violences non intentionnelles après la loi du 10 juillet 2000, *RSC*, 2001

(Y) MULLER, Prise illégale d'intérêts, *J.-Cl.* 2011, Pénal, fasc. 20

THÈSES ET MÉMOIRES

(A) MANGA OMBALA, *La responsabilité pénale des dirigeants sociaux en droit camerounais*, Mémoire de master, Université de Yaoundé II, 2013-2014.

(A. C.) MBALLA ÉLOUNDOU, *Le régime de la responsabilité civile des membres de l'enseignement public du fait des dommages causés ou subis par les élèves en droit camerounais*, Mémoire de D.E.A en droit public, Université de Yaoundé II-Soa, 2009

(B) ALOGO NDI, *La nature du contrôle du Conseil de discipline budgétaire et financière au Cameroun*, Mémoire de DEA, université de Yaoundé II, 2009.

(C A) NJIMENI NJIOTANG, *Le discours de Paul BIYA à l'ère du multipartisme au Cameroun: mises en scène argumentatives et relation au pouvoir* ; Thèse de doctorat en « linguistique », avril 2018, Université Bordeaux Montaigne

(C) BLOCH, *La cessation de l'illicite. Recherche sur une fonction méconnue de la responsabilité civile extracontractuelle*, Dalloz, 2008, Nouvelle bibliothèque des thèses, t. 71, n° 120.

(C) NDI, *La responsabilité des agents de police pour violation des droits de l'Homme dans le cadre du maintien de l'ordre public au Cameroun*, Mémoire DEA, campus numérique, Yaoundé, 2007

(F. C.) DAYE WAYOU, *La distinction faute personnelle faute de service dans la jurisprudence judiciaire*, Mémoire DEA, Yaoundé 11 Soa, 2005-2006.

(J. C.) ABA' A OYONO, La compétence de la juridiction administrative en droit camerounais, thèse de doctorat, université de Nantes, 1994

(L) SINDJOUN, *Construction et déconstruction locale de l'ordre politique au Cameroun ; La sociogenèse de l'État*, Thèse de doctorat d'État en science politique 1994, UY II

(M) NGASSI SAQUOUT, *Le contrôle juridictionnel de l'administration marocaine, contribution à une étude socio juridique du contentieux administratif de la Cour suprême*, Thèse de doctorat d'État 1982, Paris II

(M) NGO MOMASSO, *Le contentieux des gestionnaires des deniers publics en droit public financier au Cameroun*, Thèse, 2019, université de Yaoundé II ;

(M) NTSAMA, *La juridiction administrative au Cameroun*, Mémoire de Master Université Paris Sorbonne Cité, 2013.

(M) NTSAMA, *La responsabilité pénale des agents publics au Cameroun*, Thèse de doctorat, Université Paris Sorbonne Cité, 2016.

(M.S.J) MGBA NDJIE, *La lutte contre l'enrichissement illicite*, Mémoire de D.E.A 2008, Université de Yaoundé II-Soa.

(P) KEUBOU, *Le droit pénal camerounais et la criminalité internationale*, Thèse, l'université de Poitiers, 18 octobre 2012

(R.S.) ASSOUMOU, *La responsabilité pénale du médecin traitant dans le système pénal camerounais*, Mémoire de DEA 2006, Université de Douala Cameroun.

(S) BILONG, *Responsabilité de la puissance publique et compétence du juge en droit camerounais*, Thèse doctorat, Université de Douala, 2001.

(S.-P.) MFOMO : *Lutte contre la corruption au Cameroun (1990-2006) : contribution à l'étude de l'élaboration et de la mise en œuvre d'une politique publique* ; Thèse de doctorat en Sciences Politiques, Université de Yaoundé II, 2005-2006

LÉGISLATION

Le code pénal camerounais.

Le code du travail Camerounais annoté. Collection textes usuels, presse Universitaire d'Afrique, 1997.

Le code de procédure pénale (nouveau). Collection textes usuels, presse Universitaire d'Afrique, édition bilingue, mars 2006.

Code électoral de 2012.

Loi n°96/06 du 18 janvier 1996 portant révision de la Constitution du 02 juin 1972.

Loi n° 75/17 du 8 décembre 1975, fixant la procédure devant la Cour Suprême statuant en matière administrative

La loi n°2008/001 du 14 avril 2008 modifiant et complétant certaines dispositions de la loi n° 96/06 du 18 janvier 1996 portant révision de la constitution du 02 juin 1972

La loi N°2006/015 du 29 décembre 2006 portant organisation judiciaire au Cameroun.

La loi N°2006/016 du 29 décembre 2006 portant organisation et fonctionnement de la Cour suprême camerounaise.

Loi n°2004/17 du 22 juillet 2004 d'orientation de la décentralisation.

Loi n°2004/18 du 22 juillet 2004 fixant les règles applicables aux communes.

Loi n°2004/19 du 22 juillet 2004 fixant les règles applicables aux régions.

L'ordonnance N°72/07 du 26 août 1972 portant création et organisation de la haute cour de justice camerounaise.

Le décret N°94/199 du 7 octobre 1994 portant statut général de la Fonction Publique de l'État camerounaise, modifié et complété par le décret N°2000/287 du 12 octobre 2000.

Décret n°78/484 du 9 novembre 1978 fixant les dispositions communes applicables aux agents de l'État relevant du code du travail (JORUC n°22 du 15/11/1978, 2232).

Le décret N°2012/546 du 19 novembre 2012, portant code de déontologie des fonctionnaires de la sûreté nationale camerounaise.

Décret n°74/759 du 26 août 1974 portant régime des pensions civiles.

Décret n°78/488 du 9 novembre 1978 définissant les modalités d'octroi des pensions civiles et militaires, des rentes viagères, du capital décès et de l'indemnité de décès.

Le code CIMA, dans ses articles 240-241, prévoit des documents et renseignements que la victime doit fournir à l'assureur pour le guider tout au long de la transaction.

TABLE DES MATIÈRES

Structures éditoriales du groupe L'Harmattan

L'Harmattan Italie
Via degli Artisti, 15
10124 Torino
harmattan.italia@gmail.com

L'Harmattan Hongrie
Kossuth l. u. 14-16.
1053 Budapest
harmattan@harmattan.hu

L'Harmattan Sénégal
10 VDN en face Mermoz
BP 45034 Dakar-Fann
senharmattan@gmail.com

L'Harmattan Cameroun
TSINGA/FECAFOOT
BP 11486 Yaoundé
inkoukam@gmail.com

L'Harmattan Burkina Faso
Achille Somé – tengnule@hotmail.fr

L'Harmattan Guinée
Almamya, rue KA 028 OKB Agency
BP 3470 Conakry
harmattanguinee@yahoo.fr

L'Harmattan RDC
185, avenue Nyangwe
Commune de Lingwala – Kinshasa
matangilamusadila@yahoo.fr

L'Harmattan Congo
67, boulevard Denis-Sassou-N'Guesso
BP 2874 Brazzaville
harmattan.congo@yahoo.fr

L'Harmattan Mali
ACI 2000 - Immeuble Mgr Jean Marie Cisse
Bureau 10
BP 145 Bamako-Mali
mali@harmattan.fr

L'Harmattan Togo
Djidjole – Lomé
Maison Amela
face EPP BATOME
ddamela@aol.com

L'Harmattan Côte d'Ivoire
Résidence Karl – Cité des Arts
Abidjan-Cocody
03 BP 1588 Abidjan
espace_harmattan.ci@hotmail.fr

Nos librairies en France

Librairie internationale
16, rue des Écoles
75005 Paris
librairie.internationale@harmattan.fr
01 40 46 79 11
www.librairieharmattan.com

Librairie des savoirs
21, rue des Écoles
75005 Paris
librairie.sh@harmattan.fr
01 46 34 13 71
www.librairieharmattansh.com

Librairie Le Lucernaire
53, rue Notre-Dame-des-Champs
75006 Paris
librairie@lucernaire.fr
01 42 22 67 13

www.ingramcontent.com/pod-product-compliance
Lightning Source LLC
LaVergne TN
LVHW010020081026
849535LV00016B/1919